JN113627

日本歴史
私の最新講義

辰巳和弘

図像考古学

——〝かたち〟の〝こころ〟

敬文舎

●刊行委員（五十音順）
荒木　敏夫
池上　裕子
大日方純夫
五味　文彦
栄原永遠男
白石太一郎
藤井　譲治
水本　邦彦
●装丁・デザイン
坪内　祝義

竹原古墳奥壁の壁画（日下八光氏の模写図）

被葬者が駿馬を馭し他界へ転生するさまを、精気みなぎる瑞獣の姿に昇華させて描く手向けの壁画。

駿馬の口を取る貴人が被葬者。駿馬を馭し一体となった被葬者の霊は、船に乗り他界へ向かう。わずかに傾斜して描かれる船の描写に、舟葬の他界観念が読みとれる。なにより、画幅からはみ出さんばかりに躍動する瑞獣に残る駿馬の面影に、霊の転生が感取される。また壁画の下縁から伸び上がる蕨手の相称文様に、壁画の前に並行して安置された棺から連動する霊の動きをみるべきだろう。壁画の左右に布置されるおおきな翳が壁画の尊貴性を主張してやまず、全体を引き締める。（本書第四章第三節に詳述）

図像考古学

——〝かたち〟の〝こころ〟

●写真所蔵先・協力

（口絵）国立歴史民俗博物館
（20ページ）八尾市立歴史民俗資料館
（21ページ）宮内庁書陵部陵墓課／堺市博物館
（25ページ）田原本市教育委員会
（71ページ）田原本市教育委員会
（155ページ）2：大神神社

●スタッフ

本文レイアウト＝姥谷英子
図版・地図作成＝蓬生雄司
編集協力＝阿部いづみ
　　　　　日高淑子

●凡例

・本文は、原則として常用漢字・現代仮名遣いによった。
・古墳名については、原則として「○○古墳」と表記したが、「古墳」を省略し単に「○○」と表記したところもある。
・参考文献は、巻末にまとめて記した。
・本書のなかには、現代の人権意識からみて不適切と思われる史料を用いた箇所もあるが、歴史的事実を伝えるため、当時の表記をそのまま用いた場合もある。
・写真・図版の使用につきましては、十分に注意をしたつもりですが、お気づきの点などございましたら、編集部までご連絡ください。

目次

はじめに

本書は古墳時代の考古資料（図像＝〃かたち〃）を中心に、往時の人びとの造形心意（〃こころ〃）を読み解く試みである。

まず序章は、個々の〃かたち〃の分析のいくつかを提示して、つづく諸章への誘いとしたもので、序章からお読みいただければありがたい。

さて古墳時代という時代呼称が採用されるほどに、この時代には大規模な高塚墳がひろく築かれる。しかも大型古墳の大半は、円形（主丘部）と台形（突出部）を合体させた平面形をもち、墳丘を二〜三段に築くという特徴をもつ。この墳形は奈良盆地東南、円錐形の秀麗な山容を仰ぐ三輪山麓、桜井市の纒向(まきむく)遺跡において創出され、ほどなく全長二八〇メートル余という巨大墳丘をもつ箸墓(はしはか)古墳が出現する。学術用語としてすっかり定着した「前方後円墳」は、さほど時をおかず、全国各地に上位首長の奥津城(おくつき)として急速な広がりをみせる。

第一章では、この特異な墳丘の〃かたち〃が誕生する背景を、「魏志倭人伝(ぎしわじんでん)」に記録される邪馬台国とその女王卑弥呼(ひみこ)がもっぱら実修した鬼道(きどう)から分析をくわえ、倭人が古代中国の神仙思想をいかに受容したか（倭化）を考察し、纒向宮室の出現に言及する。

その時代、「前方後円墳」誕生の初期には、二重口縁の穿孔壺が棺槨上の墳土内に埋め込まれる。それが、やがて壺形や朝顔形の埴輪列となって墳丘裾（すそ）を囲繞（いにょう）し、此界と他界空間との境界を明示する仕掛けとなる。そこで、後円部を下に置き、「前方後円墳」の測量図をながめてみる。その平面形に壺の〝かたち〟の表象をみることは容易。壺の〝かたち〟の墳丘を巡る壺形の埴輪。わたしは「前方後円墳」ではなく「壺形墳」と呼ぶことを提起する。

では、倭人は壺という〝かたち〟に何を観念したか。第二章ではその〝こころ〟を思考してみた。壺をはじめヒサゴ・井戸・銅鐸（どうたく）・高殿など、倭人は中空の世界を命の籠もる空間、他界と繋がる再生の〝うつわ（容器）〟と認識していたのではと問いかけた。換言すれば、それらは異界（他界）と繋がる装置と観念されたのでは。他界（古墳）の周縁（境界）に壺の〝かたち〟をした埴輪を巡り立てる造作の〝こころ〟がみえてくる。

つづく第三章では、高殿が建つ上位首長の祭政空間、古墳時代中期の極楽寺ヒビキ遺跡（奈良県御所（ごせ）市）において検出された、門の位置に並ぶ三基の大土坑のそれぞれに遺る巨大な三本の柱跡に注目。記紀や風土記を援用しつつ古代学的視点にたち、そこに首長の存在を象徴するかのように聳（そび）える、儀仗の杖を巨大化した「聖標」が復元できる。

さて横穴式石室や横穴もまた中空の世界。そこに描かれた絵画にも古代人の〝こころ〟に参入する糸口がある。第四章では遺存状態が良好な「人物の窟（いわや）」（大阪府柏原市）・五郎山古墳（福岡県筑紫野市）・竹原古墳（福岡県宮若市）の古墳壁画を対象にその分析を試みた。いずれの壁画でも、基層にたしかな「舟葬」観念が指摘できる点は興味深い。

　終章では壺形の埴輪列に囲繞された墳丘が此界に創出された他界空間であるという認識のもと、腐朽し去った木製形象や貝殻装飾などにも考慮しつつ、そこに配置された多様な形象埴輪世界に、古墳時代人が希求した憧れの他界、「他界の王宮」をみようとした。

〝かたち〟に〝こころ〟を読む試みにお付き合いいただくこととしよう。

序章

図像考古学——〝かたち〟の〝こころ〟

聖域結界

見えない〝かたち〟

もう三〇年近くなる。東日本の代表的な装飾古墳虎塚古墳（茨城県ひたちなか市）の壁画を検討中、報告書の写真を眺めていてはっとした。

虎塚古墳では、埋葬施設（横穴式石室）の入口にあたる玄門を構える左右の柱石とその上に架けられた梁にあたるマグサ石の羨道側隅角部を、幅約一〇センチ、深さ五センチ前後でL形に抉り込み、そこを受部として一枚の扉石がしっかりはめ込まれていた。その扉石をはずしたところ、受部の正面側（玄室に参入する際の正面にあたる）に、玄室から続く白色顔料を塗った上に、酸化鉄（ベンガラ）でギザギザ状の赤い鋸歯文が描かれていた（14ページの図1左）。その事実に、あらためて気づいたからである。

わたしには、鋸歯文が羨道側・玄室側のいずれからも見えることなく、扉石と密着してしまう部位に描かれる点が気にかかった。それまで幾度も報告書を目にしていたはずなのに、素通りしていた事実。石室への葬送が終わり、扉石で閉塞されたあとは、あちら（被葬者側、他界と認識

虎塚古墳　全長52mの壺形墳。手前が突出部墳丘。そのむこうに延びる墳丘が埋葬施設(壁画をもつ横穴式石室)のある主丘部。墳丘をめぐる周濠が認められる。

できる）とこちら（現世）のいずれからも見えなくなることが明白な部位に描かれた図文。「見えない〝かたち〟」だ。なぜそこに鋸歯文が描かれたのか。往時の〝こころ〟に参入する糸口のひとつがそこにあるかと思われた。

この鋸歯文が、扉石で閉塞された玄門の隙間を意識して描かれたことは間違いない。それが墓室を犯そうとするモノ（邪霊）を遮る属性をもつ図文だと想像がつく。

大村七号横穴（熊本県人吉市）では、玄門の上縁外側に鋸歯文が刻まれる（次ページの図3）。鋸歯文の頂点をつなぐように引かれた一本の線から、それを連続三角文とも呼称できる。両者は同じ属性をもつ図文で、研究者が便宜上異なった名称を与えているにすぎ

他界空間を結界する三角文

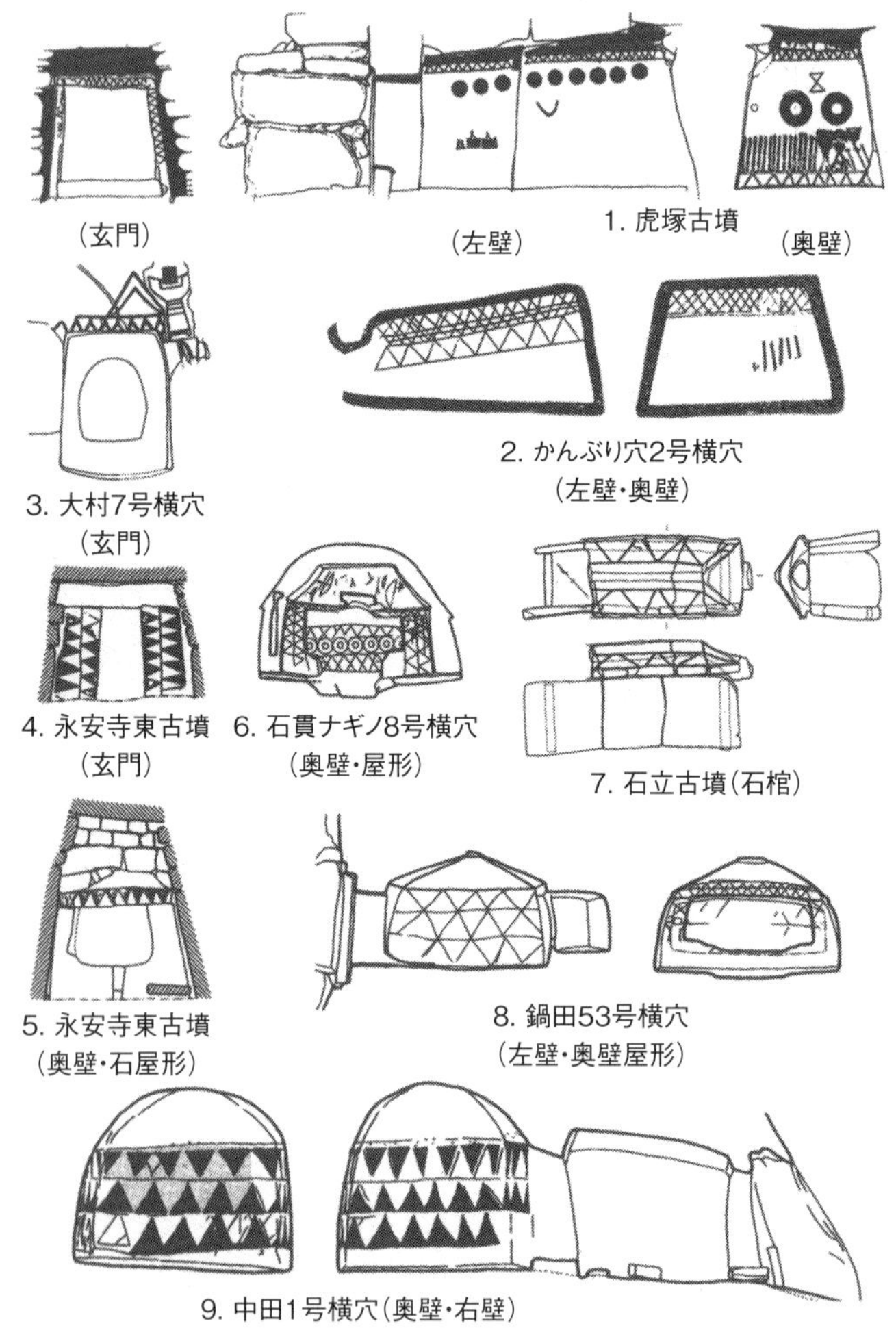

虎塚（1左）と永安寺東（4）にみる玄門部の三角文表現、鍋田53号（8）と中田1号（9）の墓室壁面への三角文表現に、列島の東西に共通した造形心意が指摘される。

ない。線刻された鋸歯文の上には、大きな二重三角文がひとつ。横に浮き彫りされた靫とともに、侵入しようとするモノをさらに威嚇する。

墓室の護り

永安寺東古墳（熊本県玉名市）では、玄門柱石の外側に縦方向の大きな連続三角文が二重に描かれ、門を守護する〝かたち〟であることを主張してやまない（前ページの図4）。さらに玄室内に歩を運ぶ。奥には被葬者を納める石屋形があって、屋根石の正面に描かれた横位の鋸歯文が屋形に眠る被葬者を護る（前ページの図5）。永安寺東古墳の玄門柱石に施された図文表現は、石貫ナギノ八号横穴（熊本県玉名市）の奥壁側屍床（それが石室であれば石屋形にあたる。前ページの図6）に付設された屋形の柱に表出される線刻文と〝かたち〟において酷似しており、玄室や屍床という「死者の空間」を護る呪的役割を主張してやまない。

ふたたび虎塚古墳の壁画。玄室側壁は平滑に仕上げられてはいるが、天井石が架かる上縁部には多少の凹凸があるため、水平方向で壁面がほぼ平滑となる位置までは、天井に塗られた朱彩の範囲をそのまま広げて凹凸部にも塗ったあと、平滑となった壁面の上縁に一列の連続三角文を描く。天井部との隙間の閉塞を意図した図文とみなせる。したがって古墳壁画に表現された鋸歯文や連続三角文が、羨道から玄門を経て、また壁石と天井石や床石との隙間から被葬者に迫りくるモノを遮る、換言すれば墓室を守護する図文であることは間違いない。

他方、虎塚古墳と同じ茨城県の日立市かんぶり穴二号横穴では、玄室側壁の天井寄りに連続三角文とともに、それと同じ意味をもつと思われる斜格子文を線刻する（14ページの図2）。それは虎塚古墳の玄室天井寄りに描かれた連続三角文の位置と同じである。しかし、こちらは横穴墓。堅牢な土層に横穴を穿った墓室。壁と天井の境界に隙間などありはしない。鋸歯文（連続三角文）がもつ辟邪の図文という意味が意識されつづけたことは、それが墓室の壁面をキャンバスとしたという一点においてうなずけるものの、図文がもつ原初的な意味が希薄になりつつあることを語る一例だ。これは、いずれの考古事象にも共通する文化の流れである。

石棺もまた「死者の空間」を内包する施設である。石立古墳（熊本県合志市、14ページの図7）や免鳥長山古墳（福井市）・丹花庵古墳（島根県松江市）など、屋根形をした蓋石の表面に大きな連続三角文を刻む五世紀の事例が、造形理念のうえで上述の横穴式石室や横穴内の諸例につながることは、棺や槨室の意味を考えるうえで重要である。これらの石棺は墳丘に直接埋納されていた。

石棺蓋表面の連続三角文や斜格子文は、五世紀末には石之室古墳（熊本市）の家形横口式石棺

祭儀空間を結界する

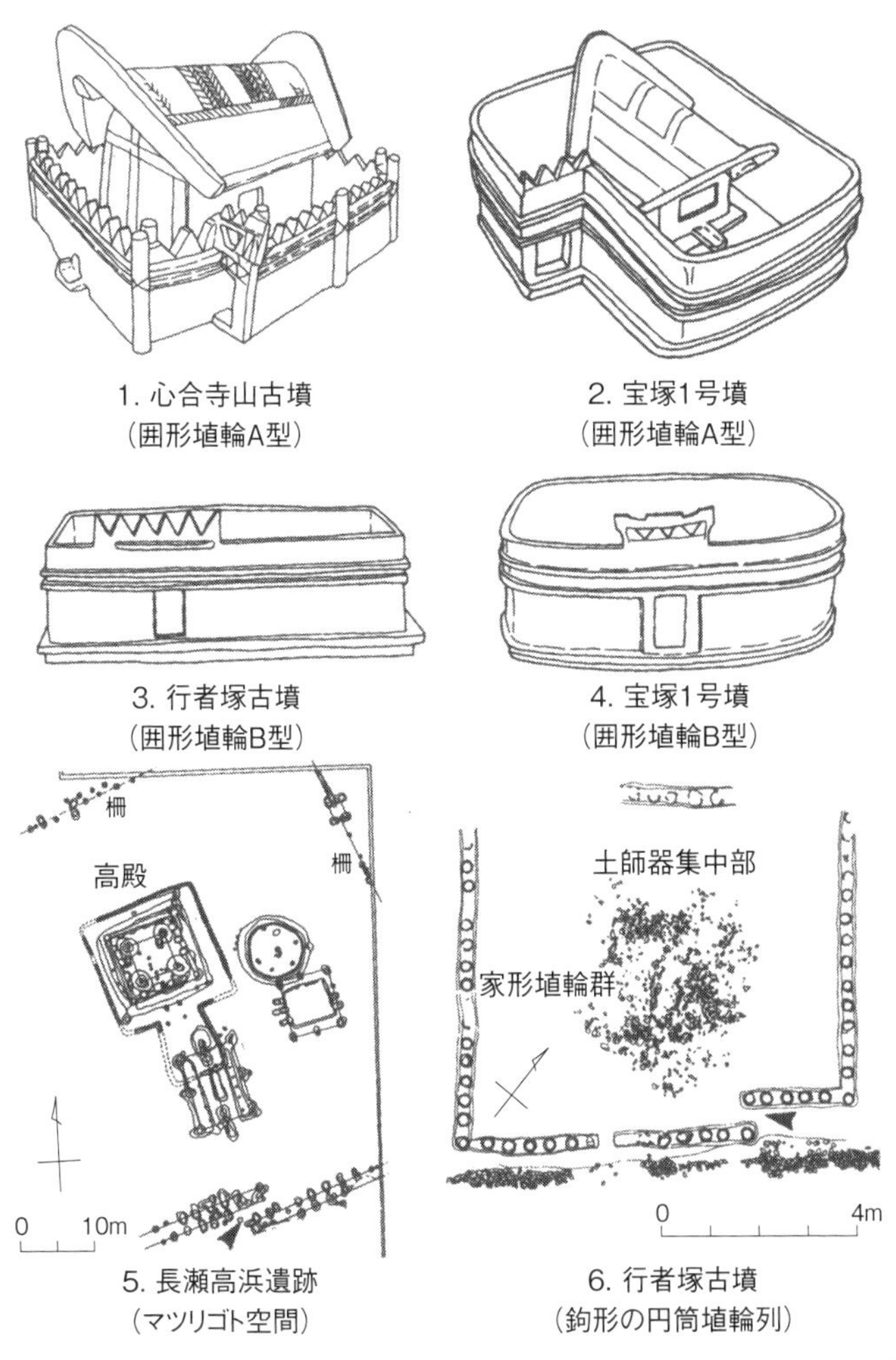

1. 心合寺山古墳（囲形埴輪A型）
2. 宝塚1号墳（囲形埴輪A型）
3. 行者塚古墳（囲形埴輪B型）
4. 宝塚1号墳（囲形埴輪B型）
5. 長瀬高浜遺跡（マツリゴト空間）
6. 行者塚古墳（鉤形の円筒埴輪列）

地域首長の祭儀空間である長瀬高浜遺跡（5）での鉤の手構造をなす門にも、門柱などに連続三角文の装飾が施されていたと想定される。

では身の内壁に線刻され、やがて中田一号横穴（福島県いわき市、14ページの図9）や鍋田五三号横穴（熊本県山鹿市、14ページの図8）などでは玄室の壁面を埋める図文となる。なかでも中田一号横穴は、玄室の壁面に大きな連続三角文を三段にわたって線刻したあと、赤色で連続三角に塗りわけ、奥壁では三角文の余白の岩肌に白色を塗り込んでいる。おそらく約二メートルの幅を測る奥壁をより荘厳することで、奥壁に並行して、その直下に被葬者が横たえられたことを想像させる。

また九州を代表する装飾古墳王塚古墳（福岡県桂川町）では、玄室最下段の巨石と石屋形を、赤・黄・緑・黒・白の多彩な顔料を用いて三角文で埋めつくし、それを地文に盾や靫などの武器や双脚輪状文・蕨手文などのモチーフが描き重ねられる。その華麗さで右に出るものはない装飾古墳である。その描写手法は釜尾古墳（熊本市）やチブサン古墳（熊本県山鹿市）などの石屋形内壁をはじめ、田代太田古墳（佐賀県鳥栖市）奥壁などの壁画にも共通する。

なお、王塚古墳の壁画を間近にすることはかなわないが、復元された墳丘の隣地に建つ王塚装飾古墳館に展示される横穴式石室の原寸大復元模型を見ることはできる。築造された当時の壁画を彷彿させる。ぜひ見学をお勧めしたい。

祭儀空間の結界と囲形埴輪

虎塚古墳や大村七号横穴の、墓室入口に表出された鋸歯文（連続三角文）は、発掘例が増加しつつある囲形埴輪の入口上縁の造形を彷彿させる。囲形埴輪は中期に現われ、L字状平面の囲みの屈曲部に入口を開けるA型と、矩形平面をなす囲みの長辺に入口を開けるB型とがある。

これまでの発掘例には、屋内に湧水や導水を用いた祭祀施設を設けた家形埴輪を囲形埴輪の中に置く事例（宝塚一号墳〈三重県松阪市、17ページの図2〉・心合寺山古墳〈大阪府八尾市、17ページの図1〉・金蔵山古墳〈岡山市〉）や、本来の状況は不分明ながらも土製浄水祭祀施設と囲形埴輪が共伴する事例（行者塚古墳〈兵庫県加古川市〉・月の輪古墳〈岡山県美咲町〉など）があって、囲形埴輪のひとつに水の祭場の囲繞施設を造形したものがあることは確かである。

実際、南郷大東遺跡（奈良県御所市）では、屋内に導水木製品を設置した小屋をL字形柴垣で囲繞する同時期の実例（297ページの図2）が発掘されている。導水木製品は、一木に槽と樋を連結して削り込んだもので、導水を槽に澱ませたのち、その澄んだ上水を浄水とみなし、樋に流して豊饒の祭儀に用いたとわたしは考えている。本書では、埴輪に形象されたその〝かたち〟を、浄水施設または浄水祭祀施設と呼んで考察をすすめる。

心合寺山古墳出土の浄水施設をともなう囲形埴輪では、囲みの上縁部が鋸歯状に造形され、明らかに塀を形象した造形とみなせる点、さらに百舌鳥御廟山古墳（大阪府堺市）では、A型囲形埴輪の屈曲部に開けられた入口部に片開き扉が表出され（次ページの写真）、そこが閉鎖的施設として聖処視されていたことがわかる。

囲形埴輪の入口周辺の表現に目を向けよう。A型に分類される心合寺山古墳例では、塀の上縁に鋸歯文（連続三角文）を巡らせ、隅角と長辺の中ほどには柱を表出したと推定できる細工もなされ、鋸歯文が板塀の先端を剣先状に削り出したさまの具象的表現とみなすこともできる。

連なる三角文　心合寺山古墳出土、囲形埴輪の入口部。内部の聖性を際立たせて重層する三角の造形。

注視したいのは、塀がL字形に屈曲した部分に表現された入口周辺の造形である（上の写真）。矩形に切り込まれた入口の上には、平行して二段の連続三角文が刻まれ、上段の三角文に重複して逆台形の大きな透かしが開けられる。さらに上縁にも、剣先状の鋸歯文が表出され

A型囲形埴輪の入口扉　百舌鳥御廟山古墳出土。内側からみた囲形埴輪の入口構造。高い写実性が知れる。

る。入口の上にだけ表出される連続三角文（鋸歯文）の重なりは、それが入口を扼守（やくしゅ）する呪的図文であることを強調してやまない。

一方、宝塚一号墳例や百舌鳥御廟山古墳例などでは、上縁が水平な塀を巡らす囲形の、入口の上にだけ鋸歯文が造形される。そこに、心合寺山例からさらにデフォルメを進めたさきに、なお残さなければならない鋸歯文がもつ〝かたち〟の意味が際立つ。南郷大東遺跡で水の祭祀建物を囲んだ柴垣にも、鉤（かぎ）の手に設けられた入口に三角文を形象したなんらかの〝かたち〟が表出されていた可能性も考慮すべきだろう。

宝塚一号墳の囲形埴輪の内側には、屋内に浄水施設を設けた家形埴輪が置かれており（297ページの図5）、さらにその隣には高殿（たかどの）形の家形埴輪が配置され、そこが王権のマツリゴト空間であることをうかがわせる。しかもその空間への参入路には壺形埴輪が鉤の手状に並び、上縁を鋸歯

帽に着けられた金製三角飾り　団子塚9号墳出土の金製装飾品。三角形の革（底辺16㎜）に金の薄板を被せ、革製帽の正面に綴じ付けられた。

状に造形したいわゆる柵形埴輪をたてて門柱を表現したとみられる点にも、同じ心意の発動がみてとれる。

宝塚一号墳からは、屋内に井戸側とおぼしき筒形をした湧水施設を設けた家形埴輪を中に置くB型囲形埴輪（17ページの図4）も出土した。それは隅丸長方形の平面をなす塀の長辺中ほどに入口を開け、その真上には底辺を上にして連接する三つの三角形透かしを開けた大きな鰭形（ひれがた）の装飾が立ち上がる。三角形の透かしは、対置する三角文を生みだすことになる。また行者塚古墳例でも、上縁が水平な塀の入口部分上縁だけに三角文が連接して造形され（17ページの図3）、その形状は大村七号横穴の玄門上縁に刻まれた鋸歯文を彷彿させる。

団子塚（だんごづか）九号墳（静岡県袋井市）では、捩（ねじ）り環頭大刀（かんとうたち）や挂甲（けいこう）・馬具などを副葬した被葬者は、皮革製の黒漆塗帽をかぶっており、その正面に底辺一六ミリ、高さ九ミリの二等辺三角形をした金製装飾（右の写真）が綴じ付けられていた。黄泉に旅立つ被葬者の額に小さくも光を放つ三角文。除魔の効果への期待がそこにある。聖処を結界する究極の仕掛けである。

鉤形の円筒埴輪配列

他方、長瀬高浜遺跡（鳥取県湯梨浜町、17ページの図5）や松野遺跡（兵庫県神戸市）・古屋敷遺跡（福島県喜多方市）などで発掘された地域首長による王権執行のマツリゴト（祭事・政事）空間では、空間正面からまっすぐ内部に参入できないよう、正面側の塀や柵の門にあたる箇所を屈曲させ、参入口から内部（マツリゴト空間や高殿）を直視することを避ける、いわゆる「見えない」構造となっている。

鉤形の屈曲部をもつA型の囲形埴輪には、それを形象したものもあるかと思われる。久津川車塚古墳（京都府城陽市）や行者塚古墳では、墳丘の一画に設けた造出し施設上から、一辺を鉤形に円筒埴輪を並べた方形区画が発掘された（17ページの図6）。その内側には複数の家形埴輪が配置され、食物の供献儀礼を再現したとおぼしきアケビやヒシの実、また魚などの食物形土製品が土器とともに出土した。

そこでの円筒埴輪配列はA型の囲形埴輪の平面形と重なり、長瀬高浜遺跡例などの首長によるマツリゴト空間を他界空間〔古墳〕に投影したかのよう。そこに形象埴輪の本質がみてとれる。囲形埴輪のすべてが水の祭儀空間を形象したものではなく、それを王権にかかわるさまざまなマツリゴト〔祭事・政事〕を執行するための「聖処」を観念した〝かたち〟とみなすことができよう。南郷大東遺跡で推察したが、現実の祭儀空間を囲繞する塀や柵の門にも、徐魔を思念した三角文の〝かたち〟が掲げられ、吊るされていただろう。

わたしは、王権執行のマツリゴト空間に設けられる鉤の手状門構造が、外部からの直視を避けるという属性をもち、内部空間の聖性を高める仕掛けであることをかねてから主張してきた（『高殿の古代学』白水社、一九九〇）。出雲大社本殿に代表される、いわゆる「大社造り」社殿の平面形はその究極にある。

「大社造り」の特徴は、九本の柱で建つ非常な高床建築というだけではない。本殿中央に立つ心御柱と、一方の側柱とのあいだには板壁がはめ込まれ（板仕切）、その背後に神の座処が位置する平面構造となっている。本殿への参入者は板壁に阻まれて、心御柱を周回しなければ神座と体面できない。古代の出雲人は鉤の手の門構造をもつ矩形の囲繞施設とその中に建つ祭儀用建物（高殿）をひとつの建物の平面プランとして創出したのである。

さあ、いましばらく〝かたち〟の背後にある〝こころ〟を古墳時代資料のなかに問いかけてみよう。

辟邪の鏡

神仙思想の伝来と倭化

二〇〇〇年秋、唐古・鍵遺跡（奈良県田原本町）の第八〇次調査で出土した褐鉄鉱の殻状の物体と、その中に納められた二個のヒスイ製大型勾玉（上の写真）は、列島への神仙思想の流伝が弥生中期以前に遡ることを明らかにした。自然の生成物である当該の殻状品には、そもそも粘土が詰まっていた。古代中国にあってその粘土は「大乙禹餘粮」とか「禹餘粮」と呼ばれる最上の仙薬のひとつ。神仙の道を説く『抱朴子』（東晋の葛洪著）は、それを服用すれば空を飛び、寿命を延ばすことができると記す。

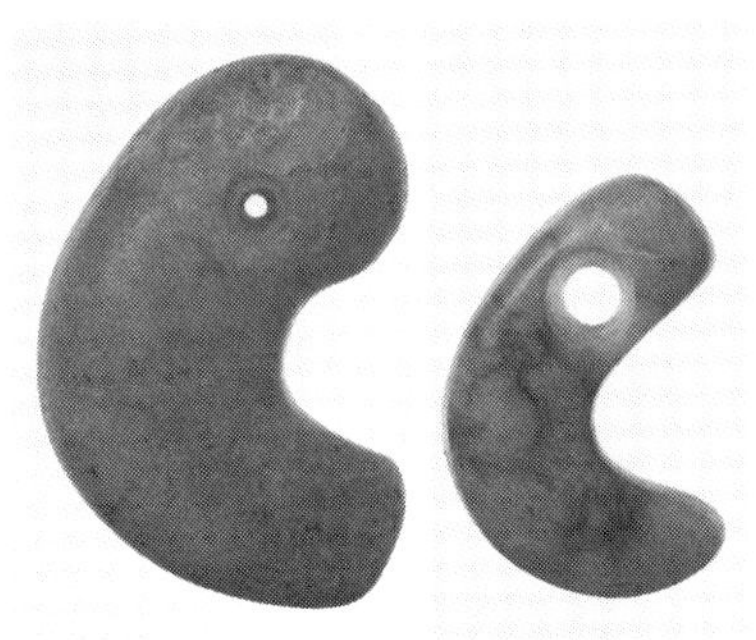

褐鉄鉱の殻に納められたヒスイ製大型勾玉
唐古・鍵遺跡出土。いずれも糸魚川産ヒスイ製の大型勾玉。左：全長4.6㎝、48ｇ。

　弥生人が、ゴツゴツした砂礫のかたまりにしか見えない殻状の物体に勾玉を納めたわけは、そこに不老不死の仙薬が包含されていることを承知していたからにほかならず、倭人はそれを服用したばかりか、ヒスイの勾玉にも同様の効能を期待していたことがうかがえる。中国の文化を一方的に取り込むだけでなく、それを己の文化へと受容・改編する倭人の知恵がみえてくる。わたしは、それを「倭化」とよんでいる。

「沼名川（ぬながわ）の　底なる玉　求めて　得し玉かも　拾ひて　得し玉かも　あたらしき　君が　老ゆらく惜しも」（『万葉集』巻第一三―三二四七）という、永遠の命への憧憬をヒスイの玉に託した歌がある。沼名川とは新潟県糸魚川市を日本海へ流下する姫川のこと。その支流の小滝川渓谷が良質のヒスイの産地として知られ、縄文時代以来、沼名川産のヒスイ製玉は格別の垂飾（すいしょく）として各地にもたらされた。禹餘粮を採取したあとの空洞に大きなヒスイ製勾玉を納めた弥生人は、仙薬に通じる効能をヒスイに重ねていたことがうかがえる。

　わたしはかねてから、銅鐸絵画にみえる「工」字形の道具（68ページの図参照）を所持する人物像が、崑崙山（こんろんさん）に棲（す）む女仙西王母（せいおうぼ）の姿をデフォルメした図像であることを画像磚（がぞうせん）との比較検討から説いてきた（『弥生人の鳥獣戯画』（共著）雄山閣出版、一九九六）。それはくだんの殻状物体や勾玉と思想的背景を同じくする考古資料とみてよく、銅鐸の属性を考究するうえで看過できない視座と考える。

径九寸の明鏡

『抱朴子』はさらにいう。優れた鏡を用いて四方から照らせば、神仙に会えるだけでなく、命を延ばし、未来を予見する力を獲得でき、みずからが神仙になれると。また、さまざまな魑魅魍魎の正体を明かす辟邪の呪力が備わっていることを説き、とくに径九寸（現在の二一・五センチ前後）以上の明鏡にその呪力が強いと。三雲南小路遺跡（福岡県糸島市）や須玖岡本遺跡（福岡県春日市）など、多量の中国鏡を甕棺に副葬する弥生中期の習俗が、こうした教えのうえにあることは間違いなかろう。

古墳時代になると、鏡背に神仙や霊獣の図文を鋳出した神獣鏡の副葬が流行し、神仙思想の普及と「倭化」が漸進的に進みつつあったことは明らかである。なかでもすでに五〇〇面を超える出土例を数える三角縁神獣鏡が、図文や銘文の随所に神仙思想を描写するに加え、その過半が面径二一～二四センチの大型鏡であるという事実は、そうした見方を裏付ける。「径九寸以上の明鏡」がもつ呪力への期待のおおきさがうかがえるではないか。黒塚古墳（奈良県天理市）において、長大な木棺の周囲に三三面もの三角縁神獣鏡が副葬された事実（次ページの図1）は、その属性をよく示す事例である。

なお、弥生後期末の平原一号墓（福岡県糸島市）出土の国産大型内行花文鏡五面が、ほぼ四六

他界空間の護り

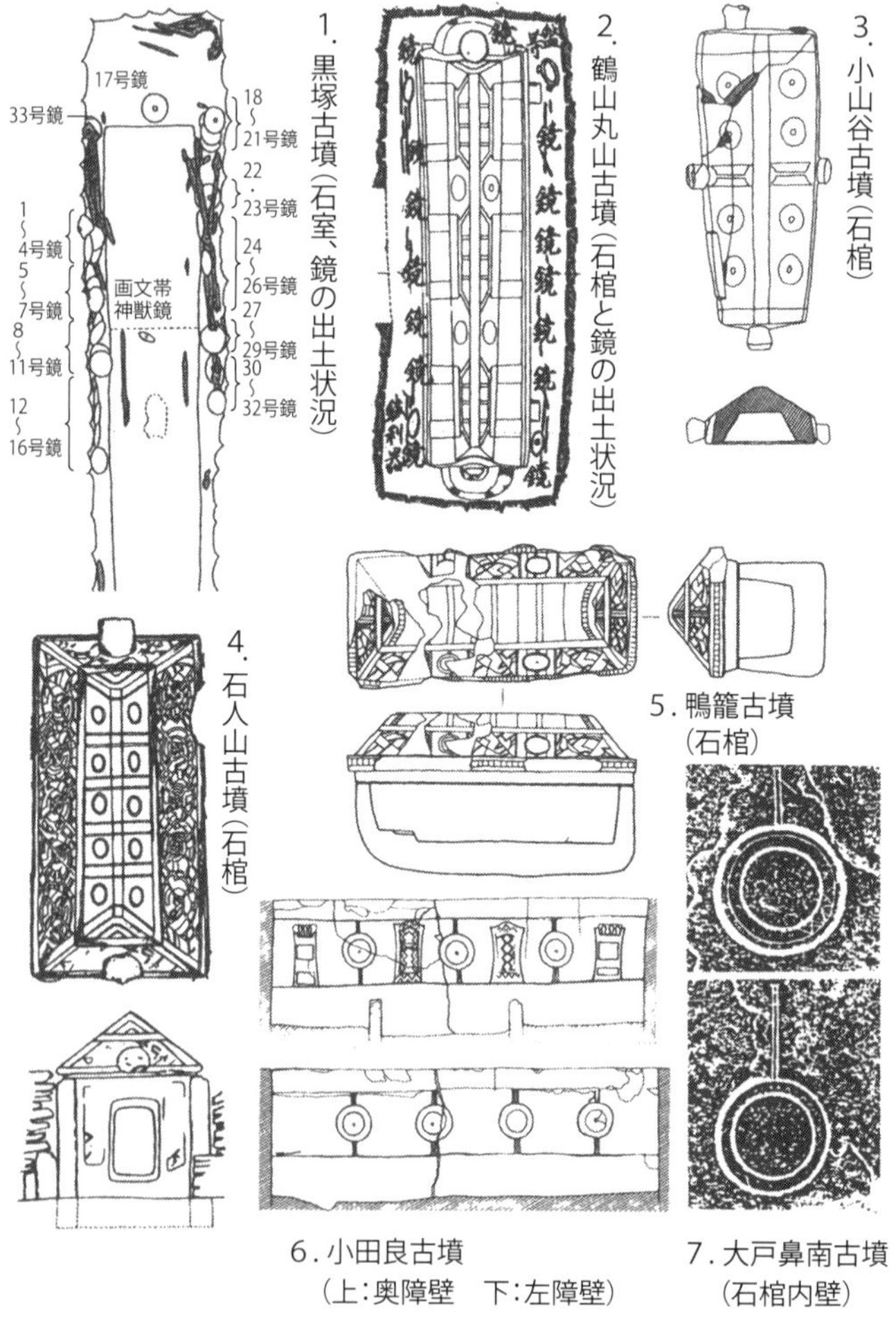

1．黒塚古墳（石室、鏡の出土状況）

2．鶴山丸山古墳（石棺と鏡の出土状況）

3．小山谷古墳（石棺）

4．石人山古墳（石棺）

5．鴨籠古墳（石棺）

6．小田良古墳（上：奥障壁　下：左障壁）

7．大戸鼻南古墳（石棺内壁）

1や2は辟邪の呪能をもつ銅鏡で木棺や石棺を囲繞する好例。3〜7は同じ心意を棺蓋や屍床障壁に同心文で刻む。5〜7から、鏡を垂下して副葬する例があったとわかる。

センチという面径で、それが九寸のほぼ二倍の数値というのも無視できない。また、『常陸国風土記(ひたちのくにふどき)』久慈郡河内里条が「東の山に石の鏡あり。昔、魑魅(おに)あり。萃集(あつま)りて鏡を翫(もてあそ)び見て、則ち、自ら去りき。俗、疾き鬼も鏡に面(むか)へば自ら滅ぶといふ」とするくだりは、先の『抱朴子』が説く鏡の呪性をよく語っている。

神仙思想の伝来と倭化について、ややくわしく述べてきたのは、石棺に表現された鏡の図文の造形思惟(しい)を明確にしたかったがゆえである。それは小山谷(おやまだに)古墳（福井市）に直葬されていた刳抜(くりぬき)式(しき)石棺の蓋石(ふたいし)に表出される（前ページの図3）。

凝灰岩製の石棺は、被葬者の頭部側が幅広につくられ、両小口を妻にする切妻(きりづま)屋根の形状に造形される。そして一〇センチあまりの平坦な棟から左右に分けられた斜面には、それぞれ円形の陽刻が四つずつ、計八個の円文が表出される。その直径は二二～二三センチ。各円文の中心には、径三・五センチばかりの小さな円形突起がある。この円文を鏡とみる考えは、すでに本石棺を報告した高橋健自氏みずからが「この円形浮彫は上古の鏡を模したりと思はるゝはその中心に紐形を現せるにて知らる」（『考古界』七―七、一九〇八年）と指摘して以来、大方の理解が得られている。

そして、黒塚古墳における三角縁神獣鏡群の出土状況に、本来はカマボコ形をした木棺蓋上に並べ置かれていた鏡が、棺の腐朽にともなって石槨(せっかく)とのわずかな隙間にずり落ちたさまを見てとることもでき、小山谷例に銅鏡の棺外副葬の具体相がうかがえるのである。

しかも、わたしが注目するのは、くだんの円形浮き彫りの直径がほぼ「九寸」を測るという事実である。それは倭人がとくに好んだ三角縁神獣鏡の大きさにつながるではないか。石棺の蓋に鏡の〝かたち〟を浮き彫りすることで実際の銅鏡を副葬する代わりとしたわけだが、その造形にあたって「径九寸」という大きさが意識されたことは間違いない。

鏡の〝かたち〟の多様な表現

棺蓋上に鏡を副葬した明らかな事例に、鶴山丸山古墳（岡山県備前市）がある。梅原末治氏の報告によると、鶴山丸山古墳では竪穴式石室に納められた刳抜式家形石棺の周囲に二五面を超える銅鏡が、鏡背を外に向けて立て巡らされていたほか、内行花文鏡二面が蓋上に置かれていて、うち径二七センチの大型鏡一面は、石棺小口に造り出された円環状突起の上に、鏡面を上にして斜めに置かれていた（28ページの図2）。屋根形に造形された石棺の蓋には、左右両面に三つずつの建物と、各建物のあいだに円形の浮き彫りが施される。円文には小山谷例にみえるような鈕（ちゅう）の表現は認められないものの、外縁から緩やかな曲線で表現された浅い凹みは径約二〇センチで、それが鏡の〝かたち〟を意図した造形であることを十分に認識させる。

鶴山丸山例の円文は石棺の大棟にあたる位置に刻まれるが、石人山古墳（福岡県広川町）の横口式石棺でも同じ位置に円文が刻まれる（28ページの図4）。

　くわえて石人山例では、屋根の流れ部を直弧文で覆っている。直弧文は、安福寺石棺（大阪府柏原市）の割竹形石棺蓋では、身との接合部外縁に巡らされる点も考えあわせ、15～18ページで考察した三角文と同じ属性をもって被葬者を守護する呪力を付与された図文とみられる。石人山例では、直弧文に鏡を組み合わせ、呪力のいっそうの増幅を期待したのであろう。鴨籠古墳（熊本県宇城市）の家形石棺の蓋（28ページの図5）では、円文と直弧文が同じ文様帯の中に交互に刻まれ、円文の上と下には鏡の鈕に紐を通して鏡を垂下したかとおぼしき平行線があるのも注目される。

　石棺だけではない。同じモチーフは巣山古墳（奈良県広陵町）周濠出土の、葬送に用いられた船形山車の舷側板にみえる半肉彫り文様をはじめ、井寺古墳（熊本県嘉島町）の横穴式石室内を巡る石障や、新池埴輪窯跡（大阪府高槻市）出土の家形埴輪では軒先に線刻される。

　さらに円文と直弧文の組み合わせは、浦山古墳（福岡県久留米市）で石棺内壁に、日輪寺古墳（同）や井寺古墳では石障に表現される。また石貫ナギノ八号横穴（熊本県玉名市、14ページの図6）の屋形奥壁には、連続三角文と斜格子文の横帯に挟まれて連続する同心円文の連なりが刻まれる。それが既述の図文展開の上にあることは間違いない。被葬者を護る心意が感取できるではないか。

有明海沿岸の石棺や石障には、鏡を懸垂したさまを表現したとみられる、垂れ下がる線の下に円文とみられる線刻や浮き彫りが散見される。長迫古墳棺（熊本県八代市）では同心円の外周に連続三角文を丁寧に刻み、鏡の鋸歯文帯を表現する。同じ表現は大戸鼻南古墳棺（同県上天草市、28ページの図7）にもみえる。また、小田良古墳（同県宇城市、28ページの図6）の石障では、円文の下にも紐を垂らしたような表現があるが、これは上述した鴨籠古墳の棺蓋にもみえる表現で、やはり鏡を懸垂した様子とみてよい。なお東二原二号地下式横穴（宮崎県小林市）では、切妻型の家形玄室の壁直下から小型鏡が出土し、「鏡の出土位置の真上の、壁と天井の境界線に刀子が刺さっていたが、鋒部分を残して床面に落下し」（『宮崎県史』資料編二、一九九三）ていたという。刀子を吊下金具として鏡を懸けた具体的事例とみられる。

虎塚古墳（茨城県ひたちなか市）の玄室側壁をはじめ、日ノ岡古墳（福岡県うきは市）、永安寺東・西古墳（熊本県玉名市）、石貫穴観音横穴群（同）、また山畑横穴群（宮城県大崎市）など、円文や同心円文を表出した装飾古墳の事例は多い。それらの図文のすべてを鏡と断じることは強弁の誹りを受けるかもしれないが、当該図文を遠源まで遡ると、そこに鏡が遺るのも確かである。

三〇余年にわたり各地の装飾古墳の模写とその壁画復元図作成に精力を注いだ日下八光（くさかはっこう）氏は、「円文や同心円文が抽象文様ではないこと、つまり本来ならその名称は円文・同心円文ではなく鏡・鏡の図などと呼ばれるべきである」（『装飾古墳の秘密』講談社、一九七八）と喝破している。

勾玉の力

勾玉文を巡らせた鏡

紫金山古墳（大阪府茨木市）は、淀川右岸の三島地域を代表する前期の大型壺形墳（前方後円墳）である。一九四七年の調査では、後円部に構築された竪穴式石室が発掘され、一二面の銅鏡をはじめ、貝輪や腕輪形石製品のほか鉄製農工漁具や武器・玉類など、豊富な副葬品が検出された。

銅鏡はすべてが直径二一センチを超える大型品で、石槨北小口近くには六面の神獣鏡が副葬されていた。なかでも外区に多数の勾玉文を並列させた「勾玉文帯神獣鏡」（次ページの図1、以下「勾玉文鏡」と呼ぶ）は、その特異な文様帯にくわえ、三五・九センチいうひときわ大きい直径をもつ点などから、かねてより注目されてきた資料である。『抱朴子』が「径九寸以上の明鏡」のもつ格別の呪力を説いたことは27ページで紹介したが、勾玉文鏡の径がその約一・五倍にあたる点にも留意しておきたい。

櫛歯文・勾玉文・鋸歯文・櫛歯文と重なる外区の文様帯のなかでも、ひときわ幅広の圏帯に九＋九＋九＋八、計三五個の勾玉文を配り並べた帯は、本鏡にのみ表現された特異な文様である。

勾玉の呪力

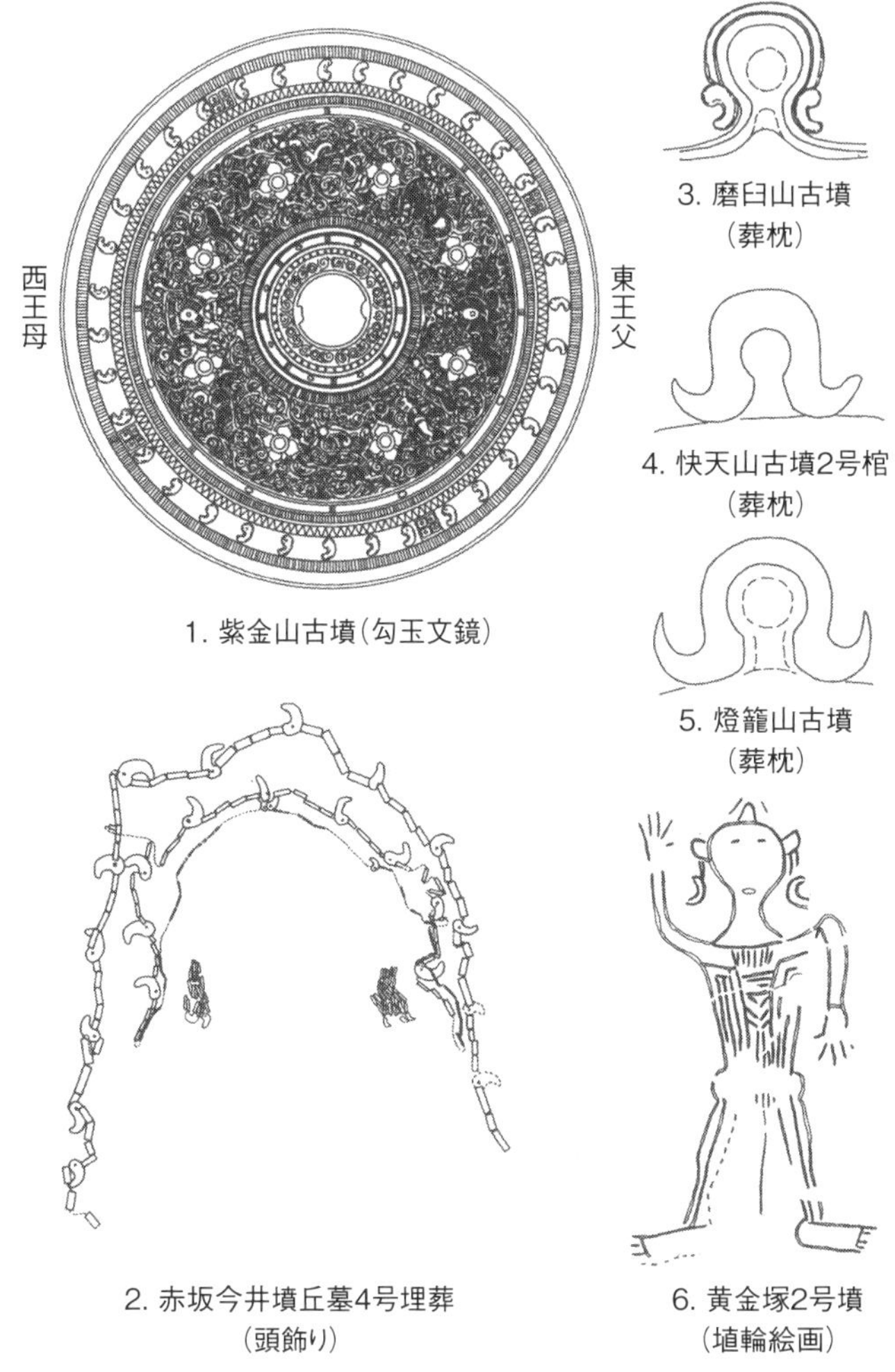

1. 紫金山古墳(勾玉文鏡)

2. 赤坂今井墳丘墓4号埋葬
(頭飾り)

3. 磨臼山古墳
(葬枕)

4. 快天山古墳2号棺
(葬枕)

5. 燈籠山古墳
(葬枕)

6. 黄金塚2号墳
(埴輪絵画)

来世での魂の再生と安寧への願いをうかがわせる勾玉にかかわる考古資料。耳に勾玉を垂下し"ちからあし"を踏む力士絵画は葬儀の一齣か

鈕座（ちゅうざ）と外区に挟まれた内区の主文は、四葉座（しようざ）に乗る八個の乳（にゅう）と、そのあいだに神像と霊獣を配し、残る空白部分を流麗な細線で表現した渦文のなかに多数の鳥を組み込んだ躍動感あふれる文様で埋め尽くす。

内区には、鈕を中にして対称に配された二体の神像が。丸く盛り上がる胴をもち、頭飾りを異にする。一方は顔の両側に、中央が丸く、その上下に台形の鰭（ひれ）をもつ勝（しょう）を戴く点から西王母（せいおうぼ）であることは確かで、他方は王母とは異なった帽を着けている点から東王父（とうおうふ）とみて間違いない。

王父母の左には向かい合う侍仙が、右には乳をなかに二頭の霊獣が向き合う。いずれの霊獣も、体部を縞や斑文（はんもん）、また渦文などで埋めることで聖性を主張し、長く伸びた角（つの）や尾の先は地文と一体となって渦を巻き、その生命力を謳（うた）うかのよう。向き合う霊獣のなかで、左側のそれには、前脚に長く鋭い爪が表現されることから、龍を表したことは明らか。それと向き合う獣は虎であろう。内区の神獣像は細部でのデフォルメが進み、文様の硬化が認められるものの、それが王父母の座す神仙界を表現した図文であることは容易に読み取れる。

内区文様は従来の中国鏡の図文を下敷きとするが、細線で表現された地文には方格規矩鏡（ほうかくきくきょう）の図文表現が、また神獣表現に画像鏡の影響が認められるなど、さまざまな鏡の図文を合体させようとする工夫がうかがえる。さらに倭独特の勾玉をモチーフとした外区の独創的なデザインには、装飾性を超えた鏡工人の明確な思惟が指摘できる。申すまでもなく、鏡背の図文は内区と外区から構成されるわけで、内区が表現する神仙界と、外区の勾玉文帯が密接不離の関係にあることは工人にとって至極当然の事柄であったはず。25・26ページで述べた、唐古・鍵遺跡出土の褐鉄鉱の殻に納められていた二個のヒスイ製勾玉は、弥生人が本来その殻の内容物であった仙薬禹餘粮と同様の効能（不老長生や再生）を期待した〝かたち〟だったことを推察させた。勾玉文の圏帯に囲まれた神仙界を表現する勾玉文鏡の思想的淵源が弥生中期に遡ることを再確認しておこう。

魂の在りか

径九寸以上の大型銅鏡が被葬者を邪霊から守護するとともに、その魂を神仙界へ転生させる効能を期待された葬具であったことは27ページで述べた。前期前半の権現山五一号墳（兵庫県たつの市）では、被葬者の頭を囲むように五面の三角縁神獣鏡が鏡面を内に向け、立て掛けて副葬されたかのような出土状況だった。

その鏡群の下には、被葬者が頭を横たえた木製の枕が遺存していた。埴製枕や石製枕、高坏や器台などの土器を打ち欠いたり組み合わせた土器枕、粘土を固めただけの粘土枕、また自然石を組み合わせた枕、阿武山古墳（大阪府高槻市）出土の玉枕、さらには横穴式石室や横穴の屍床に枕を彫り込む例などにくわえ、木製枕の存在は、古墳時代をとおして被葬者を横たえる「葬枕」の使用が通例であったことをうかがわせる。

香川県には前期の刳抜式石棺が集中するが、その多くに造り付け枕が彫り出される。磨臼山古墳（香川県善通寺市）石棺の造り付け枕には、枕の両側に長さ七・五センチの大きな勾玉形が、尾を外に向けて陽刻される（35ページの図3）。その位置から、石棺に納められた被葬者の耳の下、頸の横にあたる位置に勾玉が垂下された状況になり、勾玉をひときわ大きく造形したところに、それがもつ高い象徴性が暗示される。

さらに快天山古墳（香川県丸亀市）の一・二号石棺では、頭の受部外縁を巡る幅広の突帯が頸部の両側で鉤形に外反し、その先端を大きく撥ね上げるように終う（35ページの図4）が、その〝かたち〟は磨臼山例での勾玉形陽刻が幅広の外縁に取り込まれてしまった結果と理解できる。やがて三谷石舟古墳（香川県高松市）例から快天山三号石棺へと徐々に外反の度合いを減じ、Ω形へとデフォルメが進む。それは、〝かたち〟が本来具有していた、勾玉に淵源をもつ呪性が忘失される過程である。

なお快天山一・二号石棺の造り付け枕にみる受部外縁の〝かたち〟が、燈籠山古墳（奈良県天理市）から出土した埴製枕の受部外縁に線刻された〝かたち〟（35ページの図5）に極似し、先端をいっそう大きく撥ねあげた様には、生命力さえ感じさせる。それこそ勾玉がもつ再生の呪力を象徴する〝かたち〟と理解したい。

耳に勾玉を垂下した人物といえば、黄金塚二号墳（京都市）の盾形埴輪に描かれた力足を踏む線刻の人物画がある（35ページの図6）。大地をしっかと踏み締め、一方の腕を振り挙げ、肘をはりながら腕を引き降ろそうとするダイナミックな表現から、邪霊圧服と生命力の増幅を願う魂振りの呪儀＝力足（反閇）を実修する〝ちからびと〟と理解される。その大きく斜め外の方向に突き出して異形性を強調する耳には、勾玉が垂下される。勾玉を耳から垂らす数少ない事例だ。きわめてシンプルな人物表現であるがゆえに、そこに描き込まれた勾玉に、その所作との密接な関連性をみてとる配慮が必要である。

弥生後期末の赤坂今井墳丘墓（京都府京丹後市）第四主体では、被葬者の頭部外周に碧玉やガラス製の勾玉と管玉を貫いた三連の頭飾りが巡らされ、くわえて被葬者の両耳の位置からは細い碧玉製管玉を四、五段で六列の簾状に組み、その下端に数個の小さなガラス製勾玉を取り付けた垂飾が検出された（35ページの図2）。これらの玉飾りはその連なりにまったく乱れがなく、被葬者が当初から身に着けていたというより、木棺に死者を納めたあとに、頭部の周りと耳を飾ったことをうかがわせる出土状況だった。

この被葬者はほかの装飾品を装着してはいない。あたかも頭部と耳だけを意識して飾ったものと推測される。それは権現山五一号墳での大型銅鏡の副葬状況とあわせ、古代人が五体のなかで、とくに頭に魂が宿るとみていたことをうかがわせる。赤坂今井墳丘墓における被葬者の頭部を巡る玉飾りは、神仙界を勾玉文で囲繞した勾玉文鏡の造形思惟につながると理解される。

なお赤坂今井墳丘墓第四主体の遺骸は腐朽してほとんど失われていたが、木棺の底に、幅六〇センチ、長さ二メートルの範囲に水銀朱が厚く遺存しており、玉飾りの上にかぶせられた面布と推定される革状有機質の上面にも水銀朱の堆積が認められた点から、棺蓋をかぶせる段階で、遺骸に多量の水銀朱がかけられたものと推察できる。

久津川車塚古墳の再検討

南山城最大の中期壺形墳久津川車塚古墳における竜山石製長持形石棺内からの遺物の出土状況は、勾玉に付託された古墳時代人の深い思いをよく語ってくれる。一八九四年（明治二七）と一九一五年（大正四）の二度の調査で明らかになった棺内の状況は以下のとおり。

遺骸は棺底一面に敷き詰められた白色河原石の床上になお遺存し、頭蓋と腹部の上にそれぞれ画文帯神獣鏡が、胸上には径九寸の三角縁神獣鏡、頭の左右と両脇付近に各一面ずつの四獣鏡を、いずれも鏡背を上にして副葬し、棺の四壁直下に並べられた七口の刀剣とともに、さながら被葬者を護るかのごとくであり、『抱朴子』内篇がいう、鏡の呪力への期待がよくうかがえる状況であった。遺骸には碧玉製管玉とガラス製小玉を連ねた頸飾りが着けられていた。

ところで久津川車塚古墳の石棺内の状況で、従来まったく顧慮されてこなかった事実がある。それは棺底内の全面から多数の滑石製の勾玉と刀子が混じり合った状況で検出された点である。ことに前者は五〇〇〇点を超えるという他に例をみない数の多さで（刀子形模造品は四〇余点にすぎない）、あたかも滑石製勾玉をもって被葬者をくるんだかのような状況が想像される。この勾玉について、報告者は、

> 勾玉は其數恐らく五千を超ゆ可く、従来発見の我が古墳中稀に見る所なり。（中略）是等滑石製の勾玉は何れも模造品にて、長さ八分内外のもの最も多く、往々一寸以上のもの、或は長五分内外の小形品を混ぜり。（中略）厚さ一分五厘内外の扁平なる半月形の石材を切りて、周囲を削り、或は一部分を磨して作れり、従つて形整はず、異様の類少なからず。頭部の孔の如きも亦個々別々にして、是等が実用に供せられしものに非ず、副葬品として特に製作せるを認む可きなり
>
> （梅原末治『久津川古墳研究』一九二〇年）

と考察を加える。遺骸の周りを七面の神獣鏡と多量の勾玉で囲んだその状況にも、神仙界を多数の勾玉文鏡の〝かたち〟と同じ心根があることに気づく。魂振(たまふ)りの効能が多量の勾玉に期待されていた。

車塚古墳の石棺には、かなりの量の水銀朱が流し込まれたようで、梅原氏の報告によれば「遺骸遺物は何れも（中略）多量の朱に混じて存在せる」状態だったという。『抱朴子』が上薬の筆頭に「丹砂(たんさ)」を載せることからみても、古墳時代の倭人が水銀朱に仙薬としての著しい効能をみていたことは確かである。

朱の多量使用や神獣鏡の副葬状況に神仙思想が指摘できるなら、異常な数の滑石製勾玉についても、いま少し検討を進める余地があろう。『抱朴子』内篇に「一斗(と)を服用すれば千年の命を得ることができる石脳芝(せきのうし)は、滑石の大塊中から稀に得ることのできる秘薬」とみえ、さらに同書が引用する「黄帝九鼎神丹経(こうていきゅうていしんたんきょう)」にも、神丹の調合に使用する薬のひとつに滑石がみえる。また『神農本草経(しんのうほんぞうきょう)』においても滑石は上品に分類される。その滑石でつくられて、棺内の遺骸を包むかのような多量の勾玉。そこに装飾品を超えた属性が付与されていたことは間違いない。

面勝つ神

異形の盾形埴輪

迫りくる敵から身を護る武具である盾は、しばしば埴輪に造形され、古墳の外周や埋葬施設を巡るように、外向きに立てられる。それは盾塚古墳(大阪府藤井寺市)などの前・中期古墳にあって、粘土槨などの埋葬施設の上面に盾をかぶせる行為に原点をみる思がする。もちろん被葬者にとって永遠の来世空間である墓処を邪霊から守護するため。室宮山古墳（奈良県御所市）の主丘部、埋葬施設の竪穴式石室上につくられた方形段状施設を囲繞する形象埴輪列が、巨大な盾と靫から構成され、そのいずれもが外向きであったことは、その属性をよく物語る。

なかには盾形埴輪の上に冑形埴輪を組み合わせた埴輪もあった。保渡田八幡塚古墳（群馬県高崎市）の外堤に、盾の上に異形の人物頭部をつくり出した「盾持人埴輪」が、盾面を外に向けて並び立てられていた事例（次ページの写真）もまたしかり。室宮山古墳の冑形埴輪と組をなす盾形埴輪は、「盾持人埴輪」創出の前触れと位置づけられる。

その盾の上半部を大きな人面に造形する、まことに奇抜な形象埴輪が時塚一号墳（京都府亀岡

「盾持人埴輪」が護る他界空間　保渡田八幡塚古墳（保存整備中の写真）。全長96mの壺形墳丘を二重の堤がめぐる。その外堤には間隔をおいて「盾持人埴輪」が立つ。

市）から出土している（次ページの図1）。時塚一号墳は五世紀後葉に築かれた一辺約二四メートルの方墳、当該の盾形埴輪は墳丘の東隅角部に、盾面を外に向けて立てられたらしい。高さ六〇センチばかりのその埴輪は、円筒埴輪に、約三〇センチ四方の四角い粘土板を貼りつけて盾面を造形する。盾面の周縁と中央には、「日」字形に間隔の狭い三本線を引き、革製盾の刺し縫いのさまを表現したとみられる綾杉文や斜線を細かく重ね描きしたうえで、上下二段に区画された盾表面の区画のそれぞれに、やや粗く大きな三角文が刻まれる。連続三角文は盾に通有の装飾文様であり、それが辟邪を期待した図文であることは本章の冒頭で

辟邪の目をもつ埴輪

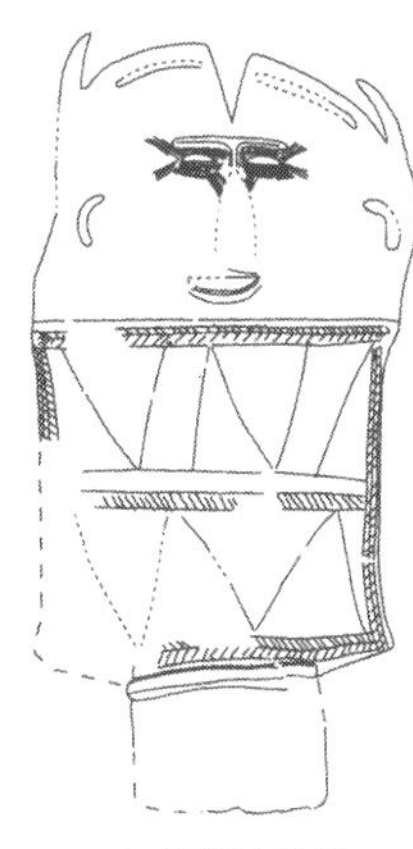

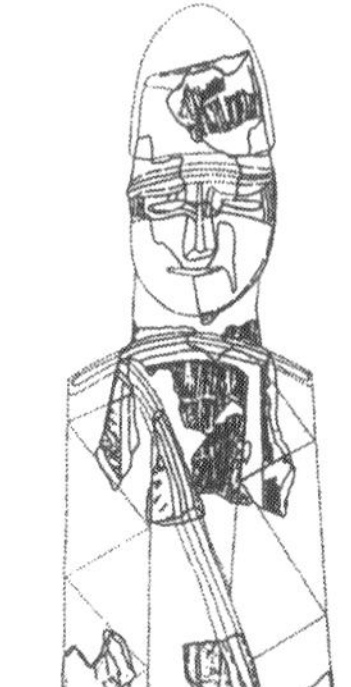

2. 稲葉山10号墳

1. 時塚1号墳　3. 生出塚埴輪窯跡　4. 三福寺2号墳

目とその周縁を同じ図文で装飾し、その異形性を強調する造作があり、赤彩と線刻という異なる表現手法が採られるのも興味深い。

詳述した。

　人面は、盾の上縁を表現する凸帯からそのまま板状に延び上がり、その大きさは埴輪全体の三分の一強にもなる。高さにくらべ、幅が著しく広い顔。凧のような平らで大きな押しの強い顔。見るものの目をそこに引き付けずにはおかない。目や口、耳孔は鋭いタッチで切り抜かれる。切れ長の目は、顔の大きさからするとアンバランスなほどに小さく、盾面と顔を区画する凸帯に近く、弓形に細く切り抜かれた口との距離がとても長くみえる。

　両眼の上に眉を横一文字の小さな高まりで表現することも忘れない。両眼のあいだ、鼻腔の位置から口に向かって縦長に粘土の剥離痕が認められ、鼻を立体的に表現したことがわかる。顔面が真っ平らなぶん、鼻の高さがいっそう際立っていたことだろう。広い頬の両端には「C」字形に切り抜かれた耳孔がある。その外縁は耳殻ということになり、顔の輪郭と一体となる。大きな耳を表出したとみなせる。耳の上には内側に斜めにカーブしながら飛び出す鋭い突起がある。現実の顔にはない付属品だ。

丸みをもった「山」形に造形された顔の上端。その中ほどから、眉間に大きく逆三角形の切れ込みが入るのも、当該の人面の異形性を際立たせる。

アメノウズメとサルタヒコ

初体面の者が接触する際、まず互いに相手の顔、なかでも目を見る行為がはじめにある。異形(いぎょう)な顔のつくりは、相手の目をいっそうそこに向かわせることになる。

時塚一号墳の盾形埴輪の顔、その目に視線を向けよう。それぞれの眼孔の外周には、短い線の束を目尻や目元から斜め外へ、二方向に延ばす。なんとも怪しげな面相ではないか。同様の装飾図文は、すでに幾つかの例が知られる。同じ丹波地域にある稲葉山一〇号墳（京都府福知山市、前ページの図2）、また関東の生出塚(おいねづか)埴輪窯跡（埼玉県鴻巣市、前ページの図3）出土の人物埴輪にもみえる。前者は時塚例と同じく線刻によって、後者は赤彩で表現されるものの、まったく同じ図文である。一方、生出塚埴輪窯跡と同じ埼玉県の三福寺二号墳（坂戸市）出土の「盾持人埴輪」（45ページの図4）では、同様のモチーフが線刻で表現されるのも興味深い。

時塚一号墳例の顔面。剥離痕から復元される大きく峙（そばだ）つ鼻もまた、異形の顔を構成するひとつ。前節でも触れた黄金塚（こがねづか）二号墳の盾形埴輪に描かれた、勾玉を耳に垂れ、マジカルステップ（力足）を踏む人物画（35ページの図6）でも大きな鼻は粘土を貼り付けて表現されていた。現状の同人物画には鼻の〝かたち〟は認められないが、出土時点には明瞭な剥離痕が確認できた。

さらにまた、前期の寺戸大塚古墳（京都府向日市）前方部端から出土した朝顔型円筒埴輪に刻まれた、人面を象徴化した図文（117ページの図6）の中央にも、粘土塊を貼り付けた鼻が造形されていた。また、円筒埴輪に人面を表現した中二子（なかふたご）古墳（群馬県前橋市）・井出二子山古墳（同県高崎市）・上神主狐塚（かみこうぬしきつねづか）古墳（栃木県上三川町）・行基平山頂（ぎょうきだいらさんちょう）古墳（同県足利市）など、中・後期の事例にも、鼻が立体的に造形される。顔を平滑な面に表出する場合にあっても、鼻は聳（そび）えたつ存在でなければならなかった。

黄泉（よみ）の国から逃げ還ったイザナキが、かの国の穢（けが）れを禊祓（みそぎはらえ）した際、左右の目を洗った折にそれぞれからアマテラスとツクヨミが生まれ、つづいて鼻を洗ってスサノヲが生まれるという三貴子（さんきし）誕生神話が記紀に語られるのも、目と鼻が顔のなかで霊力ある器官とみなされていたことをうかがわせる。
大きな鼻と霊力ある目をもつ神に、天孫降臨神話に登場するサルタヒコがいる。くだんの神話で、

> 天八達之衢に居り。其の鼻の長さ七咫、背の長さ七尺余り。当に七尋と言ふべし。且口尻明り耀れり。眼は八咫鏡の如くして、絶然赤酸醤に似れり（『日本書紀』）

という異形の姿をした衢神サルタヒコの正体を明らかにするため、高天原から「汝は是、目人に勝ちたる者なり。往きて問ふべし」（『日本書紀』）と派遣された神が、アメノウズメであった。『古事記』はウズメを「手弱女人にはあれども、い対ふ神と面勝つ神」と表現する。正体が不明なモノに対決する場面に、相手を睨みつけて打ち負かすほどの強い眼力をもつ、不敵な面構えの神が登場するのである。

やがてウズメに敗れ、正体を明かしたサルタヒコは、先祓えの神として天つ神の先導者となる。邪霊もまた強い眼力を備えていたことは、ヤマタノヲロチの目を「赤酸醤の如」しと表現する記紀の記述にうかがえる。

他方、大蛇となって示現した三諸岳の神もまた雄略天皇に向かい「目精赫赫」（『日本書紀』）

いたと表現される。墓処を侵すモノに向かう盾形埴輪の上に表現された大きな顔こそ、「い対ふ神と面勝つ神」に比定できよう。小さな眼の周りに刻まれた装飾図文は、眼力を高める辟邪を期待した装飾と理解される。

人物埴輪に「盾持人」は存在しない

時塚一号墳のくだんの埴輪をよく見ると、四角い盾部から上に広がる顔面の上端は丸みをもち、形象部全体の輪郭が上縁の丸い革製盾を表現することに気づく。顔面を平滑に造形しようとする思考も理解できる。盾のなかに顔が表現されたのである。それは盾を擬人化した〝かたち〟にほかならず、それを盾形埴輪と理解してなんら問題はない。

「盾持人埴輪」と呼ばれる形象埴輪がある。それが人物埴輪のひとつにとらえられていることは、呼称からわかる。それらは大きな盾の上に人物の頭をつくり付けた（別につくった頭部をソケット状に組み合わせたものもある）にすぎず、盾を構える人物の姿を形象した事例は皆無である。わずかに盾を支え持つ手先だけを盾面の端に表現した「盾持人埴輪」が存在するが、それとて頭部以外の五体を形象することはない。

一般の人物埴輪と違い、「盾持人埴輪」の頭部は、その多くを異形に造形する点が特徴である

異形の顔をもつ「盾持人埴輪」

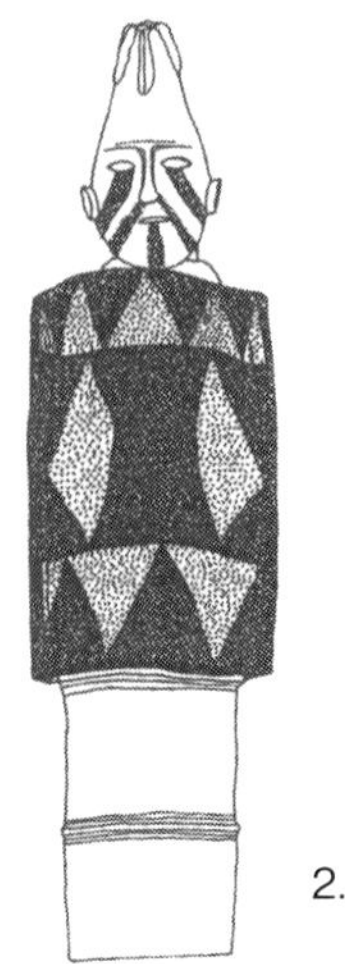
1. 塚廻り1号墳

2. 保渡田八幡塚古墳

3. 女塚1号墳

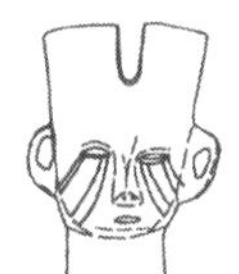
4. 埼玉稲荷山古墳

5. 前の山古墳

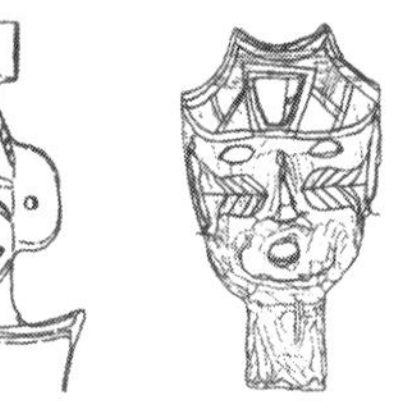
6. 羽子田1号墳

「盾持人埴輪」頭部の諸例。古墳時代人が思考した、聖処(古墳)に迫る邪霊を察知し、跳ね返す顔をもつ頭部の造形。それは盾を極限まで擬人化した“かたち”。

（上の図）。大きく突き出した頭頂にみる笄帽（こうがいぼう）とも呼ばれる髷（まげ）状の表現をはじめ、せせら笑うかのような表情をもつ一方、歯を剥き出して怒りの形相を表す例もある。さらに左右側頭に大きな耳が張り出すように付けられる例も散見される。どこまでも迫りくるモノの予兆をいち早く聴き取り、それに対面しては、笑いや怒り、睨（にら）み返しなどの呪能で跳ね返す。まさに辟邪の形相がそこにある。

それらの造形表現は、盾がもつ属性を人面の表現に移し替えたものと理解される。時塚例にあって、顔面の両端に近く切り込まれた、「C」

字形の耳孔も、どうしてもそこに耳が表現されなければならなかったととらえるべきだ。形あるところ〝こころ〟あり。

岩戸山古墳（福岡県八女市）に立てられていた石製盾のなかに、時塚例にあって顔を表現した部位に、大の字に立ちはだかる上半身像を陽刻したものがある（久留米市篠山神社記念館蔵）。まさにモノと対決する盾の属性を擬人化した表現とみなすことができる。「盾持人埴輪」と呼ばれる人物埴輪は存在せず、盾形埴輪のひとつとして理解されるべきである。

力足を踏む人

盾形埴輪に描かれた人物画

古墳時代前期末の壺形墳のひとつ黄金塚二号墳では、一九九五年の発掘調査で墳丘裾を隙間なく巡る円筒埴輪列を検出。円筒埴輪九本おきに一本の割合で、大型の盾形埴輪が墳丘外側に向けて立てられていた。墳丘を囲繞する円筒埴輪列は、古墳（他界）と此界を結界する装置のひとつ。その列に配り置かれた大きな盾形埴輪は、それによって守護されるべき他界世界の存在を顕現させる。盾形埴輪は鰭付円筒埴輪の形状に近く、円筒部の一方を大きく長方形に囲んで平滑な盾面とし、そこに鍵形文を含む呪的な平行線の図文が刻まれる。左右に突出して盾の縁端をなす鰭は無文である。盾形埴輪は一三本が発掘されたが、うち一本の縁端部に35ページの図6でも採り上げた線刻人物画が認められた。

高さ一九センチの大きさに描かれたその人物（次ページの図1）は、両足を半ば開いて仁王立ち、右手を挙げ、左手を下げる姿態をとる。肩から柔らかに括れた頸部を経て円形に表現された頭部へと続く外縁線は一筆で描かれ、作者の表現の巧みさがうかがえる。外斜め上方向に大きく

力足を踏む人

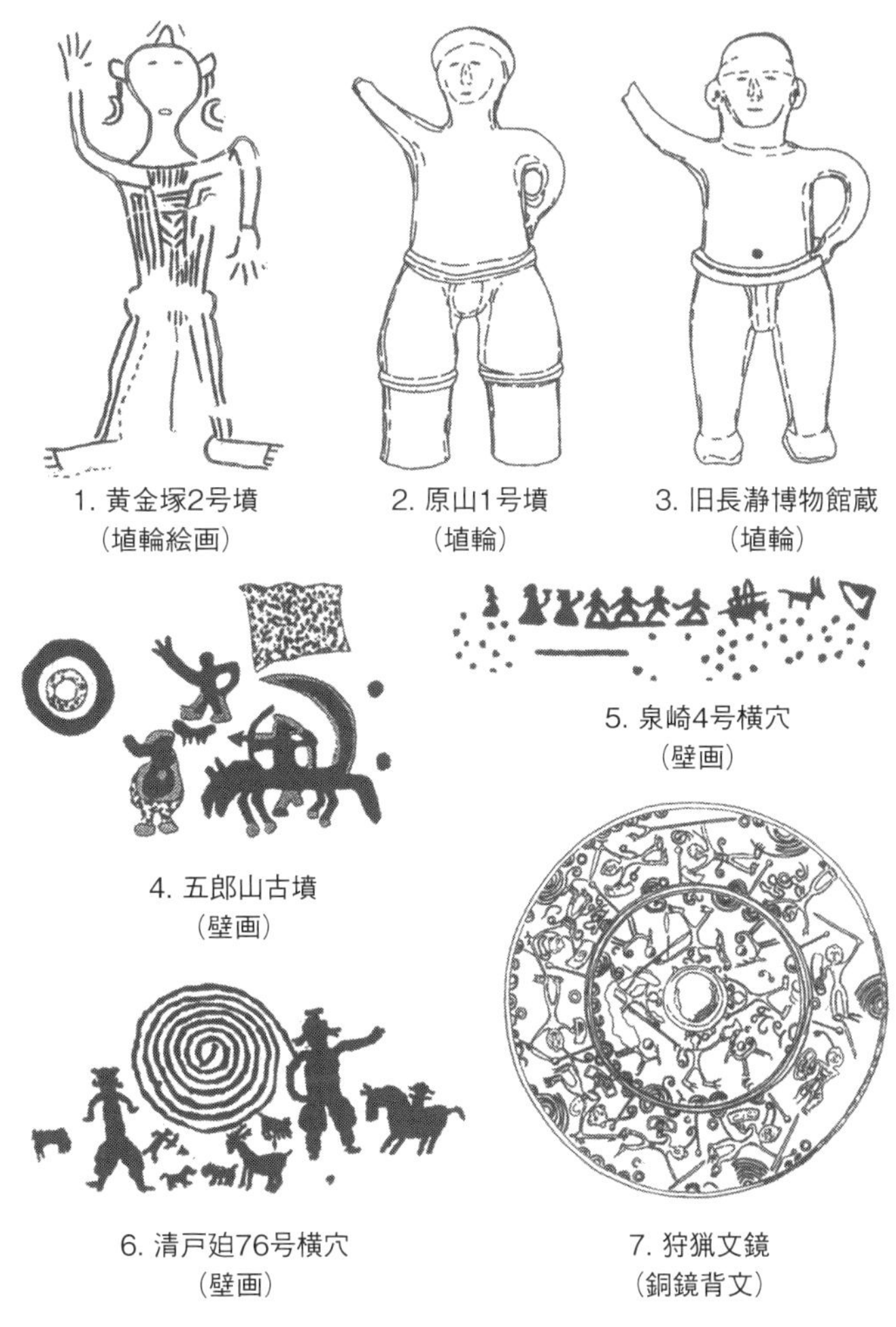

力士が四股を踏む力足の所作が古墳時代まで遡ることを語る資料群。4～6は首長の狩猟儀礼を描く壁画。狩猟と、地霊を踏み起こす力足の呪作の連環は興味深い。

張り出して、先端を尖らせた耳に垂下された勾玉（まがたま）については先述した。頭上には二重の三角形がみえる。鼻は粘土を貼り付け、立体的に表現されていたことが剥離痕からわかる。振り挙げた右手は大きく開き、五指をしっかり表現する。他方、左腕は付け根近くで括れたあと、肘（ひじ）から先を真下に向けて手を開く。この左腕の表現は、肘を張りながら腕を降ろそうとする動作を描いていて、この人物画に躍動感をもたらせている。

豊かに肉の盛り上がりをみせる腰から、緩やかな膨らみをもって大腿部へといたる線は力感あふれ、五指まで表現した大きな足先は足裏を描いたかのようだ。股間の「小」字形は性器の表現とみなされる。弥生〜古墳期にあって、女性器は木の葉形をもって造形される点を考慮すれば、その〝かたち〟と下半身の力量感あふれる表現手法から、当該の人物が男性であることを語っているのは明白である。

胸には直線で構成された図文が描かれる。着衣または鎧（よろい）、さらには入墨のいずれを表現したかは意見の別れるところであるが、表現の細部で左右対称をはずしている点や、性器を露呈する点を考慮すれば、それが裸体に彫り込まれた入墨である可能性が高く、他界空間を侵そうとするモノの眼をそこに向かわせることを意図した辟邪（へきじゃ）の装飾図文と理解される。

50ページで「盾持人埴輪」頭部の造形表現のひとつに異形（いぎょう）の耳（50ページの図2・4・5）が

あることを指摘した。先端を尖らせ吊り上がるように外方向へ飛び出して表現される当該人物画の耳にも、異形性がみてとれる。耳に勾玉を垂下する考古事例が古墳時代にきわめて稀な点からも、本例を異形の姿態表現のひとつとみてよかろう。

さらに頭上の二重三角形も、先に考察した三角形のもつ造形心意からみて、東国の人物埴輪に散見される葬冠の表現との関連も考えなければならない。

留意すべきは、当該の人物画が、墳丘を守護する埴輪列の要をなす盾形埴輪のひとつに描かれているという点である。この人物の姿から復原される動作が盾の属性と密接なつながりをもつことはいうまでもなく、むしろその呪的属性のさらなる高まりを企図した図文と理解されなければならない。くだんの人物画も、それと同じ造形思惟を標徴するもの。では、その姿や動作は何を語っているのだろう。

わたしは、かように力強い動的な姿態表現に、当該の人物像が、力足を踏み、邪霊圧服と生命力の増幅を期する〝ちからびと（力人・力士）〟を描いたものと考えた（39ページ）。

〝ちからびと〟の姿

黄金塚二号墳の人物像と同じ姿を描いた絵画資料がある。五郎山古墳（福岡県筑紫野市）・清戸迫七六号横穴（福島県双葉町）など、後期の古墳壁画である。

前者は、側壁に描かれた棺を載せて星空を往く船をはじめ、大きな奥壁基底石に盾・弓・鞆などの武器や同心円文、蕨手文とともに、杯を捧げる女子像、馬上などで弓を引く人物と犬や猪などの動物群、さらには勢子とおぼしき人物からなる狩猟の情景など、多彩なモチーフが描かれる。そして奥壁上段中央に、一方の腕を大きく振り上げ、他方の腕を腰にやる人物（ちからびと）像が、馬上から四足動物に矢を射かける人物とともに描かれる（53ページの図4）。馬の尻には大きな青緑の旗が翻る。ここにも狩猟の場面がある。当該の人物像が振り挙げる腕は一段と太くかつ長い。またしっかと地を踏み締めるように描かれた太い両足は、その動作をいっそう強調しているように見受ける。力足を踏む人物（ちからびと）であろう。なおその横に描かれた同心円文にも留意しておこう。五郎山古墳の壁画については第四章で詳述する。

また清戸迫横穴の奥壁に描かれた人物像は、腕の動作が黄金塚例や五郎山例とは反対ながら同じ姿態をとり、袴を着用し、脚結の表現がみえる。頭の左右には美豆良が、頭上には髷かとみられる結髪の表現が認められる（53ページの図6）。この髷は「盾持人埴輪」にしばしばみられる笄帽と呼称される頭部表現によく似ている。この人物の脇には、角をもつ牡鹿とそれに吠えかかる犬、さらに弓を射かける人物がみえる。いうまでもなく狩猟の情景である。狩猟の催事にあたり、力足を踏む次第があったことが指摘できる。

清戸廹壁画の中央にはひときわ大きく渦巻文が描かれ、見るものの目を引き付ける。渦巻き文は洋の東西を問わず永遠を象徴する図文で、斎藤忠はそれを「死者の霊をみちびく霊能をもつ」図文とまでいう（『壁画古墳の世界』学生社、一九八九）。しかも渦巻文の先端が力足を踏む人物の肩にかかって描かれる点は、渦巻文が当該の人物とその所作を象徴する図文であることを物語る。五郎山古墳で、主題の人物の横に描かれていた同心円文を想起してほしい。両者が同じ意味をもって描かれた可能性がみえてくるとともに、東北地方の古墳壁画が九州のそれと密接なつながりをもつことに留意する必要がある。

絵画資料だけではない。既上の人物画と極似した姿態をとる形象埴輪がある。原山一号墳（福島県泉崎村、53ページの図2）や、昼神車塚古墳（大阪府高槻市）、埼玉県旧長瀞総合博物館蔵（53ページの図3）、国学院大学蔵例などの力士埴輪がそれ。それらは褌を締め、一方の腕を振り挙げ、他方の腕は肘を体の側面に張り出したのち、手を腰や横腹にあてている。旧長瀞例は大きなお腹に臍まで表現し、裸体であることを語っている。

さらに原山例では力感あふれる腰や太い大腿部の表現、なによりしっかと地面を踏み締めて立つ大きく太い両足の表現が印象的である。その姿は力足（四股）を踏む力士である。これら力士埴輪が、すでに古墳中期後葉の人物埴輪の出現期にみられる点は、力足が王権や葬送にかかわる重要な所作であったことを示している。

四股を踏む力士埴輪の姿は、黄金塚例での大きな足先の描写や、五郎山例の太い下肢と振り挙げた腕の躍動感あふれる表現につながる。それらの絵画に描かれた〝ちからびと〟も力士を表現したものとみて間違いあるまい。保渡田(ほどた)Ⅶ遺跡（群馬県高崎市）や昼神車塚古墳などの形象埴輪群にあって、力士埴輪とともに、狩人や猟犬、また猪など、狩猟の場面を構成する形象埴輪群が立てられていたのも、埴輪と古墳壁画が共通のテーマを表徴していることをうかがわせる。

〝ちからあし〟の呪儀

舒明(じょめい)天皇の内野(うちの)での遊猟に際して献(たてまつ)られた万葉歌に、

たまきはる宇智の大野に馬竝(な)めて朝踏ますらむその草深野(くさぶかの)（巻一―四）

がある。そもそも「遊猟」とは、支配者が山野の霊威と接触し、その精霊である動物を狩ることによって、地域支配と首長権の永続を願う王権儀礼である。そこで行われる土地踏みの儀礼が、地霊や邪霊圧伏の意味を込めた呪術的な足踏み＝力足（ちからあし）であることはいうまでもない。

仁徳紀六十七年十月条は、石津原（いしつのはら）における陵地の卜定（ぼくじょう）を、地霊である鹿の死によって語る。永遠の他界空間を営むためには、まず地霊を遷除（せんじょ）させたり圧伏させる必要があると思考されていた。また垂仁紀七年七月条が語る、当麻蹶速（たいまのけはや）と野見宿禰（のみのすくね）の争力（ちからくらべ）説話も、野見宿禰による埴輪創造伝承をあわせ考えれば、力士による争力が夷狄（いてき）圧伏（あつぷく）や邪霊退散を目的とする呪作であったことをうかがわせる。

泉崎（いずみざき）四号横穴（福島県泉崎村）（53ページの図5）の壁画では、中央に並んで手をつなぐ人物が四人描かれ、その横に馬上から鹿に矢を放つ人物が描かれる。狩猟の場面である。手をつなぐ人たちの足元には一本の線が太く引かれる。古墳壁画にあって、地面の表現は稀、わたしはこれを大地を踏む呪的儀礼を強調した表現とみる。「乙女らに男立ち添い踏み平（な）らす西の都は万世の宮」という、由義宮（ゆげのみや）の宮讃めの歌（『続日本紀』神護景雲四年〈七七〇〉三月条）が思い出される。

「狩猟文鏡」と呼ばれる群馬県出土と伝える面径一八センチ余の銅鏡（53ページの図7）がある。外区に一〇人、内区に四人が、ある者は素手で、ある者は両手に盾・矛（ほこ）・刀・弓などの武器を持って群舞する。すべての人物像の足先は体型にくらべて大きく、指まで表現される。黄金塚例の〝ちからびと〟にみる足先の表現に似ている。それが力足を踏みながら武舞する魂振（たまふ）りの祭儀のさまを描写したと理解される。「狩猟文鏡」という名付けは再検討されるべきだろう。

古墳は墓である。それは古墳時代を生きた人びとの死生観や他界観を基層として創造された、喪葬にかかわる記念物にほかならず、宗教的、精神的、思想的な属性を強く具有した工作物である。墳丘とそこに並ぶ埴輪、埋葬施設や副葬された品々、墓室の壁面に描かれた絵画など、それらは喪葬空間としての古墳を創出するための仕掛けである。

古墳時代人は、なぜそうした喪葬空間を案出したのか。個々の〝かたち〟を生み出す造形思惟はどこに存するのか。考古学はまず「文化」としての古墳研究に目を向けるべきだろう。大陸文化を受容しつつも、既存の文化との融合・改編の営みと醸成を繰り返しつつ他界空間が創造されたことを再確認し、古代の〝こころ〟を求めて、さらなる思考を重ねよう。

第一章

壺形墳の誕生と卑弥呼の鬼道

鬼道のちから

女王出現の歴史的背景

倭国の女王卑弥呼は、『三国志』の魏書東夷伝倭人条（以下「魏志倭人伝」または「倭人伝」と呼ぶ）の次のような記述をもって史上に登場する。

> 其の国、もとまた男子を以て王となす。住まること七、八〇年、倭国乱れ、相攻伐すること年を歴たり。乃ち共に一女子を立てて王となす。名づけて卑弥呼という。鬼道を事とし、能く衆を惑わす。年已に長大なるも、夫婿なし。男弟ありて、佐けて国を治む。王となりしより以来、見るある者少なし。婢千人を以て自ら侍らしむ。ただ男子一人ありて、飲食を給し、辞を伝えて出入す。居処の宮室・楼観・城柵、厳かに設け、常に人ありて兵を持ちて守衛す

卑弥呼は「鬼道」という宗教を奉じて人びとをよく治めたという。しかも、彼女の統治を「男弟」が補佐したとみえる。また、宮室の奥深くにいる卑弥呼の言葉を取り次ぐ「男子」の存在が

語られる。この「男子」は、先の「男弟」とは別人らしい。この「倭人伝」の記述から、具体的な倭国統治は「男弟」が行っていたとみて間違いない。卑弥呼が宗教的首長であるのに対して、「男弟」は卑弥呼の宗教的権威を背景とする政治的首長であったとみられる。

この卑弥呼登場の契機となった「倭国乱」を、『後漢書』東夷列伝は「桓・霊の間、倭国大いに乱れ、こもごも相攻伐し、年を歴るも主無し」と記述し、その争乱の時期を後漢の桓帝（在位一四六〜一六七）から霊帝（在位一六八〜一八九）のあいだとする。さらに『梁書』諸夷伝倭条や『北史』東夷伝倭国条では、その時期を霊帝の光和中（一七八〜一八四）と限定している。

光和中といえば、その七年（一八四）二月、張角を首領として河北に興った太平道を称する黄巾の乱は一〇か月に及び、乱の平定後には年号を中平と改めるが、後漢は衰微の道をたどる。奈良県天理市にある東大寺山古墳に副葬されていた「中平□年五月丙午、造作文刀……」の金象嵌銘をもつ鉄刀は、その時期の後漢と倭の交渉を語る一級資料である。二世紀の第Ⅳ四半期前半、卑弥呼はそうした風雲急を告げる東アジアの一画にある倭国の女王として登場する。

三世紀前葉、中国は三国時代に入り、中原は魏の支配するところとなる。そして後漢の衰退に乗じて朝鮮半島に勢力を拡大していた公孫氏を魏が滅ぼすや、その翌年の景初三年（二三九）、卑弥呼は魏に朝貢するというすばやい動きをみせる。東アジア各地域の動向が中国の政治の動静に大きく連動していることをよく語る一例である。「倭人伝」は、それから四年後の正始四年（二四三）にも倭国が朝貢したことを述べ、つづいてその八年には狗奴国と戦争状態にあることを帯方郡に報告する記事をもって女王卑弥呼の動きは消える。「倭人伝」は次のようにつづける。

> 卑弥呼、以て死し、大いに冢を作る。径百余歩、殉葬する者、奴婢百余人なり。更に男王を立つるも、国中服さず、こもごも相誅殺し、当時、千余人を殺す。復、卑弥呼の宗女台与、年十三なるを立てて王と為す。国中、遂に定まる

卑弥呼は西暦二四〇年代の末には死んだと推定される。彼女が何歳で女王となったかは不明ながら、光和年中の末年である西暦一八四年に台与と同じ一三歳で女王となったと仮定すると、西暦二四八年には七七歳である。非常に長生きであったのもさることながら、女王の地位にきわめて長くあった点には留意しておくべきだろう。

「倭人伝」を通読すると二世紀後半から三世紀中葉の倭国の統治は、男王→女王〔卑弥呼〕→男王→女王〔台与〕という推移をたどったことがわかる。先にみた倭国統治における「男弟」の果たした役割に注目すると、卑弥呼の前後の時代に擁立された男王に諸国が従わなかったのは、政

事（マツリゴト）を祭事（マツリゴト）に優越させようとしたところにあったと想定でき、いまだ呪術的・宗教的権威や思想に重きをおく社会がつづいていたことを示している。しかも、衆目に姿を現さず、「鬼道を事とし、能く衆を惑わす」という、隠れた王として君臨する卑弥呼の治世が半世紀以上もの長きにわたるのは、彼女が事とした鬼道が強力な求心力をもっていたがゆえと考えられる。

したがって、卑弥呼没後のふたたびの争乱状態を収束させるには、卑弥呼の鬼道を継承する女性を王として擁立することが要請された。「倭人伝」が台与を「卑弥呼の宗女」と記述するのは、そうした背景があってのことと理解できる。なお『梁書』諸夷伝は、台与ののち、ふたたび男王を立てたとみえるが、ふたたびの争乱は起こらなかったらしい。台与の治世の後段と、つづく男王のころ（三世紀後半）には、倭国の王権は安定しつつあったと推察できる。わたしはそれがヤマト王権と呼ばれる政体だったとみる。

鬼神の道

では、卑弥呼がもっぱら実修した「鬼道」とは、いかなる教えであったか。「鬼道」の語は、『三国志』では「魏志倭人伝」のほか、蜀書（しょくしょ）の劉焉（りゅうえん）伝と、魏書の張魯（ちょうろ）伝にみえる。張魯は道教の一教団である五斗米道を創始した張陵の孫で、いわゆる「三張道教」の指導者のひとりであった。張魯伝は彼が鬼道をもって民を教え、みずから「師君」と号し、その教えは黄巾の人びと（太平道）に似ているという。また、劉焉伝は張魯の母が鬼道によって若々しい容貌を保ったと述べる。

さらにわたしが注目するのは、卑弥呼の「鬼道」を『後漢書』では「鬼神の道」と表現している点である。「鬼神」とは死者の霊や祖先の霊をいう。卑弥呼の「鬼道」とは、死霊を神格化し、その祭りをとおして、みずからの長生と富貴を願う現世利益に主眼をおいた道教的な教えを根幹とする宗教、とみることができそうである。

『三国志』魏書東夷伝は、朝鮮半島各地にさまざまな鬼神の祭りがあることを記述する。高句麗条には「大屋を立て、鬼神を祭る」とあり、また韓条によると、馬韓では五月の播種と一〇月の収穫のあとに、鬼神を祭り、さらに「鬼神を祠祭するに異なる有り」と、鬼神の信仰に地域的な違いがあったことを指摘する。卑弥呼の「鬼道」が、東アジアに広がりをもつ信仰と祭祀のひとつであったと理解される。

神仙思想の伝来

銅鐸絵画にみる西王母像

道教は、不老長生を願う神仙思想を背景とする宗教である。わたしはかねてから神仙思想のわが国への移入がすでに弥生中期段階にあることをうかがわせる資料が、弥生時代の祭器である銅鐸(どうたく)の絵画にみることができると主張してきた。

神戸市灘区の桜ケ丘出土の四号・五号鐸や伝香川県出土鐸などをみると、片手に工字形の道具を持ち、両足を前に投げ出すような中腰の姿態をとる人物像がある。たとえば伝香川県出土鐸では、ほかにも狩猟や脱穀の場面などにあわせて四人の姿が描かれるが、それらはいずれもしっかりと立って動作を起こす姿に表現される。しかるに当該の中腰の人物は、非常に安定感を欠いた姿態に描かれる。桜ケ丘五号鐸にみえるその人物像の足元に、二匹の魚が配されることから、これを魚釣りをする人（工形の道具を漁具とみなすわけだ）とする説があるが、やや無理な解釈のように思われる。

目を中国の古代絵画に転じると、漢代の墓室の構築に使用された画像磚(がぞうせん)にみられる図像のなか

西王母の図文

下図右端に工文形の糸巻きをもつ西王母が。銅鐸絵画はそのデフォルメ(左上：桜ヶ丘5号銅鐸絵画、右上：桜ヶ丘4号銅鐸絵画、下：中国河南省密県の画像磚)。

に、銅鐸にみる中腰の人物そっくりの姿を見つけることができる。河南省密県の画像磚（上図の下）の例では、中央に大きく羽を広げた不死鳥のかたわらに、椅子のようなものに腰を掛け、手に工字形の道具を持つ人物が表出される。この人物は神仙界を差配する女神である西王母で、彼女は己が支配する仙山（崑崙山）に腰を掛けている。西王母の前には不死の仙薬を臼で舂く眷属のウサギが。その前には高坏に盛られた団子状の丸薬（仙薬）がみえる。この西王母の図像から崑崙山を消し去れば、くだんの中腰の人物像が出現する。

西王母が手にする工字形の道具は、桛

という紡いだ糸を巻き取るもの。西王母が機織りにかかわる女神であることは、桛のほかに西王母を象徴する頭飾りの〝かたち〟にも見てとることができる。それは、中央が丸く上下に台形の鰭(ひれ)が付いた「勝」と呼ばれる部品で、織機の先端に取り付けられて経糸(たていと)を繰り出す「勝」に由来する。さきに勾玉文鏡(まがたまもんきょう)（紫金山(しきんざん)古墳出土）で、ひときわ大きな「勝」を頭飾りとした西王母の姿を紹介した（35ページの図1）。勾玉文鏡は古墳時代前期前半の倭鏡。

前ページの図の検討から、西王母の図像が弥生時代の列島にもたらされていた可能性はきわめて高い。もちろんその基層に神仙思想があることは間違いなかろう。密県画像磚の西王母にあって、彼女が手にする桛をよく見ると、工字形の二本の横棒の先端をつないで中央で交差する×形の線がみえる。これは糸を桛に巻き取る動作を描いたもの。林巳奈夫氏はそれを、

> 桛の上下の横棒の間を下から斜め上へ、また下へ、反対の端の下から斜め上へ、天地の間を「交互」する、という運動線を目で追うことによってはじめてその交錯し、交替し、陰陽が入れ替わり、再びもとの所に廻帰する、という内容が理解されるのであるが、ここでは糸が同じ図形を描きながら限りなく循環を積み重ねてゆく。（中略）中国人はこの運動から不死、永遠というものを思索した（「漢代の永遠を象徴する図柄」『史林』八三―五、二〇〇〇年）

と説く。西王母の機織りの動作もまた、陰と陽を織りなして宇宙の秩序を創造する行為が観念されたと理解できよう。

記紀神話では、スサノヲが逆さに剥(は)いだ斑点のある聖馬をアマテラスの機織りをする斎服殿(いみはたどの)に投げ入れるという天(あま)の石戸(いわと)隠れの発端となる事件が語られるが、ここにも機を織る女神がみえる。わが国の古代神話に中国神話の強い影響がうかがえることは注目される。

仙薬「禹餘粮」

唐古(からこ)・鍵(かぎ)遺跡(奈良県田原本町)第八〇次調査で、弥生時代中期末〜後期初頭の溝から出土した褐鉄鉱(かってっこう)の殻については25ページで紹介した。砂礫(されき)土層中の鉄分が小さな粘土塊を核にして、砂礫を巻き込みながら粘土のまわりに褐鉄鉱の層を形成してできた殻状の物体の中に二個の硬玉(ヒスイ)製の大型勾玉(まがたま)を入れた前例のない考古資料である。先の西王母の図像を表現した銅鐸とほぼ同時代の資料。

その殻状の物体は、全体の大きさが長軸約一六センチ、短軸約一三センチ、厚さ約七センチを測る。その物体は、しばしば核となった粘土が乾燥して中に空洞ができ、その乾燥した粘土塊や染み込んだ水が音をたてることがあったことから、わが国では「鳴石(なりいし)」「鈴石」とか、またはその形状から「壺石」「饅頭石」などと呼ばれてきたもので、唐古・鍵出土資料は、殻を構成する砂礫の組成から奈良盆地西部の平群町椣原あたりの生駒谷で採取されたとみられている。

それは鉄分を多く含んだ砂礫のかたまりに過ぎず、決して人びとの目にとまるような外観をしていない。それにもかかわらず、核となった粘土が抜けた空洞に、入手が難しい新潟県西部の姫川流域産とみられるヒスイでつくられた大きな二つの勾玉を入れていたのである。大きい勾玉は四・六センチ余。これまで出土した弥生時代の勾玉のなかでは四番目ぐらいの大きさだ。

褐鉄鉱の殻状物体　唐古・鍵遺跡出土(弥生中期末〜後期初頭)。なかに2個のヒスイ製勾玉を納めていた。

古代中国にあって、この殻状の物体の中にある粘土塊は「大乙禹餘粮」とか「太一餘粮」「禹餘粮」と呼ばれる仙薬として珍重された。神仙の道や仙薬の処方、また不老不死の法を説く『抱朴子』の内篇には、丹砂・黄金・諸芝・五玉などとともに上なる仙薬のひとつに「太乙禹餘粮」がみえ、それを単剤で服用すれば空を飛び長生きできるという。

奈良朝の天平勝宝八歳（七五六）六月二一日、光明皇太后と孝謙天皇は六五〇余点の聖武太上天皇遺愛の品々を東大寺大仏に献納するとともに、別に六〇点の薬物を奉納した。その薬物は、いわゆる『種々薬帳（しゅじゅやくちょう）』と呼ばれる献納目録とともに正倉院に伝えられてきた。なかに「大一禹餘粮」や「禹餘粮」という薬物名がみえる。正倉院の北倉に、いまも褐鉄鉱の殻の一部と、本来はその内容物であったと思われる一三〇グラムあまりの赤褐色の薬用部と思われる粉末が伝来するのも興味深い。鉄分の含有が多く赤色や紫色を呈するものが上質とされ、それが「大一禹餘粮」にあたり、その他の色が「禹餘粮」に該当するとみられる。北倉伝来の粉末は前者らしい。

唐古・鍵遺跡出土の褐鉄鉱の殻は、表面が粗雑な砂礫のかたまりにしか見えず、包含されていたはずの粘土を採り出したあとは無用の物体のはず。しかしその中に大きなヒスイ製の勾玉を納めたのは、それが仙薬を内蔵した希少なものと認識されていたからにほかならず、当然その内容物が仙薬として服用されたことは間違いない。紀元前後の時期の唐古・鍵遺跡に住んだ人びとが中国の薬学やその背後にある神仙思想を理解していたことを物語る貴重な資料である。中国の文物だけが流入するのではない。物と人の動きは、思想や宗教を含む文化の流れでもある。

仙薬として粘土を採り出したあとの殻状の容器を捨てず、そこに大きな勾玉を納めたのも格別の意味があってのこととみるべきだろう。産出地が限られたヒスイ製の勾玉は、それがもつ色合いと希少性ゆえに特別視され、独特の形状とあいまって、装身具としての機能を超えた呪術的な性格をもっていたと想像される。

玉の呪力

藤田富士夫氏は蜆塚遺跡（静岡県浜松市）や山鹿貝塚（福岡県芦屋町）で発掘された縄文時代の屈葬人骨とともに出土したヒスイ製大珠が、被葬者の腹部の上あたりにあったことから、そこに母胎回帰、すなわち再生への願いが存在したと考え、その観念がヒスイ製勾玉の使用例に受け継がれると主張した。次の万葉歌を再掲しておこう。

沼名川の　底なる玉　求めて　得し玉かも　拾ひて　得し玉かも　あたらしき　君が　老ゆらく惜しも

（巻第一三―三二四七）

「沼名川の底にある玉、それを求め拾い得た玉よ。その玉のごとく惜しまれる立派なあなたが老いてゆくのが惜しいことだ」という歌意。そこには永遠の艶と光を放つ玉に対して、人のうえを流れる時間の無情が歌われる。歌の背後にある不老長生への憧憬に留意すべきである。沼名川は新潟県糸魚川市を流れる姫川のこと。この歌からヒスイ製勾玉に込められた願いがうかがいしれよう。

後漢の方格規矩鏡（ほうかくきくきょう）の銘文に、

駕蜚龍　乗浮雲　上大山　見神人　食玉英　餌黄金　宜官祿　錦子孫　楽未央　大富貴

（飛龍を車として浮雲に乗り、太山に登りて神人とまみえ、すばらしい玉を食べ黄金を摂（と）る、官位の昇進は思いどおり、子孫は繁栄する、楽しみは尽きることなく大いに富貴を極める）

と、銅鏡を所持することの効能が説かれる。そこには現世での繁栄を極めるために神仙界をたずねて玉や黄金を摂取することが述べられる。また『抱朴子』は、「玄真（玉の別名）を服する者は、其命（いのち）極らず」と説く。こうした仙薬としての玉に込められた願いもその根底にあったと思われる。沼名川産のヒスイでつくられた勾玉に不老長生の〝こころ〟をみた藤田氏の考えに従うべきだろう。

不老長生の仙薬の母胎であった褐鉄鉱の殻には、ふたたび不老長生の呪具としてヒスイ製の勾玉が納められた。ゴツゴツした砂礫のかたまりのような外観をみせる当該の資料は、おそらく巾着（きんちゃく）のような袋物に入れられ、不老長生のお守りとして、言い換えれば不老不死をもたらすマナが籠もる「玉手箱」として、紀元前後の唐古・鍵遺跡の支配者に所持されたことであろう。そこには中国の思想や文化を直截に採り込むだけでなく、倭人流の創意やくふうの一端がかいま見えるのであり、やがて三角縁神獣鏡の大量副葬をはじめとする古墳文化創出への流れを生み出すこととなる。

弥生墳墓と鏡

福岡県糸島市は「魏志倭人伝」にみえる伊都国の中心とされる。その三雲・井原遺跡から一九七八年の調査で発掘されていた、弥生時代後期末の甕に刻まれた文字の存在が明らかとなった。甕は高さが約六〇センチ、棺に使用されたものではと推定される。その口縁部に横位に「竟」という文字がみえる。「竟」は「鏡」字の金偏を省略したもので、銅鏡の銘文などにしばしばみられる。

同じ三雲・井原遺跡に営まれた弥生中期後半の王墓南小路の一号甕棺には三五面の前漢鏡が、また二号甕棺にも二二面以上の前漢鏡が副葬されていた。この二つの甕棺は、一辺が三二メートルを超える方形墳丘墓に並べ埋められていたことが明らかになっている。さらに三雲・井原遺跡の北にある弥生後期後葉の王墓平原一号墓は一三メートル×九・五メートルという小規模な墳丘

「竟」字を刻んだ甕(三雲遺跡)

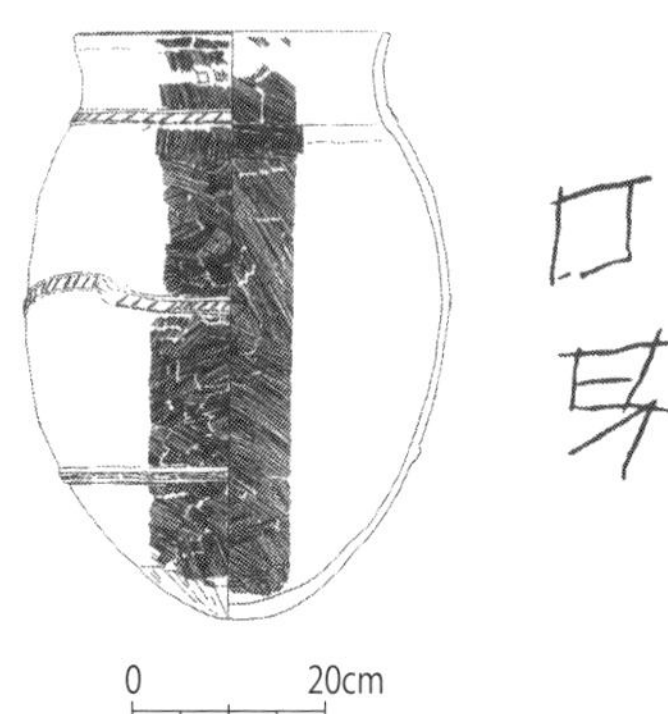

三雲・井原遺跡八龍地区出土。甕の口縁部に刻まれた「竟」字(横位に書かれる)。「鏡」字の省略体。銅鏡の副葬に通じる心意が。

ながら、直径が四六・五センチにもなる大型の国産内行花文鏡五面を含む四〇面もの銅鏡を出土した。

このような伊都地域における銅鏡を副葬する慣習が、小さいながらも棺に使用されたとみられる甕に「竟」字を刻ませることになったのであろう。すなわち銅鏡を入手できない人びとの甕棺に鏡の存在を意味する「竟」字を刻むことで銅鏡の副葬と同じ意味をもたせようとしたことがうかがい知れる。

先にもあげた神仙の道を説く『抱朴子』内篇は、径九寸以上の鏡の効能を次のように述べる。すなわち、

鏡を用いて自らを照らして思いを凝らすことを七日七夕にわたって続ければ、鏡中に神仙が現れるとともに千里の彼方の出来事や未来を知ることができ、さらに四枚の鏡を用いて前後

左右から照らせば多数の神仙が現れる（巻十五雑応）

こと、さらには、

さまざまな魑魅魍魎（ちみもうりょう）の正体を明らかにして、それらが人に近づかないようにする辟邪（へきじゃ）の呪力が備わっている（巻十七登渉）

というのである。銅鏡が辟邪の効能をもつ登仙の道具と理解されていたことがうかがえる。

さらに平原一号墓出土の大型内行花文鏡の直径が漢代の二尺にほぼ該当する点も無視すべきではなかろう。破格の大きさをもつ鏡に、いっそうの効能を期待したのである。同墓出土の残りの銅鏡は、方格規矩四神鏡という後漢系の鏡で、そのなかの三〇面には「上有仙人不知老　渇飲玉泉飢食棗」や「壽如金石為國寶」などという神仙的な銘文が刻まれる。銅鏡を昇仙の呪具として蒐集（しゅうしゅう）に努めた被葬者の〝こころ〟がみえる。

平原一号墓と同じころの甕に刻まれた先の「竟」字が、蓋となるもうひとつの甕との合わせ口部からの邪霊の侵入を防ぐという、銅鏡がもつ辟邪の役割をそこにもたせていたことが考えられる。銅鏡を入手することの不可能な階層の人びとにも、神仙の知識が広く普及していたことが明らかとなる。

弥生時代における銅鏡の多量副葬は、北部九州地方のなかでも玄界灘側の地域に集中する。奴国の故地とみられる須玖岡本遺跡（福岡県春日市）でも、一八九九年（明治三二）に巨石の下に埋められた甕棺から一〇点を超える青銅製武器とともに三〇面近い前漢鏡が出土するなど、中国ではみられない特異な銅鏡の使用法である。

弥生時代の初期から、神仙思想がさまざまな〝かたち〟で列島の各地に根づきつつあったことをうかがわせる状況である。

鬼神のまつり

大型建物の性格

吉野ヶ里遺跡（佐賀県吉野ケ里町・神埼市）では、弥生時代をとおして多数の住居跡や倉庫群、また墓地にかかわる遺構が発掘され、複数の集落がやがてひとつの環濠に囲まれ、「魏志倭人伝」にみえるクニと呼ばれる政治単位の一中心となるまでの過程を、遺構の変遷から論じることが可能となった。

中期前半には、遺跡の北寄りに南北約四〇メートル、東西約三〇メートル、高さ二・五メートルを超える巨大な墳丘墓が築造され、強大な権力をもつ首長の出現を示している。墳丘墓には一〇〇年ちかくにわたって一四基を超える巨大漆塗り甕棺（かめかん）がつぎつぎと埋納され、うち八基の甕棺には銅剣などの副葬がみられた。埋葬に際しては墳丘墓の南で盛大な祭事が執行されており、歴代首長の墓であったことが確認された。

この墳丘墓への埋葬は中期後半には終わり、墳丘墓の南に祖霊を祭る立柱や祀堂的性格をもつ掘立柱建物が建てられ、後期後半までの長期間、墳丘墓を対象とした祭祀が行われた。まさに祖霊の祭り、鬼神の祭りが行われたのである。さらに墳丘墓・立柱・祀堂的建物に加えて、墳丘墓の南約二〇〇メートルに、突出部をもつ二重の環濠を巡らせた空間（北内郭）内に、それら諸施設と中心軸をそろえるように並ぶ三間×三間の巨大な楼閣風高床建物が後期後半に営まれる。さらには多数の甕棺墓が同じ軸線上に設けられた墓道状施設に添うように営まれるのも、墳丘墓に埋葬される首長の絶対的な権力を示してあまりある。

北部九州地方には、この吉野ヶ里遺跡における墳丘墓と北内郭の楼閣風建物のように、首長層の墓地に近く、それと密接な関係をもった祖霊を祭るための祭儀用とみられる大型建物の事例が

吉野ヶ里遺跡の墳丘墓と大型建物跡

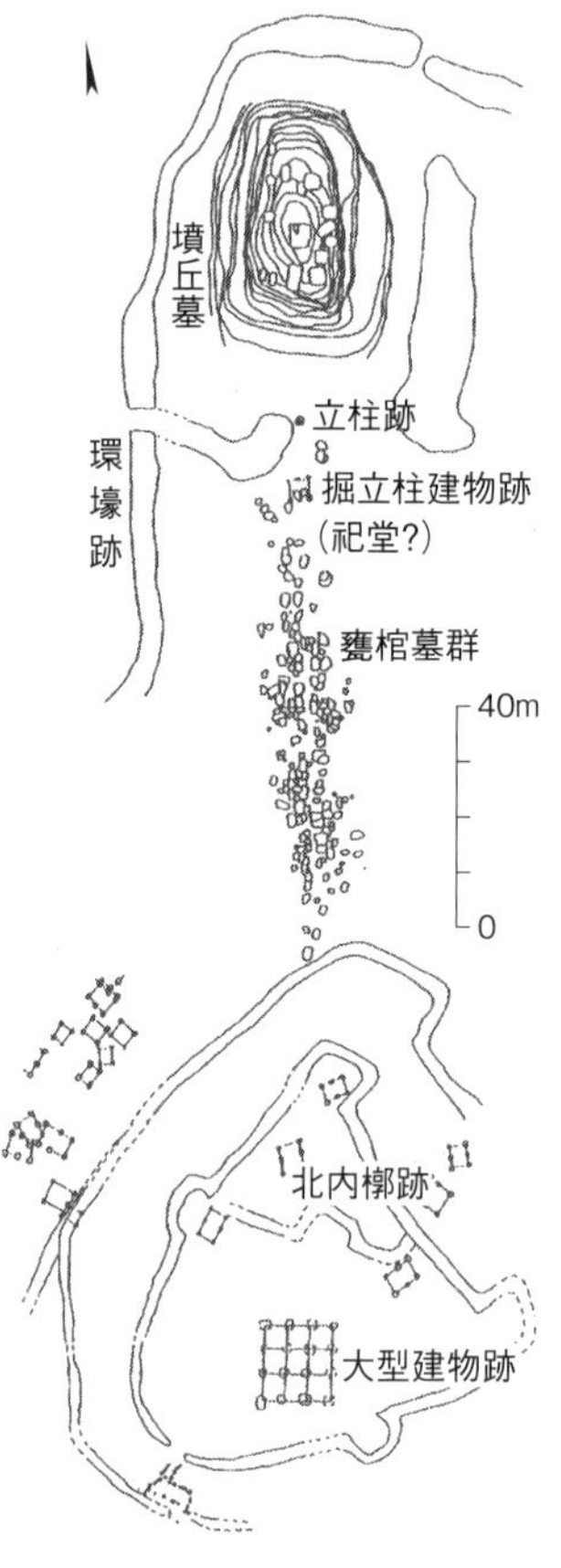

巨大墳丘墓・立柱・祀堂的建物跡・大型高床建物跡が南北に並ぶ。

吉野ヶ里遺跡北内郭に復元された大型高床建物　弥生後期後半に営まれた一辺12.5m四方、3間×3間の大型建物。現在は高床の楼閣風建築として復元されている。

ほかにもある。

吉武高木遺跡（福岡市）では、弥生時代前期末～中期初頭の南北三五メートル、東西三〇メートルに区画されたとみられる墓域から、甕棺八基と木棺四基が発掘され、そのすべてに青銅製の武器が副葬され、ほかに多鈕細文鏡や銅釧、また勾玉や管玉など、目をみはる豊富な副葬品がみられた。この首長墓への埋葬行為が終わる中期初頭、その東五〇メートルの地点に五間×四間、床面積一一五平方メートルもの大型建物が出現する。

また柚比本村遺跡（佐賀県鳥栖市）でも、中期前半～中頃の、それぞれに銅剣を副葬した六基の甕棺と一基の木棺、さらに鉄剣を副葬する一基の甕棺がひとまとまりの墓域から発掘された。銅剣のひとつは、美しい玉飾りのある赤漆塗り鞘に収められていた。

この墓域の北西には、中期後半、同じ地点につぎつぎと五回にわたり建て替えられながら、しだいに巨大化する掘立柱建物が発掘された。最後の建物は床面積が一六〇平方メートルを超える超大型建物である。建物の背後には祭祀に使用された丹塗り土器などを廃棄した土坑群があり、歴代の大型建物が墓域を対象とした祭りを行う場であったことを推察させた。

また大型建物と墓域の中間に、一間×二間の小規模な掘立柱建物がある。吉野ヶ里遺跡の墳丘墓の南で発掘された小建物跡と同様、祠堂的な性格をもつと考えられる。

これら歴代首長の墓とそれを祭る大型建物の関係は、先にみた『魏書』高句麗条の「大屋を立て、鬼神を祭る」という記事を思い起こさせる。歴代の首長霊への祭りが弥生時代の首長にとって重要な務めであったことは確かだろう。

弥生時代中期、近畿地方にあっても、大規模な環濠集落遺跡にひときわ大きな掘立柱建物が出現する。加茂遺跡（兵庫県川西市）や武庫庄遺跡（兵庫県尼崎市）、また下之郷遺跡（滋賀県守山市）などでは中期の、伊勢遺跡（滋賀県守山市）では後期の大型建物が、柵や板塀、また溝で区画された特別の空間内に出現する。卑弥呼の例にみられるように、集団から隔絶した宗教的な首長（王）の出現が集落遺跡の発掘成果からもいえそうである。

一方、中期後半の和泉地方最大の集落遺跡である池上曽根遺跡（大阪府和泉市・泉大津市）では、集落の中央やや西寄りから東西一〇間（約一九メートル）、南北一間（約七メートル）、床面積約一三〇平方メートルという長大な大型建物跡が発掘された。独立棟持柱をもつ切妻建物で、床面積では先に述べた吉野ヶ里遺跡北内郭の楼閣風建物に匹敵する規模をもつ。この建物には、それを囲繞する柵や溝などの施設がともなわず、開放的な空間に建てられた点が注意される。

また、二二本の柱で構築されたこの大型建物では、一七本の柱根が遺存しており、そのうち一五本がヒノキ材で、ヒノキをもって宮殿の建築材とする伝統がすでに芽生えていたことに驚かされる。なお遺存した柱の直径は五〇～六〇センチという太さで、そのうちの一本が年輪年代測定によって紀元前五二年に伐採されたことが明らかにされ、それからさほど隔たらない時期に建設された祭儀用建物と推定される。

さらにこの大型建物の南側中央に近接して、覆屋を架けた井戸が発掘され、推定樹齢七〇〇年のクスノキの一木を刳り抜いた内径約一・九メートルという巨大な井戸枠であった。おそらく当該の建物が、この井戸から湧き出す水を祭る祭儀用施設であったことがうかがえる。

ただ現時点では、これら近畿地方に出現する大型建物と首長墳墓との明確な関連性をうかがうことはできない。

復元された大型高床建物　池上曽根遺跡で発掘された弥生中期後半の大型建物跡。梁行10間、桁行1間、床面積約130㎡の切妻建物で、高床建物として復元されている。左側の小建物が井戸の覆屋。

大型建物正面で発掘された大井戸　上の大型建物の正面中央に近接して掘られた大井戸。クスノキの巨木を刳り貫き据えた井戸側の内径は190㎝。発掘中も豊かな湧水が。

木偶を用いる祭祀

他方、弥生時代中期以降の近畿地方では、方形周溝墓と呼ばれる低い墳丘をもつ区画墓が群在する。なかには加美Y一号墓（大阪市）のように、二六メートル×一五メートル、墳丘が濠底から三メートルという規模をもち、二三にものぼる多数の木棺が埋葬され、そのいずれにも水銀朱が使用され、なかにはガラス製勾玉や銅釧などを着葬した事例がみられることから、上位階層内での分化が進行しつつあったことが認められる。しかし、北部九州地域のようにずば抜けて巨大な首長墓や特定の墓域の存在を認めることはできず、もとより大型建物との関連を語る資料も現時点では確かではない。

そうした方形周溝墓の祭りをうかがわせる資料が滋賀県から集中的に出土している。

中期の湯ノ部遺跡（野洲市）では、一辺が七、八メートルの方形周溝墓群のなかに一辺一五メートルを超えるひときわ大きな周溝墓があって、その濠からそれぞれが男女を表現したと思われる二対の木偶が出土している。大きな三・四号木偶は高さが六〇センチ前後、幅七センチ前後で、四肢の表現はない。細長い板に頸部を削り込み、眉・目・口を線で刻み、四号木偶には男根とみられる長さ四・四センチ、径一・三センチの棒を挿入していた。また烏丸崎遺跡（草津市）では、中期に属する一辺六メートルあまりの方形周溝墓の濠底から全長七〇センチ、幅七センチの板に

滋賀県出土の主な木偶

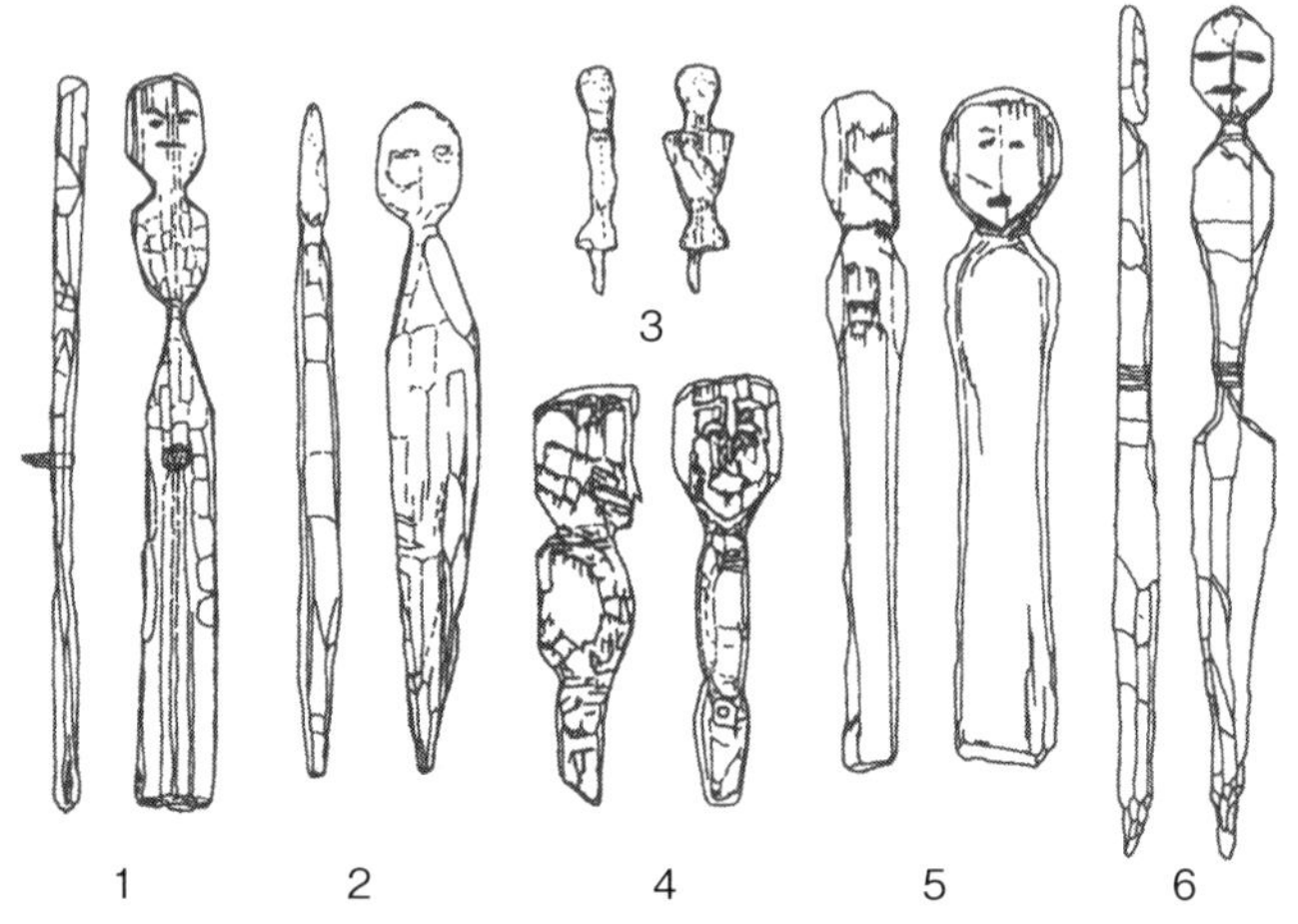

1. 湯ノ部4号　2. 湯ノ部3号　3. 湯ノ部1号　4. 大中の湖南2号　5. 大中の湖南1号　6. 烏丸崎。木偶のそれぞれに性別や着装の痕跡がうかがえる点は興味深い

頸と腰を削り込み、丸い輪郭の頭には目・鼻・口を表現した木偶の出土が報告されている。それには腰の部分に紐で縛ったとみられる痕跡が認められ、本来は衣服を着けていたと推定されている。

さらに大中の湖南遺跡（近江八幡市）でも、集落内の中期に属する溝から二点の木偶が出土している。一号木偶は高さが五五・八センチのこけしの形状をしたもので、丸く削り出された頭部には目や口の表現がわずかに遺存している。また高さが三五・五センチの二号木偶は、大きな頭部に眉・目・鼻・口が立体的に表現され、腰部正面に方形の小穴が貫通しており、先の湯ノ部遺跡の四号木偶のように男根を表現しようとした造作を語っている。

『魏書』東沃沮伝は、死体を埋葬するために家族単位で木槨がつくられ、死者がでると一時的に土中に埋め、骨化したのちにそれを取り出して槨内に納める「再葬」の習俗を語り、つづけて死者の数だけ木を刻んで、生きていたころの姿をつくると述べる。近江地方で散見される方形周溝墓にともなう木偶の出土例を考えるうえに興味深い記載である。おそらく死者を周溝墓に埋葬したのち、生前の姿を刻んだ木偶を墳丘上に立てたのであろう。湯ノ部遺跡三号木偶や烏丸崎遺跡の木偶の根元が尖るように造形されているのは、墳丘に突き刺すように立てられていたことを想定させる。

ほかにも山賀遺跡（大阪府東大阪市・八尾市）における弥生前期の溝からの出土例をはじめ、鬼虎川遺跡（東大阪市）や朝日遺跡（愛知県清洲市）などでも木偶の出土が報告されている。また徳島市の庄遺跡では、幅約三〇メートル、深さ四メートル以上の自然河道から、頭部を大きくつくり出した高さ一六・八センチの木偶（後期前半）が出土している。葬送などにかかわる、木偶を用いた鬼神の祭りを行った地域はさらに広がりそうである。

また二重の環濠を巡らせた中期前葉の集落遺跡である猫島遺跡（愛知県一宮市）では、外環濠に添うように方形周溝墓や土壙が群在する地域があって、集落から墓域へいたる通路として環濠が途切れた部分に、墓域に食い込むように三間四方の大型建物が建つ。周溝墓群や土壙群との関連を強くうかがわせる大型建物の占地は、当該建物が集落全体にかかわる葬送や祖霊祭祀にかかわる施設である可能性を強く考えさせる。それは、先にみた北部九州地域での、歴代の首長クラスの墓と、それを祭るための大型建物との関係につながる発掘成果である。

王墓の出現

各地の大型墳丘墓

卑弥呼と台与が巫女王として倭国を治めた二世紀後葉から三世紀中葉の時期は、弥生時代後期末葉から古墳時代初頭にかかるころとみられる。すでに北部九州地域に出現していた大型首長墓につづいて、このころには列島各地で、墳丘形態や埋葬施設の形状、また葬送にともなう儀礼などの諸点で、地域性を明瞭にもった大型の首長墓が出そろう。

山陰地方や北陸地方では、西谷墳墓群（島根県出雲市）や仲仙寺墳墓群（島根県安来市）、小羽山墳墓群（福井市）など、やや矩形を呈する方形墳丘の四隅を突出させた、いわゆる四隅突出型墳丘墓があげられる。なかでも四〇メートル×三〇メートル、高さ四・五メートル前後という巨大な主丘をもつ西谷三号墓の中心埋葬である四号主体では、多量の水銀朱とともにガラス製管玉や鉄剣を副葬した棺槨二重構造の木棺を埋納したあとの墳丘上に、直径が五〇センチと推定される四本の巨柱を立てた柱穴が検出された。調査者は、屋根をもつ建物であったかは不明としている。その内側から二二〇個体を超える土器が出土。食物供献などの喪葬儀礼の存在をうかがわせる。

また両地域の中間にある丹後地方では、赤坂今井墳丘墓（京都府京丹後市）にみられるように、自然地形を活用して、外見上は一辺が約五〇メートル、高さ約七メートルという大規模な二段築成の方形墳丘を造り出し、その主丘上に首長とその近親者を埋葬するとともに、主丘直下のテラス部分に多数の陪葬土壙を営むという、特徴ある方形墳丘墓の存在が近年明らかとなりつつある。

しかもそこに用いられる木棺が、大小の差はあるものの、首長や陪葬者を問わず船底状の刳抜式であるという共通性をもつ事実は、葬制にみえる地域社会の様相を検討するうえで興味深い。

なお、この墳丘墓の第四埋葬遺構から出土した華麗な勾玉や管玉を貫いた頭飾りや耳飾りの〝こころ〟については、39・40ページで触れた。

さらに吉備地方も墳丘墓が発達する地域として特筆される。なかで最大規模の楯築墳丘墓（岡山県倉敷市）は、径約四〇メートルを測る不整円形主丘の南北二方に突出部をもつ。埋葬施設は棺と槨の二重構造で、三二キロを超える水銀朱が棺底に敷かれていた。多量の朱の利用に神仙思想の強い影響がうかがえる。

また墳丘上には、凸帯や鋸歯文・綾杉文・斜格子文などの装飾を纏った特殊壺や特殊器台（わたしは「加飾壺」や「加飾器台」という呼称が適切と考える）などの喪葬に用いられた多数の土

各地の大型墳丘墓

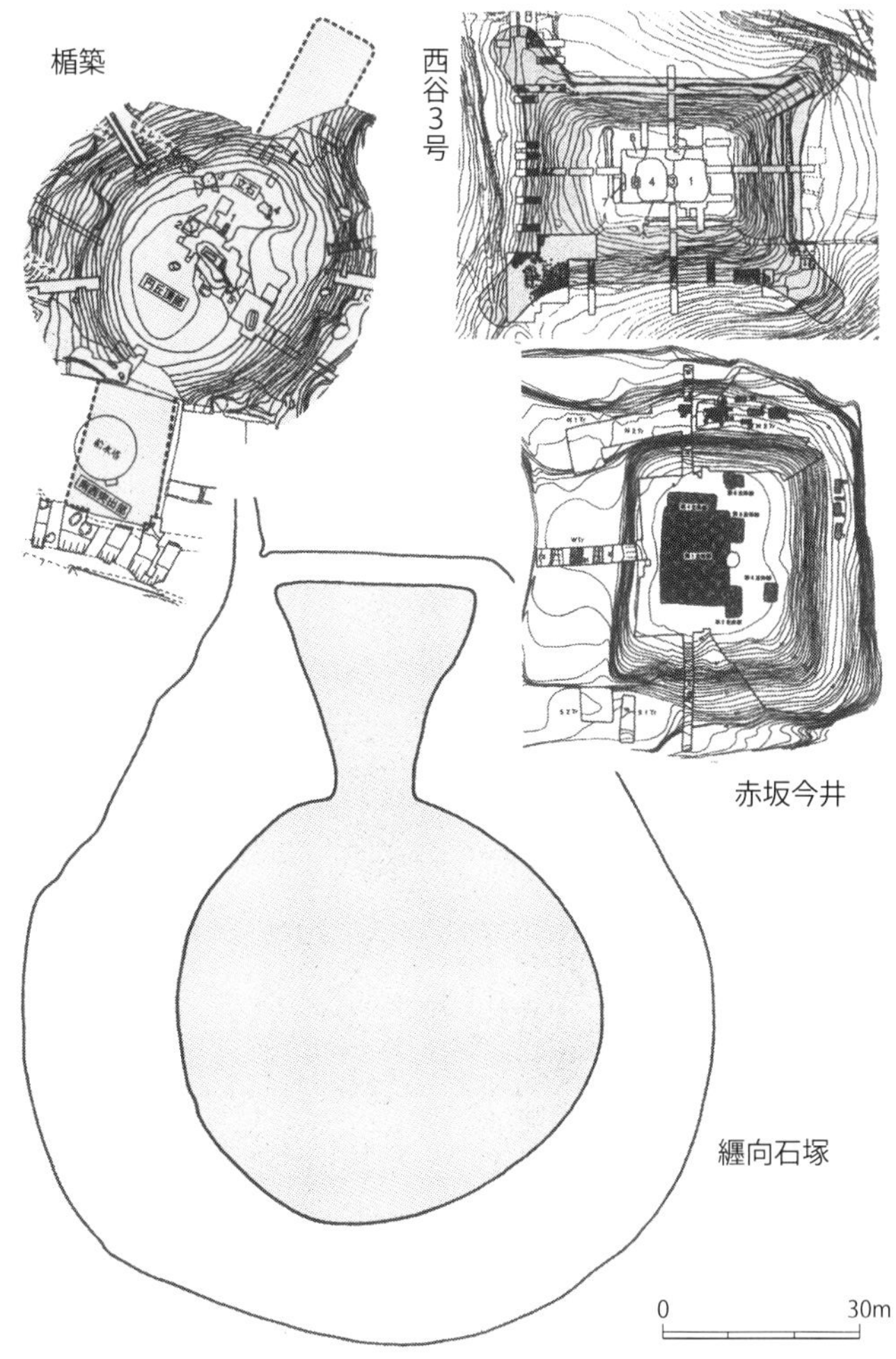

吉備（楯築）、出雲（西谷3号）、丹波（赤坂今井）と、各地に出現する大型墳丘墓は、やがて纒向の地に壺形＝前方後円形の巨大王墓として収斂する。

器や、さらには呪的な喪葬儀礼のありさまをうかがわせる人形（ひとがた）土製品や線刻弧帯文で包まれた石などが、破砕された状況で出土した。くわえて墳丘上に巨大な板石を立て巡らせ、場を荘厳する景観は圧倒的だ。

これら北部九州地方を含めたそれぞれの地方に、独自性をもつ大型墳丘墓の出現と、そこで実修される独自の喪葬祭儀は、神話を共有する地縁的同族意識に裏打ちされた政治的なまとまりを生み出すことにつながる。おそらく古代中国で「倭」と呼ばれた地域は、そうした考古資料から顕現する地域圏の集合体とみてよいのではないか。

纒向に誕生した首長墓群

やや遅れてひときわ特徴ある大型墳丘墓を生み出した地域がもうひとつある。大和地方である。北部九州地方を含め、既上の地方がいずれも弥生中期段階やそれ以前からの墓制の展開過程のなかで、それぞれの首長墓を創出し大型化への道をたどったのに対して、奈良盆地では従来の墓制とのつながりのない特異な大型墳丘墓が忽然（こつぜん）と出現する。

三世紀前半、奈良盆地の東南、三輪山麓の纒向（まきむく）地域（桜井市）に築かれた、いわゆる前方後円形をした墳丘墓群である。纒向石塚・勝山・ホケノ山など、全長一〇〇メートル前後、主丘部

（円丘部）の直径が六〇メートル前後というよく似た規模をもち、周濠を巡らせる。その被葬者は、もちろん周辺に展開する纒向遺跡を経営した政治集団の首長たちである。

記紀は、ハツクニシラススメラミコトと伝える崇神天皇とそれにつづく垂仁・景行の歴代大王の宮殿を纒向周辺と述べ、また崇神朝にオオタタネコによる三輪山の神である大物主神の創祀伝承をくわしく語る。さらに崇神紀には大物主神の妻となったヤマトトトビモモソヒメが夫神の正体（小蛇）に驚き、箸でホトを突いて亡くなり、大市に葬ったという。そしてその墓は、昼は人がつくり、夜は神がつくり、箸墓と名付けたとつづけるなど、初期ヤマト王権と三輪山祭祀の密接な関連が述べられる。

また記紀が、崇神天皇や景行天皇の陵の所在を山辺道のほとりとするなど、纒向とその周辺に初期ヤマト王権が興ったことを随所にうかがわせる記述をみせるのも故無いことではない。纒向遺跡に点在する前方後円形墳丘墓の被葬者たちは、ヤマト王権草創期の支配者とみて間違いなかろう。

ただし従来の文献研究では、纒向に王宮を営んだとされる崇神・垂仁・景行の三代は、三世紀末から四世紀中葉ごろに比定され、後述する二〇〇九年の発掘調査で明らかとなった三世紀前半を中心とする纒向居館（トリイノ前地区）との乖離は大きい。ただトリイノ前居館の東方にあたる巻野内地区での限定的発掘調査では、三世紀第Ⅲ四半期とみられる計画的な導水施設、一本柱列が立つ土塁と断面V字形の濠を囲繞させた区画遺構や鍛冶工房など、トリイノ前居館の階梯を一歩進めた大規模な居館遺構の存在を推定させている。纒向三代の時期を巡る古代学的検討の射程に入れるべき地区が纒向遺跡の一画に存在する点に、注視しておくべきだろう。

奈良盆地に忽然と出現した前方後円形の大型墳丘墓とは、どんな首長墓なのか。その片鱗をうかがわせるのが、一九九九年から翌年にかけて埋葬遺構の発掘調査が行われたホケノ山墳丘墓である。箸墓古墳の東約三〇〇メートルにある。

埋葬遺構は棟持柱をもって家形構造に構えたと推定できる木槨内に、コウヤマキ製の木棺が納められたもの。木槨は河原石をもって裏込めされたうえで前方後円形に墳丘が築かれる。棺内には部分的に厚い水銀朱の堆積が認められ、木槨材にも大量の水銀朱の塗布がなされていた。槨内に遺存した副葬品には、径一九・一センチという大型の画文帯神獣鏡のほか、破片の二面の銅鏡。さらにそれぞれ七〇余点の銅鏃と鉄鏃、そして数点の刀剣や工具などの金属製品があり、ほぼすべてが棺蓋上に副葬されたとおぼしき出土状況だった。

わたしが注目するのは、木槨を礫で覆う前に、切妻屋根をした槨蓋の、ちょうど軒にあたる位置を巡るように、穴を穿った二重口縁をもつ壺一一個が配置されていた点である。二重口縁壺は

ホケノ山墳丘墓の埋葬施設断面復元図（左）と
木槨上に埋められた二重口縁壺（右）

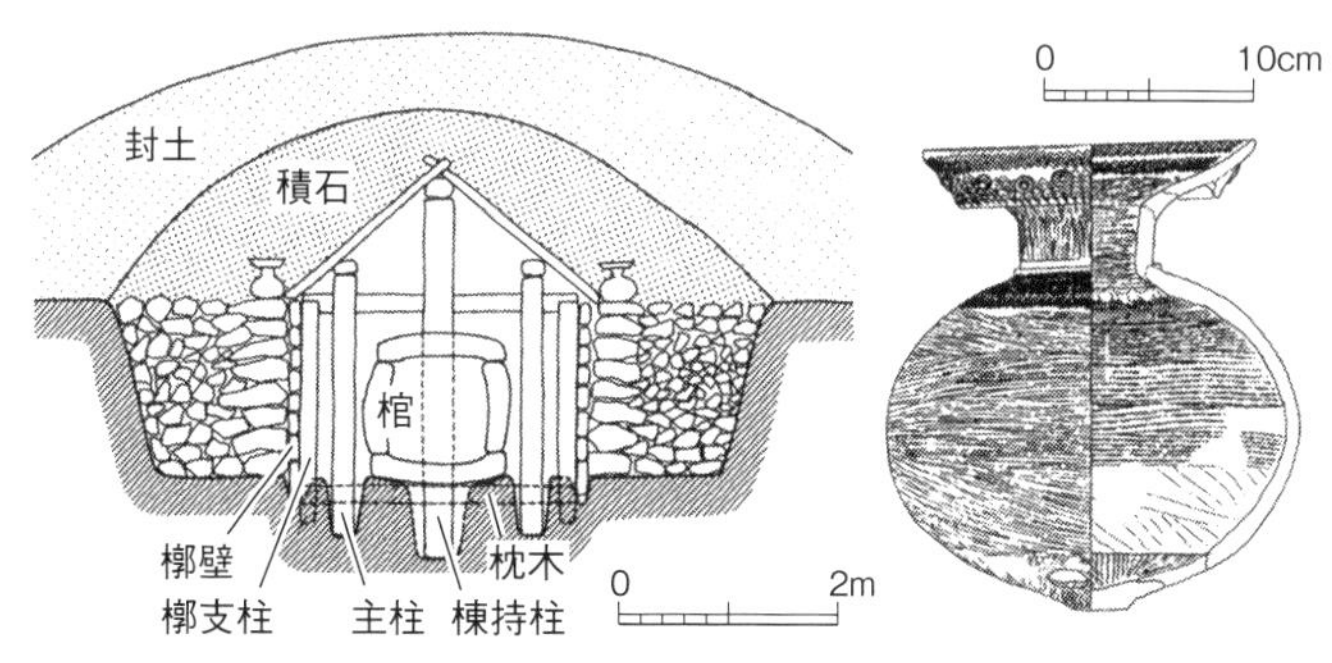

木槨の基底に遺る柱跡は、その構造が棟持柱をもつ切妻形家屋を想定させる。石野博信氏の想定復元図（『邪馬台国の考古学』2001）に拠る。

木槨とともに礫で覆われ、その上に墳丘盛土が築かれる。壺は埋め込まれることとなる。穴を穿つことによって、容器としての機能を喪失させた壺に、格別の心意が込められていたことは間違いない。古代人が壺に抱いた観念については98ページ以下で考察する。

ホケノ山墳丘墓でみた棺と槨の二重構造は、先の楯築や西谷三号墓にもみられ、また埋葬施設内における多量の水銀朱の利用も各地の大型墳丘墓につながる葬法である。さらに家形をした木槨の構造は、西谷三号墓の墳丘上に立てられた四本の巨柱との関連を考えることができる。また、平原（ひらばる）一号墓の埋葬施設（割竹形木棺）上に架構された独立棟持柱をもつ切妻建築も槨的な施設だった可能性も考慮しておきたい。葬具としての銅鏡の副葬が北部九州の弥生墳墓に起淵する喪葬習俗であることは申すまでもない。かような纒向の前方後円形墳丘墓群にみられる埋葬施設の構造や葬法に連環する特色の大半が、西日本各地の大型墳丘墓のなかに指摘される事実は重要である。

わたしは、纒向遺跡における前方後円形墳丘墓という新たな形の首長墓の誕生は、弥生後期における西日本各地の喪葬習俗を収斂(しゅうれん)したものと考える。それはすなわち、倭国を構成したクニグニによる連合政権「ヤマト王権」の誕生でもある。次節で詳述するトリイノ前地区こそ、卑弥呼が倭国の女王として座した宮室の所在地とみることができよう。

大和における弥生時代の拠点集落である唐古(からこ)・鍵(かぎ)遺跡では、すでに中期初頭の段階に床面積が八〇平方メートルを超える大型高床式建物が出現しており、中期後葉から後期には銅鐸(どうたく)や銅戈(どうか)などの青銅器生産を行い、また多量の土器絵画からさまざまな祭儀や神話の存在がうかがえる。大和の弥生文化が多様で豊かな独自の社会を形成していたことは明らかである。

わたしは弥生後期段階の唐古・鍵遺跡こそが邪馬台国の中心であり、纒向遺跡は大和の弥生世界を継ぐ、倭列島各地に割拠したクニグニによる連合国家（倭国）の宮都的性格をもつ都市遺跡と考える。その纒向遺跡の初期の支配者たちの墓が、纒向石塚やホケノ山をはじめとした前方後円形墳丘墓とみたいのである。

倭国の鬼神祭祀

「前方後円」形の始原と「見えない壺」

纒向遺跡に誕生した墳丘墓の著しい特徴は、「前方後円」という特異な墳形にある。それが方形周溝墓を主体としてきた弥生時代の近畿中枢域の墓の系譜とはつながらず、また前方部にも盛土を行い、濠を巡らせるという造作に、四隅突出型墳丘墓の突出部のような、主丘への通路としての本来的な機能を読みとることができない。それゆえ「前方後円」という平面的〝かたち〟にこそなんらかの意味が込められていたと理解したいのである。

しかもそれが墓であるという本質に目を注いだならば、そこに往時の人びとの死生観や他界観が反映していると認識しなければならない。

纒向で前方後円形の首長墓が創出されつつあったころ、奈良盆地の東方、宇陀地域の丘陵上に方形の墳丘墓が築かれた。一七・三メートル×一四・六メートルの平面をもった大王山九号墳丘墓（奈良県宇陀市）である。墳丘に掘り込んだ土壙に木棺を納め、その蓋の上に二重口縁をもつ二つの壺と一本の矢が置かれたあと、封土が築かれ、壺が墳丘盛土内に埋め込まれた。ホケノ山墳丘墓につながる造墓儀礼がそこにある。壺形土器の形態もホケノ山墳丘墓の切妻形木槨の蓋上に並べられた壺とそっくりで、やはり底に穴が開けられていた。ただ、こちらは焼成後に穿孔がなされていた。葬送にあたり、器としての現世での機能を否定し、被葬者の世界に属する器が誕生したといえよう。

棺槨上に埋め置かれた壺は、魂の宿る器（空間）と意識されていたらしい。そこに、壺に込められたプリミティブな観念を読み取ることができる。

大王山九号墓やホケノ山墳丘墓で、穿孔した壺は棺槨の上、封土内に埋め込まれていた。「見えない壺」である。それについて、興味深い発掘事例がある。箸墓古墳につづく大型前方後円形の桜井茶臼山古墳（全長約二〇〇メートル）における主丘部（後円部）頂の造作である。主丘部墳丘内に構えられた埋葬施設は全長六・七五メートル、幅一・一メートル前後・高さ一・七メートルの竪穴式石室で、石室を粘土で被覆したうえに封土が盛られ墳丘が築かれていた。

桜井茶臼山古墳の主丘部墳頂部では、一九四九年・五〇年と二〇〇九年に発掘が行われた。直径三〇メートルあまりの平坦な墳頂上には、東西九・二メートル、南北一一・七メートル、高さは推定で一メートル弱、表面を小礫や板石で化粧した方形壇が築かれ、壇の上縁近くに二重口縁の底部穿孔壺（それを壺形埴輪と認識すべき点は280ページで述べる）が隙間なく並べられていたらしい。壇の北縁で二五個、西縁で三〇個程度、総数一一〇個前後にもなる。壺形埴輪は体部径が三五～四〇センチ、高さ四五センチ前後という大きさで、二段に大きく反り返る口縁が特徴。大型古墳でも壺が聖処を結界し、象徴する〝かたち〟であったことに変わりはない。

さらに興味深いことに、二〇〇九年の調査においてこの方形壇を囲んで、直径三〇～三五センチの丸柱を隙間なく連ねた丸太垣の痕跡が発掘された。柱は一メートル前後の深さで据えられており、丸太垣の地上高は優に二メートルを超えていたと推察された。すると、方形壇は丸太垣の向こうに隠れてしまう。もちろん壇の上縁近くに巡り置かれた壺形埴輪もしかり。「見えない壺」の世界が墳頂に築かれたわけだ。先にホケノ山墳丘墓でみた木槨上の「見えない壺」につながる仕掛けではないか。

桜井茶臼山古墳の竪穴式石室を構える板状に割った安山岩の石材には、一面に水銀朱が塗布されていた。石槨上に架け渡された一二枚の天井石もまた、水銀朱を全面に厚く塗布したうえで懸架され、さらに石室の床に敷き詰められた三重の板状割石もまた、水銀朱を塗布したうえで施工するという驚くばかりの念の入れ方だった。石槨はあたかも水銀朱にくるまれた世界とみなせよう。再発掘時、石室に参入したわたしの目の前に現出した、壁面の鮮やかな朱色の世界が今も目に焼き付いている。

桜井茶臼山古墳の石室はすでに盗掘を受けていたが、二度の発掘調査により、一〇三面を超える多量の銅鏡や碧玉製の数々の葬送用儀仗具などの副葬が明らかとなった。そこにも先にみた神仙の教えがみてとれる。

「壺形墳」の提唱

さて「前方後円」という、日本人ならだれでも知っている歴史用語について考えておこう。この用語は、蒲生君平が『山陵志』（一八〇八年）で使用して以来、なんの疑問もなく使われつづけてきた。この用語にとらわれて、天を「円」、地を「方」ととらえる古代中国の宇宙構造観が「前方後円」という墳形の由来になったと説き、そこが天帝を奉祀し、地祇を祭る祭壇（天壇・地壇）を観念したもので、先の支配者の霊威を受ける場としてふさわしいとする説がある。

しかし「前方後円」形を、円丘と方丘の組み合わせとみることができようか。纒向遺跡での初期前方後円形墳丘墓のなかに、正方形平面を採る方丘をもつ事例はない。またよく知られるように、前方後円墳の前方部は、年代が下がるごとにその前端幅を増してゆく。要するに、平面が細長い台形を呈するわけ。「天円地方」の観念を墳形に表したとする説に立つ研究者は、初期の前方後円形の墓のなかに、前方部の平面が正方形を呈する古墳を提示すべきではないか。

時の経過とともに形のデフォルメが進むにせよ、その当初にあっては理念をプリミティブに造形した〝かたち〟が存在したはず。そうでなければ、現世の秩序を支配する者を象徴する「天円地方」の形を王の墓に造形することなどありえない、とわたしは考える。

概説書にせよ、専門書にせよ、古墳時代や古墳文化を主題として、「前方後円墳」の実測図や写真を掲載する場合、ほとんどが後円部（主丘部）を上に、前方部（突出部）を下にする。格別の根拠があってのことではない。ひとたび上下を逆さにしてみれば、それが壺形であることは容易に理解される。また大半の「前方後円墳」で、埋葬施設は後円部中央に設けられ、複数の埋葬施設がある場合でも、まず第一は後円部中央に営まれる。壺の中の他界を語るありようではないか。

反論がなされるだろう。そこまで〝かたち〟にこだわるのであれば、それぞれの「前方後円墳」の平面形が、遺跡から出土するいずれの壺の形を採用したのかと。また前方部が壺の口頸（こうけい）部にあたるのであれば、そこが通路として利用されたはずである、しかし前方部の前端に墓にとりつくような遺構が確認された例はない、と。そうではない。あくまでも「壺」を象徴する〝かたち〟であって、実際に使用された土器を墓の形に写しとったのではない。

ただし桜井茶臼山古墳をはじめ、黒塚古墳や前波長塚（まえなみながつか）古墳（岐阜県可児市）、新豊院山（しんぽういんやま）Ｄ二号墳（静岡県磐田市）、遠見塚（とおみづか）古墳（宮城県仙台市）などの前期の前方後円形の古墳では、主丘部中央の埋葬施設を造営するにあたり、墳丘の中軸線に重なるように墳丘の頸部から突出部（前方部）に向かい通路状の溝を掘り込み、埋葬が完了したあとにそれを埋めて墳丘を完成させるという工程をとるのも、壺の口を意識してのことと思われる。

同じ造作は、老司古墳（福岡市）や鋤崎古墳（同）、向山一号墳（福井県若狭町）などの初期横穴式石室墳でも施工され、くわえて老司古墳では石室が営まれた主丘部上段を囲繞して壺形埴輪が隙間なく配置される点から、壺に付託された象徴性は明白で、墓を壺の形に営むという思惟が古墳時代をとおして生きていたことを語っている。また初期横穴式石室の多くが、その壁面を赤彩するのも、棺や槨内に水銀朱などの赤色顔料を塗布した前期古墳の伝統を受けたものである。

では纒向の王＝初期ヤマト王権の首長層は、なぜかくも壺形にこだわったのか。

古代中国人ははるか西方に、西王母の棲む不老不死の仙郷崑崙山を観想する一方、東海の彼方に蓬莱・方丈・瀛州という三神山を夢想し、そこに不老長生の仙薬を求めようとした。始皇帝が仙薬を得るために、方士徐福（徐市）を東海の仙島へ船出させた『史記』の伝えは、つとに知られている。不死の理想世界は東海に浮かぶ壺形の島ととらえられ、蓬壺・方壺・瀛壺とも呼ばれた。やがて蓬莱山が、それらを総称する名として使用されるようになる。「丹後国風土記逸文」に語られる浦島子の説話で、浦島子が亀比売に導かれて訪れた神仙の棲む仙都を「蓬山」と表記し、トコヨ（常世）と訓ませるのも、彼我に共通した他界への憧憬をよく語っている。

壺といえば、『抱朴子』を著した葛洪の撰とされる『神仙伝』にみる壺公の伝に、費長房という町役人が、遠方からやってきた薬売りの壺公に導かれて壺の中へ飛び込むと、そこには神仙界があったという話がみえる。よく知られた「壺中の天」の話である。おわかりだろう、壺公は壺中の仙薬を商っていたのだ。

神仙思想が祖霊観念の展開の一様相であることを説く小南一郎氏は、壺公伝の話から、死者の魂も壺を経過して祖霊たちの世界に往くという観念（信仰）が存在したと論じ、死者の霊魂と壺とが信仰的な観念のなかで結び付き、壺が魂の依り代とされたと説く（「壺型の宇宙」『東方學報』第六一冊、一九八九）。さらに壺だけでなく、瓢箪や布袋や竹筒などの中空構造をなすものは、死者の霊がそこをくぐって祖霊たちの世界へ行くための器である一方で、あの世にある祖先たちの霊もまたそこを通ってこの世に戻ってくるという、ふたつの世界を結び付ける橋の役目を果たしていたと論じる。壺や瓢箪は母胎とも認識されていたらしい。わが国にあって、縄文時代以来の甕棺や壺棺という葬法をはじめ、弥生〜古墳時代前半期における葬送にかかわる壺形土器の背後にある他界観念や信仰を理解するうえで、参考とすべき考えである。

「魏志倭人伝」は、二世紀後半に倭国の陥った騒乱状態が、鬼道をもっぱらとする卑弥呼を女王として共立することにより収拾されたという。しかも卑弥呼没後、男王の擁立を発端とする再度の騒乱が若き女王台与の擁立（共立）によって収められたのも、彼女が卑弥呼の鬼道を継承する者（卑弥呼の宗女）であったがゆえという点に注目しなければならない。

それは「卑弥呼の鬼道」というほどに、従来の倭の各地域で行われてきた鬼神祭祀とは異なった祭式をとる、新たな祭りであったことを推察させ、さらにはその鬼道が彼女を女王に戴く諸国に汎がりをみせたようすが「能く衆を惑わす」という「倭人伝」の記述からうかがえる。その教えは台与の時代にも引き継がれ、倭国統治に大いに役立ったらしい。その鬼道こそ、神仙世界の存在を信じ、その世界を不老不死の壺形の他界空間として現世に顕現させる教えであった。

わが祖先たちは、墓そのものを壺形につくることで他界を創造しようとする。「壺形の墓」、すなわち「前方後円墳」である。この奇妙な墓の〝かたち〟が創出される契機は、中国に起源する神仙思想にあった。「前方後円墳」は「壺形墳」と呼称すべきではないか。

やがて三世紀の第Ⅲ四半期。壺形墳はいっそうの巨大さを増す。箸墓古墳（全長約二八〇メートル）の出現である。前方部墳丘には、やはり底部に孔を開けた二重口縁壺が置き巡らされる。すでに成形段階で底に大きな丸い穴が開けられる。霊魂の依り代としての壺の〝かたち〟をいっそう追求した結果である。くわえて箸墓古墳の後円部最上段には、連続する斜線文や蕨手文、ま

箸墓古墳の墳丘と埴輪

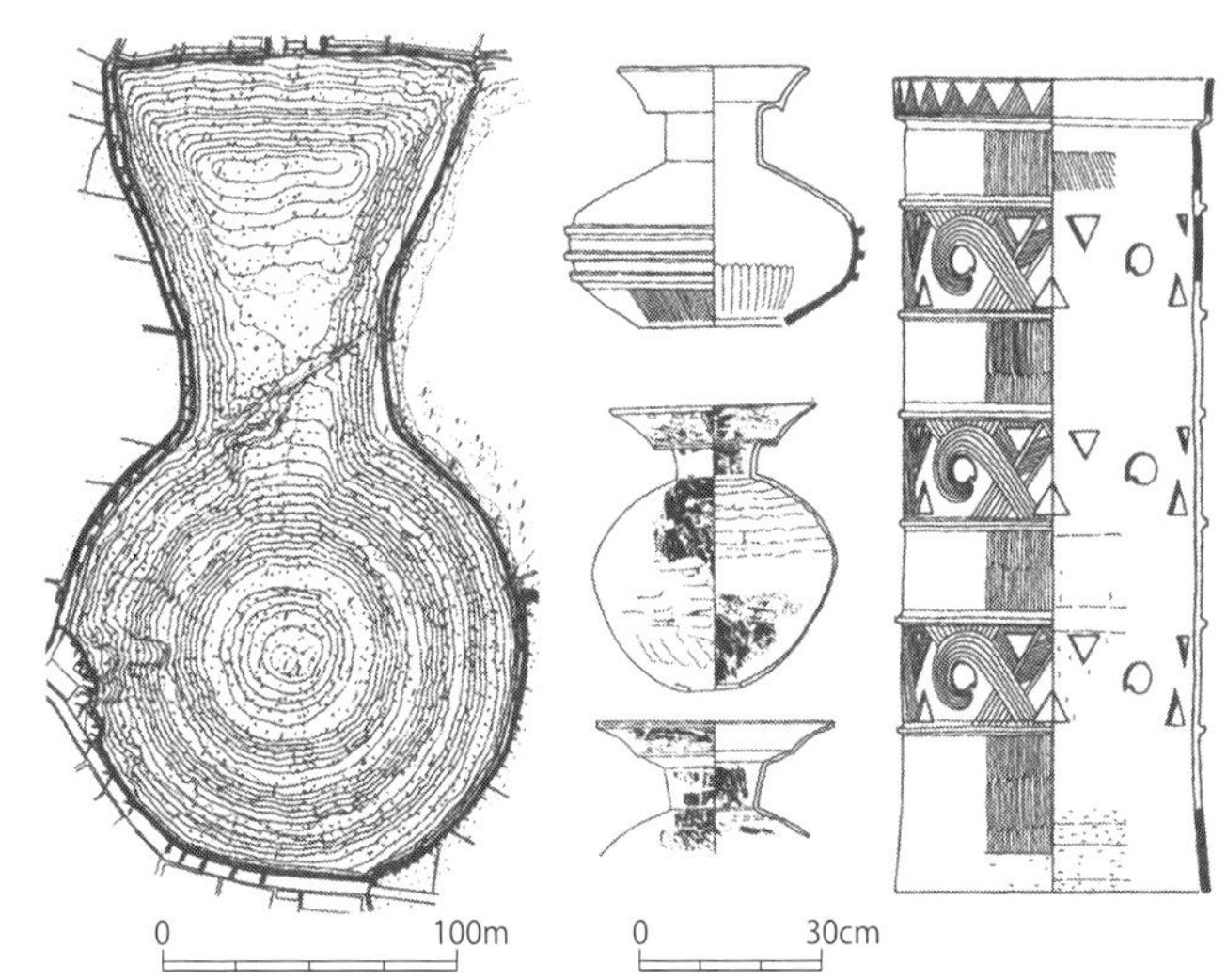

全長約280mの壺形墳。4段に築かれた主丘頂に径約44mの円丘がある。主丘頂には加飾器台と加飾壺が、突出部頂には球胴の素文壺形埴輪が据えられた。

たS字状文などで埋めるという吉備系の加飾器台と加飾壺のセットが配置され、主丘のいっそうの荘厳が図られたらしく、纒向に興った初期ヤマト王権の誕生に吉備の地域王権が少なからず加担したことをうかがわせる。

これまでわたしは、纒向石塚・勝山・ホケノ山など、箸墓古墳以前の纒向の首長墓を墳丘墓と呼称してきた。それは北部九州・出雲・吉備など、西日本各地に出現しつつあった大型墳丘墓と纒向に誕生した壺形をとる首長墓とを並列的に理解するためであった。壺の形をしたその王墓の〝かたち〟のもつ思想的意味と、それが古墳時代をもっとも象徴する王墓の〝かたち〟として全国に広がりをみせる点に目をやれば、纒向の初期壺形墳丘墓を「古墳」と呼ぶことにためらいはない。古墳時代のはじまりは、纒向における壺形墳の誕生にこそある。纒向石塚古墳・勝山古墳・ホケノ山古墳などである。

卑弥呼は六〇余年にわたり女王であったと推定されることはすでに、64ページで述べた。しかし「魏志倭人伝」に「男弟」や「男子」と記述される男性たちもまた同様に、長寿であったとは考えられない。おそらく「男弟」的、「男子」的な政治的地位を継いだ何人かの男性がいたことを想定すべきであろう。わたしはこれまで墳丘墓と述べてきた纒向の初期壺形墳群は、卑弥呼と「男弟」や「男子」的な立場にあった人物たちの墓と考える。そして卑弥呼の鬼道を継承し、それをいっそう推し進めた台与の墓を箸墓古墳に比定したい。

纒向王宮の出現

ヤマト王権の始原

二〇〇九年。纒向（まきむく）遺跡のほぼ中央、東の山稜から西に延びて奈良盆地にとり付く微高地の一画、トリイノ前地区で、東西一五〇メートル以上、南北約一〇〇メートルの範囲に展開する待望の宮室遺構の一部が姿を現した。三世紀初頭には建設され、半世紀ちかく経営されたことが出土土器からわかる。纒向遺跡が初発する中心域とみて間違いない。

該地からは、東西方向に中軸線をそろえて並ぶ三棟以上の掘立柱建物跡（東から西へ、建物D・C・Bと呼称する）が発掘された。なかで建物Dは四間四方の桁行一九・二メートル、梁行一二・四メートルに復元される床面積約二四〇平方メートル、当時では国内最大規模の高床建物だった。建物Dは宮室の中心建物と推察できる。その西には、棟持柱（むなもちばしら）をもつ床面積約四二平方メートルの建物Cが。さらに西に床面積約二五平方メートルばかりの建物Bが一直線上に並ぶ。大型高床建物Dを中心とする計画的な建物配置から、宮室の中枢、すなわち祭政空間とみてよかろう。

はたして翌年の発掘では、建物Dの南から、南北約四・三メートル、東西約二・二メートルの

纒向遺跡の前期宮室遺構

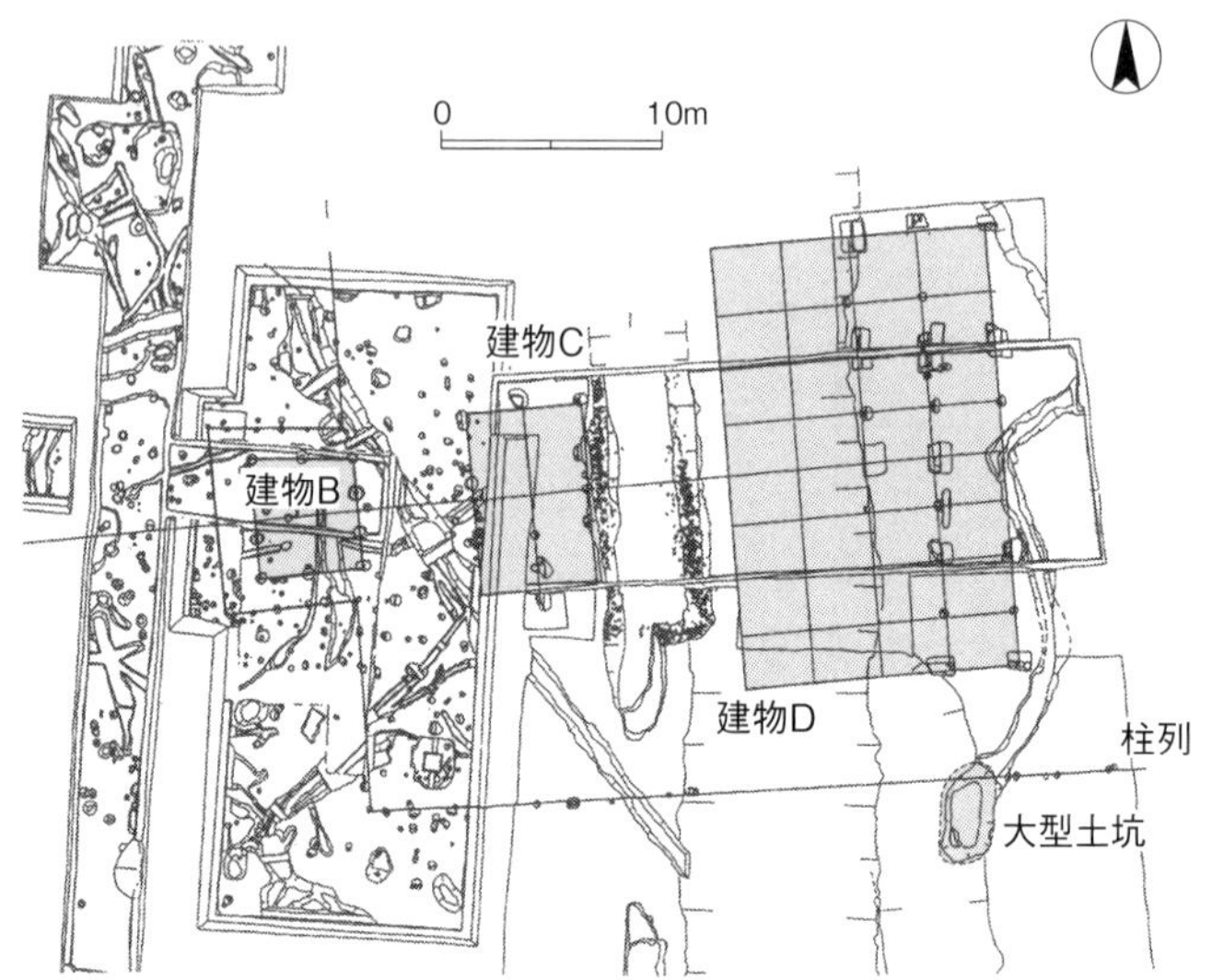

纒向遺跡、前期宮室の中心遺構とみられる。中軸線を共有する掘立柱建物群からなる。宮室は東面し、建物Dがその中核。建物Bは壺形墳群を祭る祠堂ではないか。

長楕円形をした深さ一メートル余はあったかとみられる大きな土坑が発掘された。その出土品は特異なもので、二七六九点という大量の桃核(とうかく)がそれ。なかには未成熟の実が一定量あり、炭化した果肉を遺す資料も含まれていた。成熟・未成熟を問わず多量の桃が一度に集められたらしい。桃核とともに竹製笊(ざる)がいくつも確認され、桃の実が笊に山と盛られたようすがうかがえる。伴出遺物には、手ずくねやミニチュアの土器、黒漆塗り弓、剣形木製品など、祭祀での使用をうかがわせる資料が多い。祭祀にあたり、桃が必須の供物だった

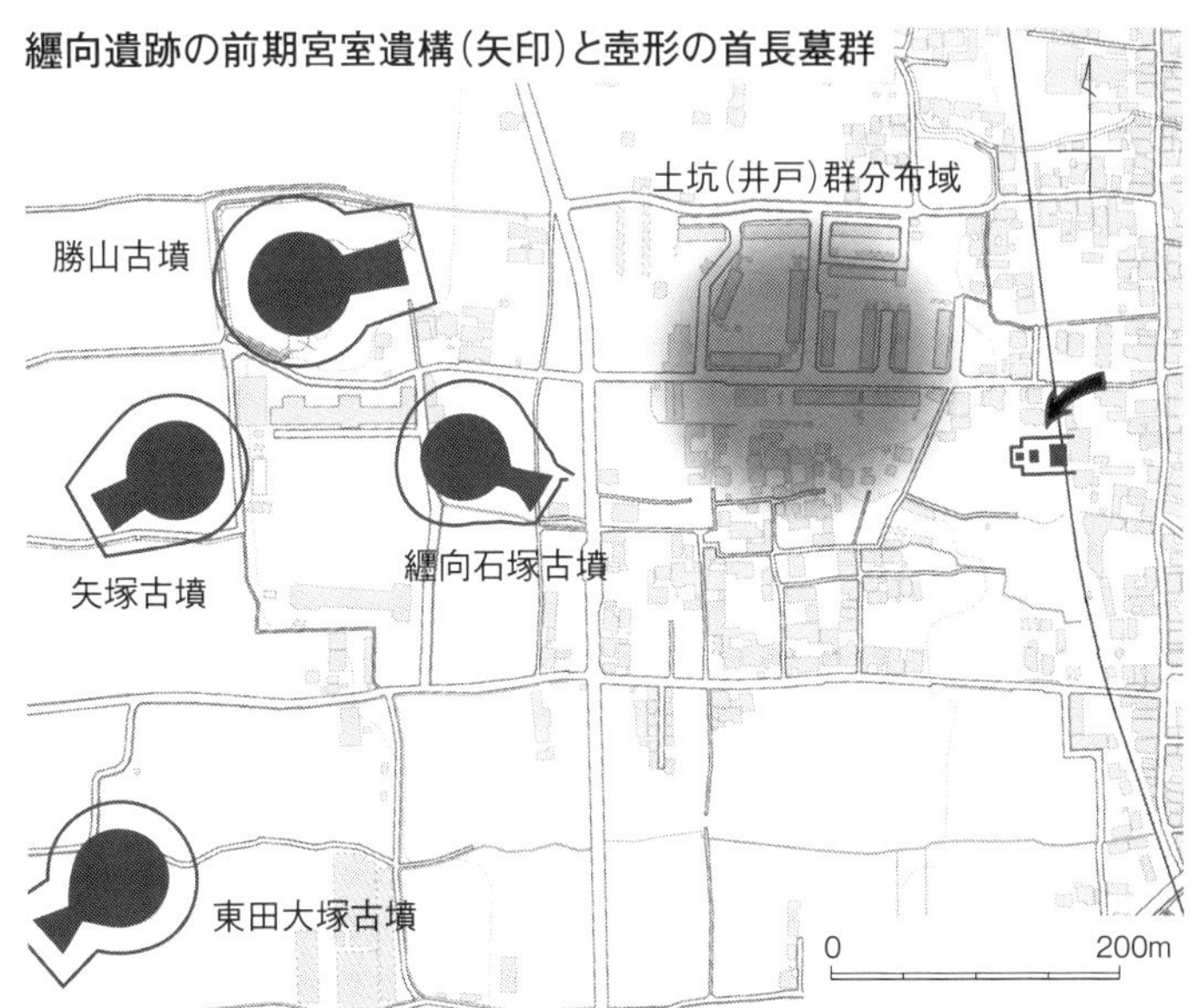

祭政空間(前期宮室遺構・矢印)の中軸線の先に井戸群と壺形墳群が位置する。纒向での王権祭儀が、祖霊と聖水の祭りにおおきな比重をもつことをうかがわせる。

ことは間違いなく、ほかに海水魚やカモ・シカ・イノシシの骨もみられ、ともに神饌（しんせん）として供えられたようだ。

祭祀が果てたあと、それらの祭料は土坑を掘って埋められた。興味深いことに、土坑内の土を花粉分析した結果は、近隣に桃園の存在を推定させ、祭祀に供された桃がそこで栽培されたらしい点だ。桃の時節、その香りが充満するなか、建物Dで桃をおもな供物とする祭祀が行われたようだ。

青垣の山並みの一峰、斎槻岳（ゆづきがたけ）の麓に展開する纒向遺跡の一画に広がる桃の林。それは、陶淵明（中国東晋の詩人）の撰になる『桃花源記』の世界を観想させる。爛漫の桃林の彼方の小さな洞穴を潜った先にある仙界、いわゆる桃源郷の説話である。同じころに書かれた『漢武帝内伝』には、神仙の道を求める武帝のもとへ西王母が訪れ、三〇〇〇年に一度しか実らない桃果を与え、武帝はそれを食べたという。西王母と仙果、桃の強い結び付きを語る故事である。西王母の居所の瑤池には、三〇〇〇里にわたって蟠屈する桃の巨樹があり、蟠桃宮と呼ばれたという。

上述した西王母の姿態を表出する銅鐸絵画や、唐古・鍵遺跡出土の褐鉄鉱の殻に内包された粘土が仙薬（禹餘粮）として用られた可能性の確かさ。それは纏向遺跡出土の多量の桃を供物とした祭祀が、そもそも大陸からの稲作文化複合の絶えざる伝播と受容、その倭化という導線上にあることをあぶりだしている。三〇〇〇個近い桃を供える祭祀とは、すなわち西王母の祭りにほかならず、卑弥呼が事とした鬼道祭祀の一端がかいま見える。

王都纏向のコスモロジー

さて纏向遺跡トリイノ前地区で発掘された掘立柱建物群の中軸線を四〇〇メートルばかり西に延ばした先に、纏向石塚古墳や勝山古墳、矢塚古墳などの初期壺形墳群が位置する点は、無視できない。そこに81・82ページで考察した、吉野ヶ里遺跡・吉武高木遺跡・柚比本村遺跡など、弥生時代の北部九州における歴代首長の墓とそれを祭る大型建物や、祀堂とおぼしい小建物が計画的に配置される事例と同じ計画性がみてとれるではないか。なにより纒向遺跡で創出された壺形の墓制が、列島各地の首長墓として受容されてゆく事実は、トリイノ前地区で発掘された宮室に拠った首長をヤマト王権の始原に立つ大王（倭国王）と認識させる。

トリイノ前地区とその西に展開する初期壺形墳群の中間地域では、一九七一・七二年の発掘で大小三〇数基という多数の素掘り土坑が発掘された。いずれも底が湧水層まで掘り抜かれている点から井戸とみて間違いない。なかには直径二メートルを超える大型土坑もある。調査範囲は限られていて、当該の地域全域では百数十基にのぼる井戸が存在したと推定されている。大型井戸の脇に小規模な掘立柱建物が建てられた事例もある。そこでは井戸の中から多量の籾殻（もみがら）をはじめ、竪杵（たてぎね）、炊飯に用いられた煤（すす）つきの甕（かめ）、焼けた割り木が多数。また機織り具、水鳥形や舟形の祭具などが発掘された。それらの考古情報から、新たな湧水を得るために井戸を掘削し、そのかたわらに建てた仮屋では、井戸に向かい神饌（しんせん）を供え、神衣（かんみそ）を織る所作を実修するなかで進められる、湧水を汲み上げる神事の次第が観想される。神事の果て、仮屋は解体され、祭具や神饌とともに井戸は埋められる。祭祀が夜間に行われたことは焼けた割り木が語ってくれる。

わたしは、この井戸群が、祭政空間（トリイノ前地区）と祭政執行者の壺形墳群（祖霊世界）

の中間地域にある点に注目する。それは祭政空間のいちばん西に建つ小規模な掘立柱建物Bが祠堂とする見解を導きだす。井戸に湧く水は祖霊世界から将来された浄水とみなされ、祠堂の祭壇にも供されたであろう。

草創期ヤマト王権の纒向宮に聳立（しょうりつ）するケヤキの巨樹（百枝槻（ももえつき））は、天を覆って聳立し、大王の天下を象徴する聖樹であったという（雄略記）。古代日本にも宇宙樹の観念がみてとれる。百枝槻の樹下に営まれた纒向の祭政空間と、その西方に展開する纒向石塚や勝山古墳からなる壺形の他界空間との中間地帯で繰り返し営まれた浄水祭祀は、古代北欧の叙事詩『エッダ』が謳（うた）う、ユグドラシルという全世界をことごとく覆い天まで枝を拡げ聳立するトネリコの大樹を連想させる。ユグドラシルの根は三つの地下世界に伸び、それぞれの根の脇から生命の泉が湧出し、なかでもっとも神聖な「若返りの泉」「運命の泉」であるウルドの泉は、糸を紡ぐ女神ノルンたちの長姉ウルドが支配しているという。

百枝槻はヤマト王権の歴代王宮に聳（そび）える聖樹だった。魂振（たまふ）りの聖地であった磐余池（いわれのいけ）のかたわらに聳立する百枝槻が、用明朝の正宮「磐余池辺双槻宮（いわれのいけのべのなみつきのみや）」の宮号起縁であったことにも、宇宙樹と井泉をめぐるコスモロジーが指摘できそうだ。

第二章

倭人の〝こころ〟を探る

近畿の線刻人面文

ユーモラスな人面画

京都市の南部、宇治川や木津川と合流してほどなく淀川となる桂川。その最下流、右岸の低平地に水垂遺跡（京都市伏見区）はある。一九九〇年から六年間に及んだ発掘調査では、長岡京期の下層から、古墳時代をとおして断続的に営まれた集落跡と、人びとが生業の場とした広大な水田や畑の遺構を検出。十数ヘクタールに及ぶ該期の農村風景を彷彿させた。

調査地域の北端、古墳時代初頭の竪穴住居跡群に近く、大きく蛇行する同時期の溝ＳＤ九八（幅七～八メートル）が検出され、膨大な量の土器がそこに一括投棄されていた。それら出土遺物について報告者は、「体部下半に意識的に穿孔した土器が多く見られ、革袋形土器やヘラ形土製品、表面を研磨した円礫などの遺物が出土している。これらの遺物は日常品ではなく、祭祀品として使用されたもの」（『水垂遺跡 長岡京左京六・七条三坊』京都市埋蔵文化財研究所、一九九八）と考察。そこが祭祀場だった、とみる。

私の目は、出土したひとつの壺（古墳時代初頭）の体部上半いっぱいに描かれた線刻図文にくぎづけとなった。報告書には「絵画風の櫛描き文」と述べられるに過ぎない。しかし、ゆったりとした自由画風の描法は、弥生・古墳期の絵画に例がなく、それが装飾を施した人面をモチーフとした絵画（人面画）と確信するのにさほどの時間を要しなかった。

絵画は、幅七〜八ミリで、八本を単位とする櫛状施文具を用いて帯状の線で表現される。絵画の上位には、大小二つの円文が横位に並び描かれる。左右の眼にあたる。左眼の内径は約三センチ、右眼は内径約一・三センチ。両眼から頰に線を引き下げる。さらに左眼にあたる円文の外周には、左側頭部から目頭を周回して頰から口元へ延びる長い曲線が引かれる一方、右眼には目尻から側顔へ一本の線が引き出されるほか、その上下にも並行線が描かれる。左右の頰に引き下ろされた線のあいだには、中に十字文を配した台形が描かれ、絵画をひきしめる。

あらためてこの人面画を概観すると、おおよそにおいて左右相称を意識しつつも、眼にあたる円文の大きさや線の運びの随所でそれに逆らう描法が指摘できる、両面性を内包した人面画であることに気づく。

土器絵画の人面文

土器に線刻された人面画の出現とその歴史的背景を論じた設楽博己氏によれば、くだんの土器絵画（以下「水垂例」と呼称する）が登場する時期、すなわち弥生時代後期〜古墳時代前期前半は、東海・関東地方と備讃（岡山県・香川県）地方に、ほぼ共通した意匠をもつ線刻人面画（以下「人面文」と呼称する）が出現する時代である（設楽、一九九〇、一九九五）。

いま、それらの絵画群中に水垂例をおいてみよう。水垂例の横位に並ぶ二つの円文が目の表現であることにひとたび気づけば、それが人面文の系譜に連なる図文と認識するのはたやすい。他方、水垂例は人面文の二つの分布域に挟まれた、弥生時代には顔面に装飾図文を表出することのない近畿地方にあるとともに、人面文とは画風や表現技法をいささか異にする点も指摘できる。ここで人面文の好例とされる愛知県安城市の亀塚遺跡出土例（以下「亀塚例」と呼称する）を紹介しつつ、水垂例出現の背景を考えてみたい。

球形をした壺の体部上半に大きく描かれる亀塚例は、顔の輪郭を卵形に描く点で、輪郭線をもたない水垂例と異なる。もっとも東海・関東地方の人面画のほとんどは顔の輪郭を描かない。さらに亀塚例は顔の両側に半円形に耳を描き、耳飾りを垂下させる。耳朶（じだ）から垂れ下がる線は左耳が三本、右耳が二本という違いがあり、それぞれの末端を一本線でつないで耳飾りが描かれる。左右非相称を意識している。

目は大きな杏仁形（きょうにんがた）で、鼻は額にかけて大きく広がる撥形（ばちがた）に表現される。この人面画の特徴は、

各地の人面文

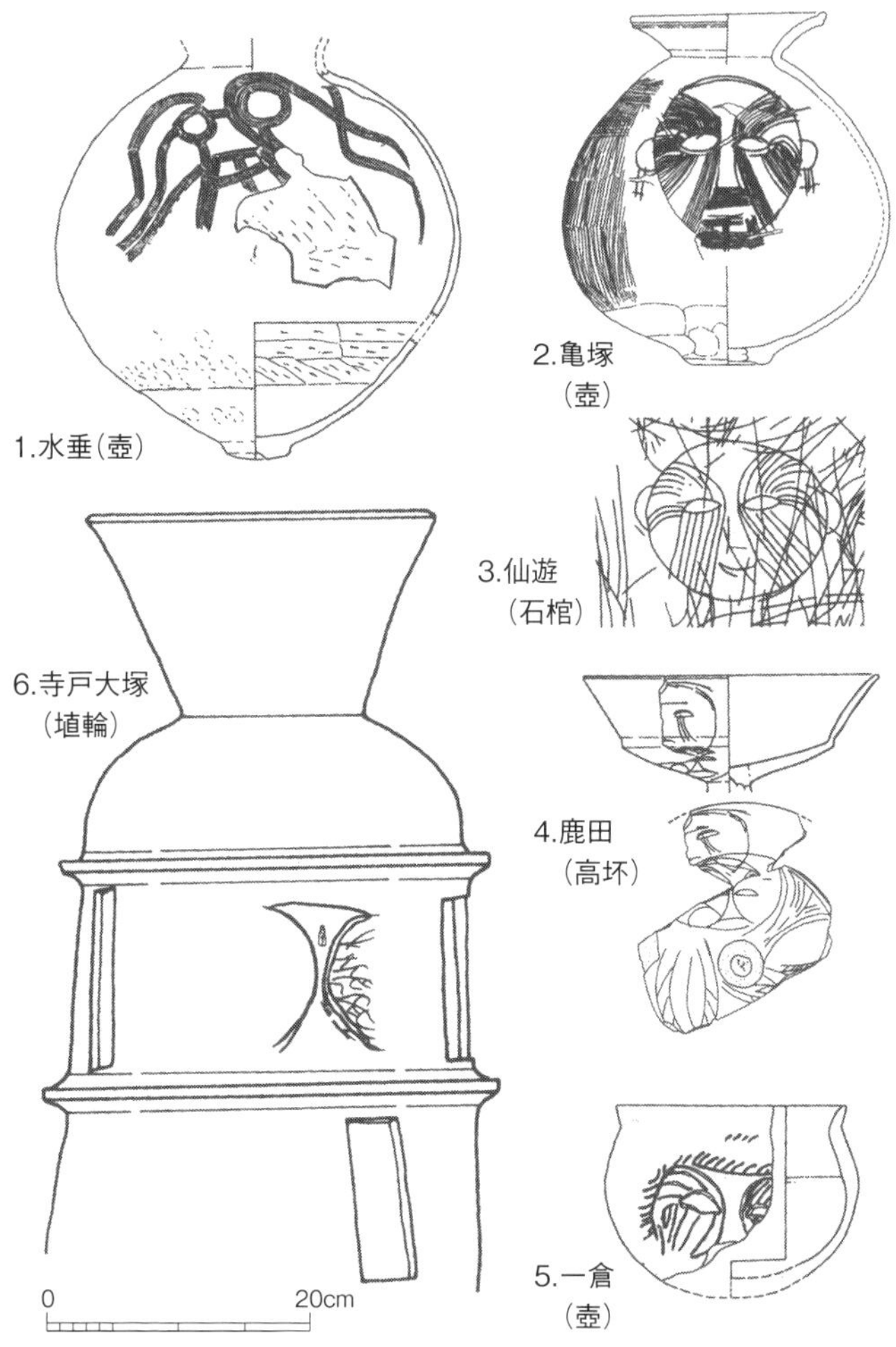

人面の中央、鼻から額を撥形意匠で表現する特徴的な人面文。近年、淀川流域にも分布する事例(1・6)が明らかとなった。

顔面全体に線の束をもって描き込まれた装飾図文の存在である。まず目頭を基点として鼻に添うように、頬から下顎側面へと八本前後の線の束が刻まれる。また目から額際へ、右側一五本、左側一〇本からなる線の束が大きな曲線を描いて表現され、そこに目頭を通過して縦位に向き合う円弧が強調される。それは向き合う円弧に挟まれて、鼻から額へ広がる撥形をあらわにする。さらに両目尻付近から顔の側面（耳の方向）へと線の束が引き出されるが、左右でその向きと線の数を異にする。

鼻の下には、横方向に走る一一本の並行線が、縦位に向き合う円弧を結び付ける。また下顎には七、八本の線の束で台形が表出され、その中ほどを線の束が縦に走り、それが台形の底辺を貫くさまに、水垂例での当該部位との強い関連性を指摘できる。くわえて水垂例が櫛状施文具をもって描出されるのも、亀塚例をはじめとする定型化した人面文を表現する線の束が描き手の意識のなかに存在したがゆえと理解される。

先に、ほぼ共通した意匠の線刻人面文が二つの分布圏をもつという設楽氏の指摘を紹介した。ただし両者には相違点もある。亀塚例にみた縦位に背が向き合う円弧に挟まれて口と顎周辺に施された装飾は、東海地方から関東地方に広がった人面文にのみ指摘される図文であり、それが備讃地方の人面文に認められない事実である。水垂例が亀塚例をはじめとする東海地方の人面文に端を発する図文であることは間違いない。

水垂遺跡から出土した土器のなかには、生駒山地西麓をはじめ、東海・近江・北陸・山陰・丹波などから搬入されたり、その影響を受けた資料が散見される。それは琵琶湖から宇治川、また保津川や木津川を介して大阪湾にいたる淀川水系に位置する水垂遺跡の地勢的な背景をよく語っている。水垂遺跡出土の人面文が、東海地方との文化的交渉下に出現した絵画資料であることは確かだ。

わたしは、おおよそは左右相称を表現しつつ、細部で相称をはずす顔面の装飾図文が辟邪（へきじゃ）の効果を増大させる古代の表現手法であることを詳論したことがある（辰巳、一九九二）。亀塚例にみる線の束を用いた意匠の描法は、その典型といえる。さりながら水垂例がみせる定型化した人面文をふまえつつも、それを大きく逸脱したかのような線の運びには奔放さすら感じさせ、そこに人面文が本来的に具有した「辟邪の顔」を描くという造形思惟（しい）の希薄さは否めない。

しかしながら、水垂例の土器が、そこを「祭祀場」と認識させる特殊な遺物群とともに見つかった点に留意したなら、その変容した人面文に、かえって邪視を引きつける効果が期待されたのではと想像したくもなるのだが。

いま少し近畿地方における人面文とのつながりをうかがわせる資料を渉猟してみよう。

埴輪棺と人面文

水垂遺跡から四・五キロ北西に、寺戸大塚古墳（京都府向日市）がある。向日丘陵上に展開する前期古墳群を構成する一基だ。全長九五メートルの壺形墳（前方後円墳）である。その突出部（前方部）墳裾から、円筒埴輪と直口壺を合体させた形状の朝顔形円筒埴輪を転用した埴輪棺が発掘された。その円筒部上段に、ヘラ状工具で描かれた線刻と、粘土塊貼り付けによる立体的表現を組み合わせたひとつの図文が表出されていた。

それは、二本の円弧が対称をなして縦位に向き合い、それぞれの上端を一本の線で結んだ図文で、二本の円弧がつくり出したくびれ部から上にできた撥形の空間中央には、縦長に小粘土塊が貼り付けられていた。一見、左右相称にみえる図文ではあるが、右側の円弧は二重線で描かれ、右外には絡まり合う浅く細い多数の線が描き込まれる。一方、左側の円弧は一本線でひかれる。細部で相称性をはずしたその描法は、その図文が人面文の系譜上にあることを確信させる。また、貼り付けられた縦長の粘土塊は、上のほうが細く造作され、鼻の具象表現であることは間違いない。

確認しておくべきは、寺戸大塚例が古墳を外界から結界する目的をもって立て巡らされる円筒埴輪列上に納置された埴輪棺に表現されていた事実である。埴輪棺自体が首長の奥津城を守護する位置を占めていたわけだ。さらには、埴輪棺の表面に人面文が描かれ、棺内の被葬者を守る。

それは人面文が本来的に具有する辟邪の図文としての意味がいまだ失われていなかったことを示している。当該の埴輪棺は、わたしたちに往時の境界観念を解くための、なによりの糸口を提供してくれている。なお、棺に人面文を刻む事例に、仙遊遺跡（香川県善通寺市）の箱式石棺蓋石がある。

寺戸大塚例の系譜を遡れば、縦位に向き合う円弧とその上をつなぐ線からなる図文の主体をなすモチーフは、鹿田遺跡（岡山市）や一倉遺跡（岡山県総社市）など、備讃地方の人面文に指摘できる。また該地方の人面文には、東海・関東地方の人面文に通有する下顎周辺の図文がみられない点も、寺戸大塚例が備讃地方の人面文の系譜に連なることを語っている。

水垂例と寺戸大塚例は、いずれも古墳時代前期の所産になるもの（前者は初頭、後者は中葉）で、両者のあいだにある地理的・時間的な隔たりはさほどではない。桂川右岸に現れた二つのユニークな人面文が、東海地方と備讃地方にそれぞれの系譜を遡及できるという事実に、瀬戸内沿岸地域にもつながる淀川水系の交流の一端がうかがえる。

なお、両者の図文について人面文との系譜に注視して検討を加えてきたが、反面、亀塚例をはじめとする典型的な人面文からの変容（逸脱）がそれぞれで著しい点は無視しがたく、図文としては孤立的で、両図文間につながりがまったく認められない事実も指摘しておかねばならない。

人面文と黥面埴輪

古墳時代中期、他界空間（古墳）を表徴してきた形象埴輪のなかに、人物埴輪が出現する。ほどなく、前代まで顔面装飾の習俗が希薄とみられた近畿地方に、ほぼ共通した意匠の顔面装飾をもつ男子埴輪が散見されるようになる。それは、

①鼻梁（びりょう）を軸線として小鼻から頬にかけて展開する翼形の文様
②目尻から顔の周縁を巡る刻み文様
③両者を併用した文様

からなる。

かつてわたしは人物埴輪の顔面装飾を分析するなかで、近畿地方の人物埴輪に特徴的な線刻顔面意匠が、一部の武人・馬引・力士など、定まった職掌をもって首長に仕奉する男子を形象した埴輪に限られ、近畿地方で独自に誕生した図文と理解、記紀に表れる黥（いれずみ）に関する記載をあわせ、翼形の特異な図文に注目して、それが彼らの王権内での社会的、政治的位置を示すイレズミ（黥）の表現と論じた（辰巳、一九九二）。

拙論より先、設楽氏は人面文研究のなかで、近畿地方の埴輪に施された顔面意匠に言い及び、長原四五号墳（大阪市）の武人埴輪の目尻に刻まれる短かな弧線群と人面文の目尻から顔縁へと

近畿地方の人物埴輪にみる黥面図文

1. 井辺八幡山古墳(和歌山)　2. 四条1号墳(奈良)　3. 石見遺跡(奈良)　4. 長原45号墳(大阪)　5. 住吉宮前24次2号墳(兵庫)　6. 大賀世3号墳(大阪)

引き出される線表現の関係性に注目、『日本書紀』履中元年条にみえるイレズミ＝「アズミメ（阿曇目）」の記載などをひき、それが人面文に系譜をひくイレズミと論じていた。顔面装飾をイレズミの意匠とみる点では共通するものの、それが古墳時代の近畿地方固有の図文とみるか、弥生後期に淵源する人面文の系譜をひく図文かという点で、わたしと見解を異にした。

その後、住吉宮前二四次二号墳（神戸市）から出土した男子埴輪の顔面線刻意匠は、この問題を結論に導いた。それは目頭を通過して頬から額に延びる大きな弧線と、目から、額際や側顔へと走る並行線文、さらに下顎に刻まれた横位の梯子状図文からなる。ただ右頬の並行線文だけが、線の向きや長さにおいて変則的で、左右相称を避ける表現と思われる。継承される人面文の思惟。

注目されるのは、両目頭から頬に延び広がる弧線が大きく屈折して小鼻から鼻先へと延び、鼻を取り込んだ撥形の新たな表現がみえる点である。それは先述した近畿地方に分布する人物埴輪の顔面装飾①が誕生する端緒となる図文と理解される。また目から顔面を顔の縁に向かい刻まれる並行線は、やや硬化するものの、明らかに弥生人面文の系譜の先にある図文であり、②の顔面装飾図文をその変容とする理解を援ける。近畿地方の男子人物埴輪にみる線刻顔面意匠が、弥生の人面文に淵源する図文とみて間違いなかろう。設楽氏の明察に従いたい。

銅鐸の風景

異界に響く小銅鐸の音

水田稲作農業を主たる生業とする弥生社会にあって、田を潤す水の安定的な確保は最大の関心事であり、人びとは稔り（みの）をもたらす水を制御し灌漑（かんがい）するために多大な知恵と労力を費やした。そうした水への思いは、日々の生活のなかで「祭祀（まつり）」という象徴的行為となって顕現することとなる。

弥生人が水に格別の心意を抱いたことを明晰（めいせき）にうかがわせる遺構に、下市瀬（しもいちぜ）遺跡（岡山県真庭市）D調査区で検出された後期の井戸状遺構がある。低平地に近い緩斜面にある湧水点を三〇センチばかり掘り込んだ中に、丘陵側で〇・七三メートル、低地側で一・二五メートル、奥行一メートル余の台形平面をして、要所に打ち込んだ杭と裏込めの石で井桁状に側板を固定し、内側に湧出点を取り込んで水を溜める構造となっている。

当該の遺構は幅の広い低地側が正面だったらしく、そこに祭壇状の構造物が杭と板を組んで築かれていた。壇と接する側板の中央部分には七角形に面取りした角柱が立ち、その先端近くに刻まれた抉り（えぐ）には「紐状のものが一部残存していた」と報告される。そしてこの「祭壇状構造物の前に、鈕を井戸にむけて、ころがり落ちたかのように」小銅鐸が出土したという（岡山県文化財保護協会『中国縦貫自動車道建設に伴う発掘調査』一、一九七三）。「銅鐸」が地域集団の祭器として集落から離れた格別の地点に埋納された状態で検出されるのに対して、銅鐸を小型化した「小銅鐸」は、日常の生活域（住居・井戸・溝など）や直葬墓にかかわって出土することが多く、同じ鐸形の器物ではあるが、両者にたしかな使い分けが存在したことは間違いない。小銅鐸は九州本島各県から関東地方まで、約六〇例の出土をみる。下市瀬鐸も、小銅鐸の属性をよく語る資料だ。

下市瀬鐸は高さ六・六センチで、鐸身や鈕には文様がない。長らく紐に垂下されていたらしく、鈕の内縁の一部が著しく摩滅しており、正面側板の中央に立つ角柱に紐で吊り下げられたことは間違いない。そこから人の営為を思考しようとするなら、おのずから当該の小銅鐸が発音器であったという想定にわれわれを導く。鐸のなかに、鐸身に触れて音を発する舌が吊るされていたに違いない。

すでに、上日置女夫木（熊本県八代市）・板付（福岡市）・浦志（福岡県糸島市）・原田（福岡県嘉麻市）・東奈良（大阪府茨木市）・愛野向山（静岡県袋井市）・中越（千葉県木更津市）など、小銅鐸にも舌が吊るされた事例は数多い。残念ながら下市瀬鐸の舌は遺存していなかった。

下市瀬遺跡では、井戸状遺構に満ちる湧水を汲む折、正面に立つ角柱に吊るされた小銅鐸を揺らして音を聴く人びとの営みが観想される。小銅鐸の音はいずこへ響くのか。そこに湧出する水をもたらす源（水ナ本（みなもと））に水神が観念されたことは容易に想像できる。

なお、愛野向山鐸の舌は銅鏃（どうぞく）を転用したもので、苧麻（からむし）とおぼしきイラクサ科植物の繊維を綯（な）っ

下市瀬遺跡の井戸状遺構と小銅鐸

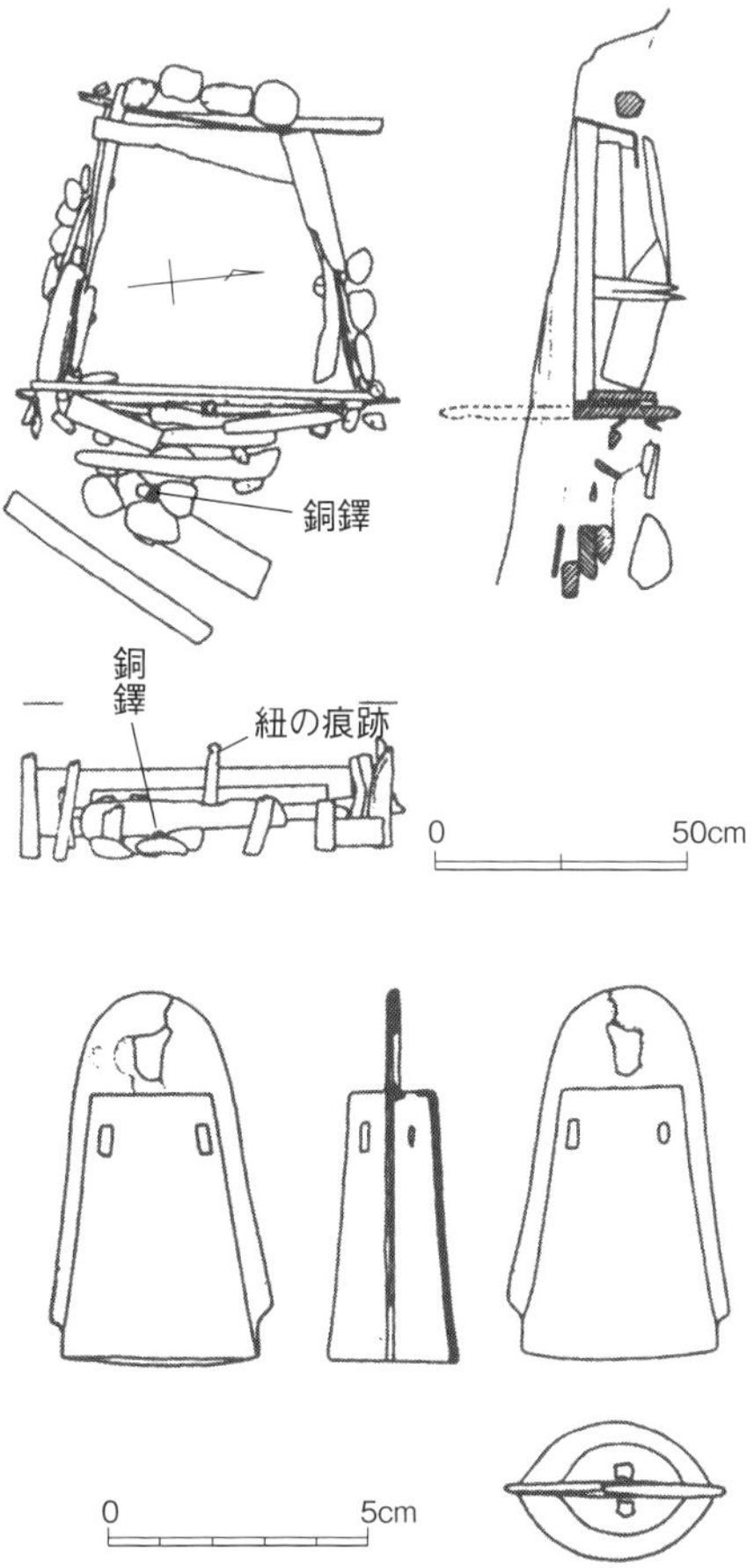

井戸状遺構に満ちる湧水を汲むおり、正面の角柱に吊るされた小銅鐸が鳴らされる。人びとはそこに水神をみた。発掘情報から人の“こころ”が学習できる好資料。

た紐を鏃の茎に結び付けていた。舌垂下の具体相を語る貴重な事例である。当該の小銅鐸は、南北に伸びる狭長な丘陵の南と北を溝で区画した後期の木棺墓群の、最後の埋葬にかかる棺上（墓上）祭祀に用いられたと推察される出土状況であった。墓上に立てられた竿（さお）に吊るされた小銅鐸の発する小さな音。そこには、遺（のこ）された人びとと死者の霊魂が交感する魂振（たまふ）りの風景がある。

愛野向山鐸から復元される小銅鐸の使用例は、中期の木棺墓から出土した原田鐸や、弥生終末期の木棺墓から出土した文脇（ふみわき）鐸（千葉県袖ケ浦市）、さらには古墳時代初頭の方墳の周溝内に営まれた土壙（どこう）墓上出土の草刈（くさかり）鐸（千葉県市原市）など、喪葬にかかわる小銅鐸使用の心意に通じるものを感じさせる。

もうひとつ触れておくべき小銅鐸の使用例は、それが単体で土中に埋納される場合である。しかも鐸身を寝かせて、鰭（ひれ）を垂直に立てる姿で埋められる点には、本来の銅鐸に通じる心意が感じられる。高さ七・六センチの板付鐸（後期）は、推定三〇センチ×一五センチ、深さ五センチ以上の不整楕円形の土坑に納められていた。注視されるのは、長さ五・五センチの舌が鐸身に付着して内部から出土し、埋納にあたって舌が鐸身の上部に接するように鐸内に土を入れて固定していたとみられる点である。舌が鐸本体とセットをなして埋納される点で、それが本来は鳴り物であったことが明示され、その機能を果たしたあと、一定の所作を経て埋納されたことがわかる。

また矢部南向（やべみなみむかい）遺跡（岡山県倉敷市）では、後期の竪穴住居を建設するにあたって、竪穴の壁面直下に掘った径二〇センチばかりの円形土坑内に高さ六・四センチの小銅鐸を同様に埋納したうえで貼床（はりゆか?）を施工していた。さらにこの小銅鐸の鐸身内から白い骨粉状の物質が検出され、骨角製の舌が納められた可能性が高い。大地に響く小銅鐸の音が観念されたのであろう。

水神祭祀と小銅鐸

下市瀬鐸にみる小銅鐸使用の具体相は、草山遺跡（三重県松阪市）や下鈎（しもまがり）遺跡（滋賀県栗東市）で出土した小銅鐸に命を与える。

草山鐸は、奈良〜平安前葉の井桁（いげた）を据えた大型井戸からの排水機能をもった溝のやや下層から出土した。遺存状況はよくないが、総高六センチ程度に復元できる。井戸は弥生後期の大規模集落（竪穴住居一三〇棟、掘立柱建物一三五棟、方形周溝墓二八基など）の北はずれにあり、小銅鐸を出土した溝が弥生後期に機能していたことをうかがわせ、さらには弥生後期の井戸遺構が奈良時代の大型井戸の掘方によって失われた可能性を示唆しているようだ。興味深いことに小銅鐸に近接して一点の銅鏃が同一層位から出土した事実は、上述した愛野向山鐸と同様に、銅鏃を舌に転用した可能性を考えさせる。

下鈎遺跡の小銅鐸とその出土地点(A)
および溜井跡（矢印）

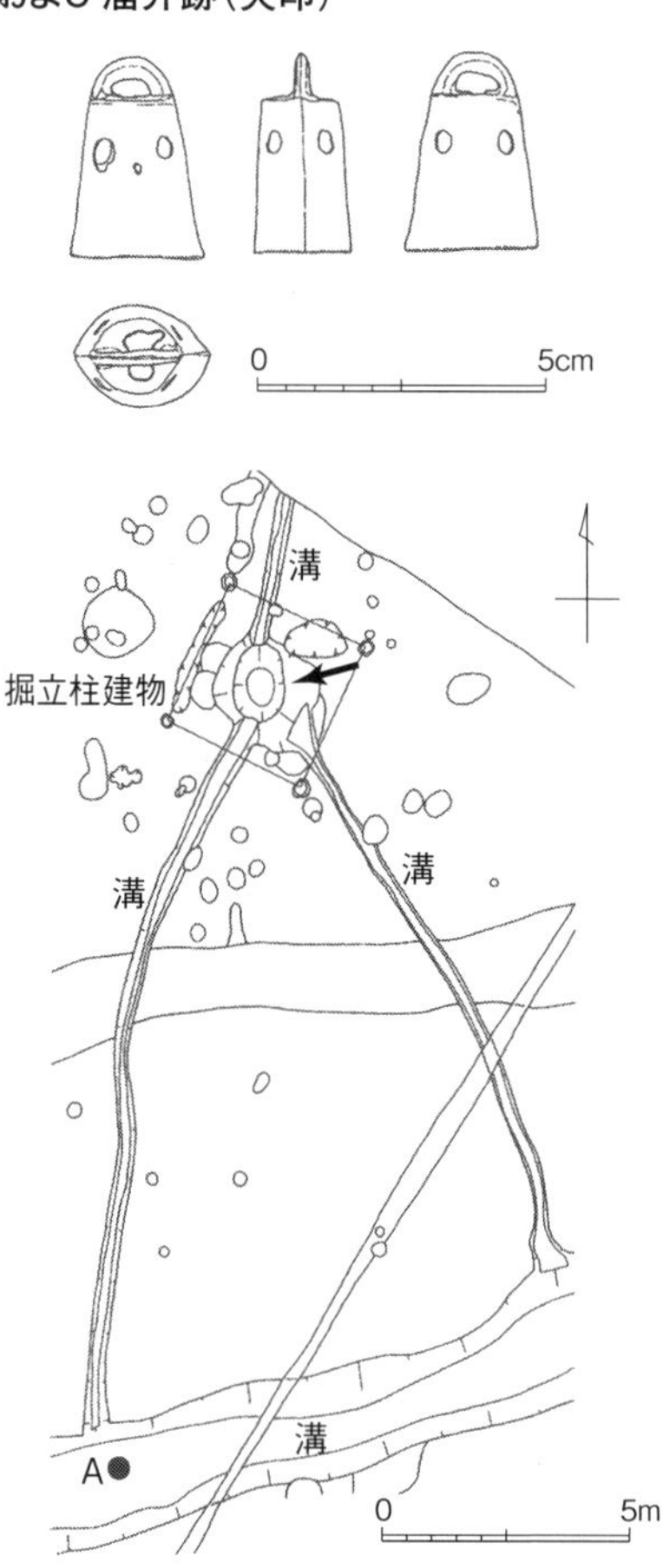

掘立柱覆屋が架けられた溜井の湧水は三方向に分水された。覆屋の梁に吊り下げられ、鳴らされたであろう小銅鐸が落下し、溝のひとつを流下したらしい。

一方、草山遺跡の該井戸が奈良～平安前葉の集落からは約二〇〇メートルも離れている点、さらには奈良～平安期の集落内に生活用の井戸が掘削されている点などから、なぜ大きく離れた地点に奈良時代の井戸が営まれたのか。その特異さが際立つ。わたしはその変遷をつぎのように語ることができる。

すなわち、弥生後期に掘削された井戸には豊かな水が湧出し、脇には舌をもつ小銅鐸が垂下され、水を汲むたびに鳴らされた。人びとは井戸とそこに湧く水に聖性を感得したがゆえである。つづく古墳時代の空白期があったにもかかわらず、奈良時代には当時の生活域から二〇〇メートルあまり離れた同じ井戸が整備されて井桁が据えられ、排水溝も弥生時代のそれが再活用される。そこには、弥生期の井戸が涸（か）れることなく、奈良時代〜平安前期まで聖井として命脈が保たれことをうかがわせる。

ただし、該井戸から二三〇メートルばかり南の同一丘陵上に、多数の人形（ひとがた）・獣形・鏡形のほか勾玉（まがたま）・丸玉（まるだま）などの土製品を用いて祭祀を実修した五世紀末の方形台状遺構があることから、草山遺跡の周辺に古墳時代の集落遺跡があることを推察させる。該井戸はその人びとに聖井として伝えられた可能性を考えるべきだろう。弥生後期、小銅鐸を吊るした草山遺跡の井戸は、平安前葉にいたるまで地域の聖井であった。

草山遺跡の小銅鐸について、報告者は古墳時代初頭に集落の衰退とともに廃棄された小銅鐸が、奈良時代の大井戸の排水溝が埋まる過程で、舌に転用された銅鏃をともなって混入したと考えるが、わたしにはやや不合理な解釈に思える。

井泉と小銅鐸の関連をうかがわせる資料をもうひとつ。近江平野の南に位置する集落遺跡下鈎（しもまがり）遺跡では、中期末〜後期初頭の溜井（ためい）とみられる土坑（径約二メートル・深さ八五センチ）

から流下する溝の先で、高さ三・四センチの小銅鐸が出土した。溜井には一間×一間の掘立柱覆屋が架けられ、さらに覆屋の外周を巡る不整円形の掘立柱列が検出された。柵や板塀によって周囲から隔てられた閉鎖空間内に設けられた溜井は、格別の井だったと認識される。小銅鐸は本来、溜井に架けられた覆屋の梁(はり)に下げられたのではなかったか。鐸内には、舌が吊り下げられたであろう。

なお比恵(ひえ)遺跡(福岡市)で発掘された後期後半の井戸跡からも、埋土のやや上位ながら高さ五・三センチの小銅鐸が出土している。同前の事例のひとつとみなせよう。

井泉での身近な祭具として小銅鐸が用いられた諸例を紹介してきたが、亀井(かめい)遺跡(大阪府八尾市)での中期の大型井戸から出土した銅鐸形土製品も無視できない。井戸内には、中央を二分するように、一列に打ち込まれた七本の杭に五本の横木を渡した特異な構造物が設けられる。用途に応じた水と水場の使い分けがなされたのだろう。鐸形土製品は井戸の底近くから出土した。井戸内を仕切る杭に吊るされていた可能性が高い。当然、鳴り物として舌が下がっていたに違いない。鐸形土製品でも舌が吊るされた実例は硲(はざま)遺跡(京都府長岡京市、中期中葉)でも発掘されている。

銅鐸埋納地管見

小銅鐸や銅鐸形土製品が人びとの日常に近く使用される祭具であるのに対し、銅鐸は日々の生活から離れた地点に埋納される呪的性格の強い祭具である。銅鐸の埋納地の多くは、入り組んだ谷に面した丘陵斜面が選ばれる。銅鐸などの青銅器多数埋納で知られる荒神谷遺跡（島根県出雲市）や加茂岩倉遺跡（島根県雲南市）などはその典型である。また静岡県浜松市の都田川流域では銅鐸埋納地点が集中し、その埋納心意に近づく手掛かりを提供してくれる好個のフィールドである。

静岡県西部、奥浜名湖に流下する都田川の流域からは、一〇地点で銅鐸が出土。いずれも高さ五〇センチを超える大型銅鐸である。うち六地点が三方原台地の北縁に大きく切れ込んだ狭長な一本の谷筋（字地名は「滝峯」、地元では「滝の谷」と通称されてきた。以下では通称に従う）に集中する。総長約二キロの「滝の谷」には、さらにいくつもの支谷が切れ込み掌状をなし、近年まで谷水田が広がっていた。谷の口をなす三方原から延びる二つの丘陵端のうち、東側の微高地には縄文晩期からつづく集落遺跡として知られる岡の平遺跡が立地し、「滝の谷」での銅鐸埋納にかかわった人びとの生活空間とみられる。

一九八四年夏のこと。三五八本もの銅剣が発見された出雲市斐川町の荒神谷遺跡にいたる神庭西谷（さいたに）を歩きつつ、その風景に「滝の谷」が彷彿（ほうふつ）させられたのを思い出す。翌八五年、荒神谷遺跡では銅剣群に隣接して、銅鐸六個と銅矛一六本が出土。残念ながら「滝の谷」の谷筋一帯は、テクノランド細江という近代的な工場団地と化し、往時の面影はない。

「滝の谷」ではさらに一か所、銅鐸出土伝承地（コツサガヤ）があり、ひとつの谷に七地点もの銅鐸の埋納地があったことになる。「滝の谷」出土の銅鐸は次のとおり（番号は次ページの地図に対応）。

①悪ケ谷鐸（あくがやたく）（三遠式）　④不動平鐸（ふどうひら）（近畿式）
②七曲り一号鐸（近畿式）　⑤才四郎谷鐸（さいしろうや）（近畿式）
③七曲り二号鐸（三遠式）　⑥穴ノ谷鐸（あなのや）（近畿式）

である。いずれも弥生後期後半に属する。コツサガヤでの銅鐸出土伝承を考慮すれば、「滝の谷」には、さらにいくつもの地点に銅鐸の埋納がなされていることは想像に難くない。

注視されるのは、既発見のいずれの地点でも銅鐸は一個ずつ埋められていた点である。同一地名で呼称される②と③も、直線距離で三〇メートル、比高差で約三メートル離れた別地点に埋納されていた。いずれの銅鐸出土地も「滝の谷」の主谷や支谷に臨む丘陵斜面であることが共通する。ただ「滝の谷」における多地点に一個ずつ埋納する事例は、荒神谷遺跡や加茂岩倉遺跡にみ

「滝の谷」の字名と銅鐸出土地点

1～6が銅鐸の出土地点。7は出土伝承地。各地点にひとつの銅鐸が埋納された。そこを三方原の伏流水が噴き出す水源だったと推察する。

「滝の谷」出土鐸

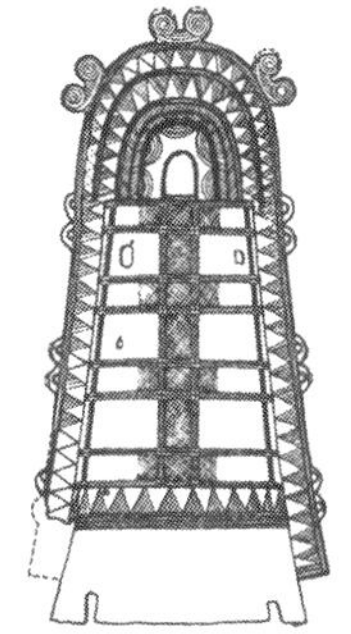

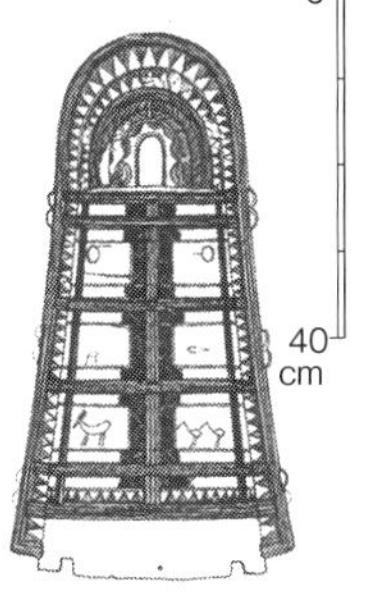

左：才四郎谷鐸(近畿式銅鐸)
右：悪ヶ谷鐸(三遠式銅鐸)
「滝の谷」での銅鐸の単体埋納は、大岩山遺跡(滋賀)や加茂岩倉遺跡(島根)での集中埋納を際立たせる。

る一地点での集中的埋納（荒神谷遺跡では六個、加茂岩倉遺跡では三九個を埋納）の対極にある点には留意しておくべきだろう。

「滝の谷」での銅鐸埋納行為について、わたしがかねて注目したのは、④と⑤の中間にあるもうひとつの支谷「不動谷」の奥にある滝峯不動尊の存在である。そこは三方原台地の伏流水が吹き出す地点で、三メートルばかりの高さから流れ落ちる涸れることのない水（滝）は、現在も水垢(みずご)離(り)の行場として利用され、やがて主谷の流れに合流し都田川に流れ込む。「滝峯」の字地名はこの滝峯不動尊の滝に由来する。「滝の谷」という通称地名にこそ、その事情がよく語られる。「滝の谷」のそれぞれの支谷の奥には、それを形成した三方原の伏流水の吹き出し口があるはず。④は谷頭に近い地点から出土しているが、そこから直線距離で約二〇メートル、比高差約七メートル下った地点に小さな池があるのも注意される。また主谷の最奥部にある「斜源淵(しゃげぶち)」という淵地名も気になる。

なにより通称地名「滝の谷」をはじめ、銅鐸出土地のほとんどに「谷」地名がみえる点は、その特徴をよく語っている。それは水との関係をうかがわせる地点に銅鐸が埋められることを推察させ、なかでも④や⑦が谷頭にいっそう近い点、より源（水ナ本）を意識した選地がみえてくる。

一九六七年、静岡県教育委員会は陸上自衛隊の協力を得て、地雷探知機をもって「滝の谷」の一二地点で埋納銅鐸の探査を実施した。その際に選ばれた探査地点のひとつに滝峯不動尊周辺の斜面が三地点も選ばれていた。その選択の背景が奈辺（なへん）にあったかはすでに明らかだろう。この能動的な調査は残念ながら成果を上げることはなかったが、銅鐸研究の学史上で特筆される調査だったと思う。それに遅れること二二年、一九八九年の年末、銅鐸に関心をもつ一市民が金属探知機を用いて「滝の谷」で銅鐸埋納地探索を行い、才四郎谷鐸（⑤）を埋納状態のままで発見したことは、その調査法の有効性を実証した。

「滝の谷」の東には、三方原に切れ込む「神宮寺谷（じんぐうじや）」というさらに大きな谷があり、多数の支谷が発達している。しかし「神宮寺谷」からの銅鐸の出土はない。都田川流域でも「滝の谷」に銅鐸出土地が集中する点に格別の意味があったとみるべきだろう。それは岡の平遺跡が谷口を占める点とあわせ、「滝の谷」が地域の象徴的な水源として観念されたがゆえと考える。地名「滝峯」の根源である滝峯不動尊の滝の存在に注目するがゆえである。

それは下市瀬遺跡の井戸状遺構に吊るされていたであろう小銅鐸の背景に通じる。小銅鐸や銅鐸形土製品は、その造形の根源において、弥生人が銅鐸に込めた心意を日常に引き寄せた祭具であることが再確認される。

弥生人の水観念

井泉の聖性

前節で草山遺跡出土の小銅鐸が、弥生期の井戸から延びる排水溝とみられる遺構から出土した可能性を指摘した。しかし弥生期の井戸遺構は、奈良時代にいたり横板組の井戸側を埋めるため、上縁で四メートル×三・五メートルの不整形平面をなし、深さが四・一メートルもの大きな掘方を掘削したことによって失われたと認識せざるをえない状況だった。

ただ奈良期の井戸にともなう排水溝が、弥生期の溝を掘り下げることなく再利用することになったと判断され、その帰するところ、弥生期の排水溝の源に、それが機能するための井戸が存在したという認識にたどりついたのである。しかも奈良期の集落から二〇〇メートルも離れた地点に当該の大井戸が営まれるという事実には、あえてその地点が選ばれた必然性があったはずで、そこにははるか弥生時代以来、水を湧出させていた井戸が地域の聖井として連綿と観念されていたがゆえという解釈を導き出すことができる。

かような長きにわたり聖井として機能した草山遺跡で検出された大井戸の事例は、藤江別所遺跡（兵庫県明石市）における聖井の存在を確かなものとしてくれた。同遺跡は明石海峡に面した海岸（奈良時代には「藤江の浦」とよばれた）に近く、海抜二メートル前後の遺構面に、上縁で直径五・四メートルのすり鉢状の掘り込みをなし、三・八メートルの深さで三段に掘り下げた素掘りの大井戸である。井戸の下段部分からは弥生後期の小型壺や甕が出土。井戸の開削時期を知ることができた。

注目されるのは、下段上部から中段にかけて出土した古墳時代前期後半を中心とする遺物群である。小型の壺や甕、手捏ね土器のほか、九点もの小型銅鏡（櫛歯文鏡・素文鏡・重圏文鏡）や車輪石・勾玉・銅鏃など、当該の井戸を対象にした上位首長層による別格の祭祀が実修されたことがうかがえる。しかもそれらの遺物は、井戸内に堆積した厚さ一メートルを超える中段埋土内に、地点と高さを異にして、多数の完形土器とともに包含されており、井戸の祭りに際して数次にわたり投げ込まれたことが推察される出土状況だった。

さらに、井戸内の上層には、植物遺体を多量に含む黒色シルト層からも、須恵器をはじめ中近世にいたる遺物が出土し、当該の井戸が埋まりながらなお水を湧出したことをうかがわせ、人びとの活動が継続する点に留意しておきたい。

井戸内から検出された植物遺体の分析からは、「鎮守の森のような」樹相のなかに泉が湧出す

大井戸出土の祭祀関係遺物

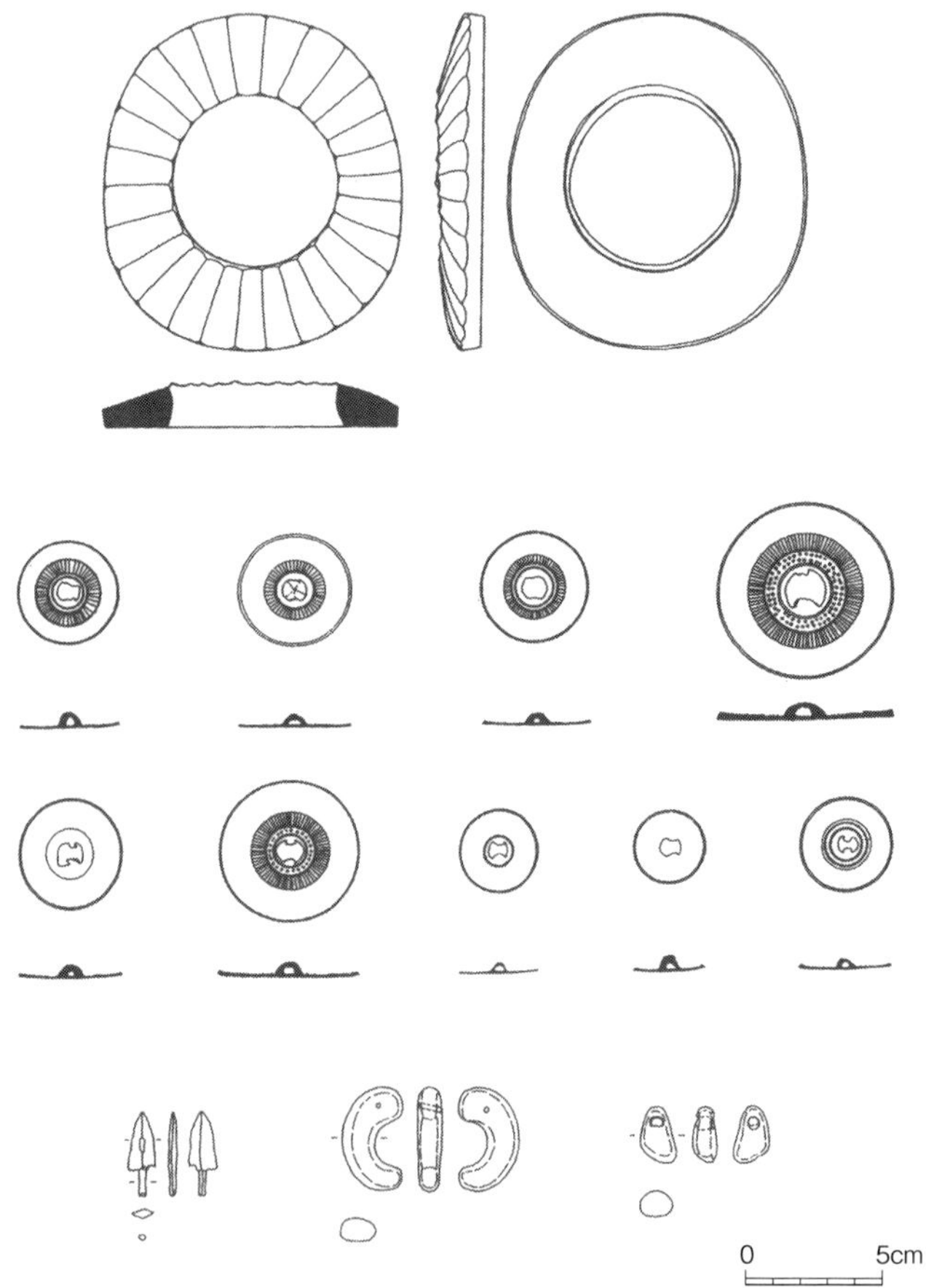

藤江別所遺跡の大井戸から出土した祭具(車輪石・小形銅鏡群・銅鏃・勾玉など)。大井戸の中段埋土から、それぞれ地点と高さを異にして出土。井戸は近世まで機能した。

るという、湿地化した森の景観が復元されるのも興味深く、当該の大井戸への聖視が連綿とつづいたことをうかがわせる。

藤江別所遺跡が位置する明石市藤江は、『和名抄』の播磨国明石郡葛江（布知衣）郷にあたる。『万葉集』には「藤江の浦」で漁をする海人を詠んだ歌がみえる。山部赤人は、

　沖つ波辺波静けみ漁りすと藤江の浦に船そ騒ける（巻六―九三九）

と歌う。この九三九番歌を反歌に添えた長歌には、

　……印南野の　大海の原の　あらたへの　藤井の浦に　鮪釣ると　海人船騒き　塩焼くと
　人そさはにある　浦を良み　うべも釣はす　浜を良み　うべも塩焼く　あり通ひ　見さくも
　著し　清き白浜　（巻六―九三八）

と、「藤江の浦」は「藤井の浦」とも呼ばれていたことがわかる。

「藤井」といえば、『万葉集』巻一に載せる「藤原宮の御井の歌」には、

やすみしし　わご大君　高照らす　日の皇子（みこ）　あらたへの　藤井が原に　大御門　始めたまひて（中略）高知（たか）るや　天（あめ）の御陰（みかげ）　天知るや　日の御陰の　水こそば　常にあらめ　御井（みゐ）の清水

（巻一―五二）

と、藤原宮の宮号が聖井「御井」のある「藤井が原」に由来することが歌われる。それを明石の「藤江の浦」に敷延（ふえん）すれば、そこは地域の聖井「藤井」が湧き、海人（あま）が拠る入り江だったと理解できる。弥生後期以来、連綿と祭られてきた藤江別所遺跡の大井戸こそ、その「藤井」だった可能性が高い。

また『住吉大神代記』が、明石郡藤江の地名について、住吉大神が、

「渡りて針間国に住まむ」とのりたまふ。即ち、大藤を切りて海に浮け、盟（うけ）ひて宣（の）り賜はく、「斯の藤の流れ着かむ処に、我を鎮め祀れ」と宣りたまふ。時に、此の浜の浦に流れ着きぬ。故、藤江と号く

と、その由来を説いて、そこが住吉大神を祭る海人の拠点であったことを語るのも参考となる。

なお『釈日本紀』所引の「播磨国風土記」逸文に、明石駅家（うまや）にある駒手の御井に湧く清水が、仁徳朝に御食（みけ）に供される水として速鳥（はやとり）という名の舟で献上されたという説話が語られる。藤井との異同は不明ながら、明石郡に伝わる聖井伝承として興味深い。

先に紹介した下市瀬遺跡で小銅鐸の音を響かせていた弥生の井泉は、やがて洪水で埋没するが、その上層からは奈良～平安前半の木組み井戸が発掘された。その井戸は同じ地点で四、五回のつくり直しを行っていたことが遺存した側板から明らかで、同じ地点にこだわったかのような執拗（しつよう）さが看取される造作であった。それは草山遺跡の井戸につながる。

下市瀬遺跡の律令期の井戸からは、須恵器とともに、斎串（いぐし）・帯金具（おびかなぐ）・隆平永宝（りゅうへいえいほう）（桓武朝に鋳造された皇朝十二銭のひとつ）などが出土。さらに井戸周辺から五点の舟形木製品をはじめ、胸に釘跡を残した人形（ひとがた）、馬形木製品や木製鏃など、井戸をめぐる祭祀が長期にわたり行われたことをうかがわせる豊富な資料が出土した。

報告書を精読すると、この律令期の井戸と上述の弥生期の井戸は、水平方向で二メートル程度の隔たりしかなく、比高差にもさほどの大きさを認めない。要するに、弥生期の井戸が埋没している地点の間近に、奈良時代の新たな井戸が開かれたことになる。律令期、数回の井戸側の据え替えも、さほど深い掘削が行われた気配はなく、弥生期と同様、湧水のある地点を選んで井戸が開かれたと推察される。

弥生期の井戸と律令期の井戸が近接して開かれた事実を偶然と理解することは難しく、トレンチ調査による発掘であった事情を考えると、周辺に古墳時代の井戸遺構が埋没している可能性も考慮しておくべきだろう。下市瀬遺跡においても、井泉の利用とそれを聖視した祭祀が長期にわたったことがうかがえる。

大井戸のまつり

大阪府南部にある大型環濠を巡らせた拠点集落遺跡、池上曽根遺跡の中心地区で発掘された掘立柱切妻(きりづま)建物跡が、東西一〇間（約一・九メートル）・南北一間（約七メートル）、床面積約一三〇平方メートルの規模で、両妻に屋外棟持柱(むなもちばしら)を備えた巨大な高床建物跡だった。事実は前章83ページで紹介した。

この大型建物跡の南北中心線上、南側正面に近接して発掘された、クスノキの巨木を刳(く)り抜いた井戸側をもつ大井戸に触れ、その位置や規模からみて大型建物と密接な施設であることを追考した。内径一・九メートル、深さが一メートルを超える井戸側には、覆屋(おおいや)が架けられていた。過去に発掘されたいずれの井戸よりも規模は大きい。井戸には発掘時も豊かな水が湧出していた。

注視されるのは、井戸側の下端部近くに、通水孔とみられる一辺一〇センチほどの方形孔が五か所に穿たれていた点である。井戸の下部は湧水層に達しており、取水孔を設ける必要性が認められないにもかかわらず、あえてそれを設けた理由について報告者は、発掘時に同井戸に湧出する水の観察をふまえ、井戸内の滞水に対流を生起させ、水が澱むことを防ぐ仕掛けだったと推しはかる（乾・秋山、一九九六）。井戸内の埋土に井戸使用期間中の廃棄物や泥土が認められず、当該の井戸がつねに清浄に保たれていたとする観察もその見解を助ける。

さらに、この大型建物と同じ地点には、それに先行して四棟の大型掘立柱建物がつぎつぎと建て替えられていたことが確認された。冒頭の大型建物跡は最後に建て替えられた五棟目の、しかも最大規模の建物だった。出土資料から、これらの建築遺構は弥生中期後半から中期末のあいだに連続して営まれたものとみられる。大井戸やそこから延びる排水溝の遺構にも重複が認められ、大型建物と大井戸がともに更新された可能性が大きいという（乾、一九九七）。

井戸の並外れた規模と、大型建物との位置関係から、両者が密接に関連しあう施設であったことはたしかである。ただ生活用水を得るためだけなら、かように巨大な井戸を設ける必要はない。井戸を開削すれば容易に水を得られる池上曽根遺跡における当該の大井戸が、大型掘立柱建物と、その正面の広場での祭儀のために設けられた施設であり、かつそこに湧出する水が祭儀のなかで

池上曽根遺跡の大型建物跡と大井戸

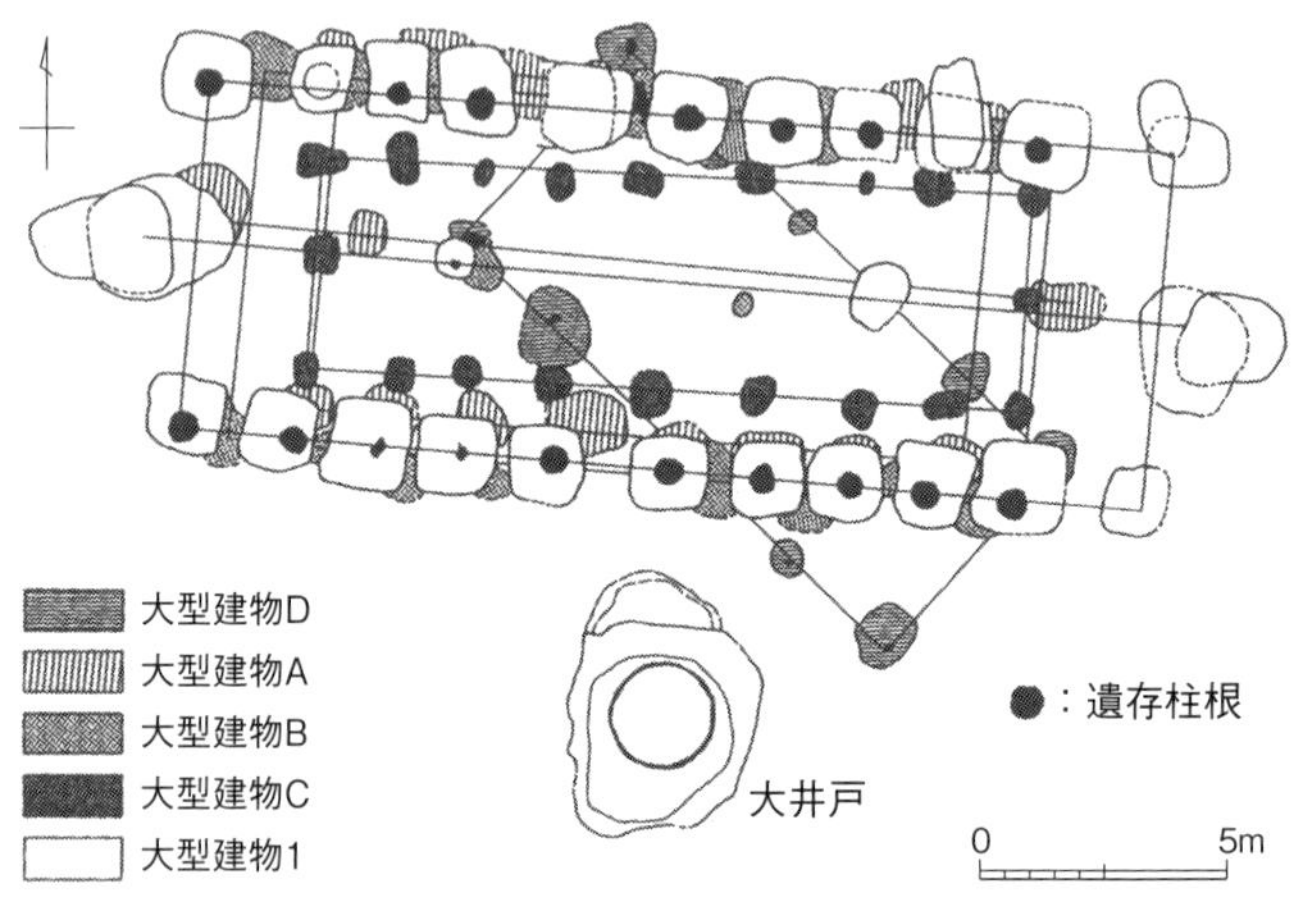

弥生中期後半、大型建物が地点を同じくして次々と建て替えられた。建物正面の中央に開削された大井戸に湧く水に格別の聖性を感取していたからか。

重要な役割を担ったことは間違いない。その祭儀の執行者が、集落の首長であることはいうまでもなかろう。

彼らは祭儀用の大型建物を建て替えるにあたり、なぜ同じ地点にこだわったのか。わたしはそれが井戸の存在にあるとみる。池上曽根遺跡の弥生集落にあって、とりわけこの地点に湧く水が神聖視されていたが故であろう。拠点集落の中心に、清浄な水の湧く聖処が設定されたらしい。首長祭儀の執行にあたり、大井戸とそこに湧く水が重要な意味をもったことが想像できる。大地から尽きることなく湧きあふれる水に地霊の力の漲(みなぎ)りを感得し、その永遠性と霊力に己の首長権（王権）を重ね、地域に支配者たることの祭儀が高床建物で実修されたのだろう。井泉にあふれる湧水こそは、王権の象徴としての浄水だった。

では、具体的に大型建物ではどのような王権にかかわる祭儀が行われたのだろう。

佐原真さん風に言えば、「真相はこういうことでしょう。（大型掘立柱建物は―辰巳補）有力者の公的住まいで、そこではお祈りもやるし、会議も宴会もひらく、多目的ホールだった。私的生活を送る大きな竪穴住居で朝、目をさますと、盛装した有力者は公的住まいに出勤した……」（『魏志倭人伝の考古学』岩波現代文庫、二〇〇三）と、大型建物の活用を考える。そこで実修される祭事や政事の諸場面で、大井戸の水が意義づけされて利用されたことはたしかと思われる。神への献上、地域支配を宣揚する飲用、禊や祓えなどにも用いられたことだろう。

弥生時代の大型建物がなんと呼ばれたかは不明だが、『日本書紀』には応神・仁徳朝に、国見・神託授受（卜占や夢占）・鹿鳴聴聞・饗宴・避暑などの場として、「タカドノ（高殿・高台）」という高床建物での王権祭儀のようすが記述される。さらに『万葉集』には、宮殿の象徴として「高殿」がみえる（辰巳、一九九〇）。わたしはそれを弥生時代に敷延させ、大型建物を「高殿」と呼称しておきたい。

ヒサゴのシンボリズムと龍

中空の器と井戸

先に弥生後期に開削された藤江別所遺跡の大井戸が、古墳時代前期後半に九面の小型銅鏡や車輪石に加えて多数の完形土器とともに埋められる行為を指摘した（139ページ）。同様の呪作は、さらに遡る。

姫原西遺跡（島根県出雲市）で発掘された古墳時代初頭の井戸ＳＫ一一は厚板縦組の井戸側を設けた、深さ一・四メートル、直径四〇センチばかりの大きさで、底には土器の破片を敷き詰めて湧水の濁りを防ぐくふうがなされていた。そして使用を停止するにあたって、八個以上の完形土器を重ねながら埋め戻していた。土器は甕が六個・直口壺一個・壺一個が復元できた。器形の名称は報告書に従ったが、いずれもが球形の体部をもつ土器である点に留意しておきたい。

埋められた井戸の上には、その完了を明示するかのように径一〇センチばかりの円盤形をした敲石（重さ七二五グラム）が据え置かれていた。それは、弥生後期の出雲に出現した巨大墳丘墓、西谷三号墓（四隅突出型）の中心埋葬土壙（第四主体）にふたつの木棺を埋めたのち、遺体の胸

井戸に納められる壺形(中空)土器

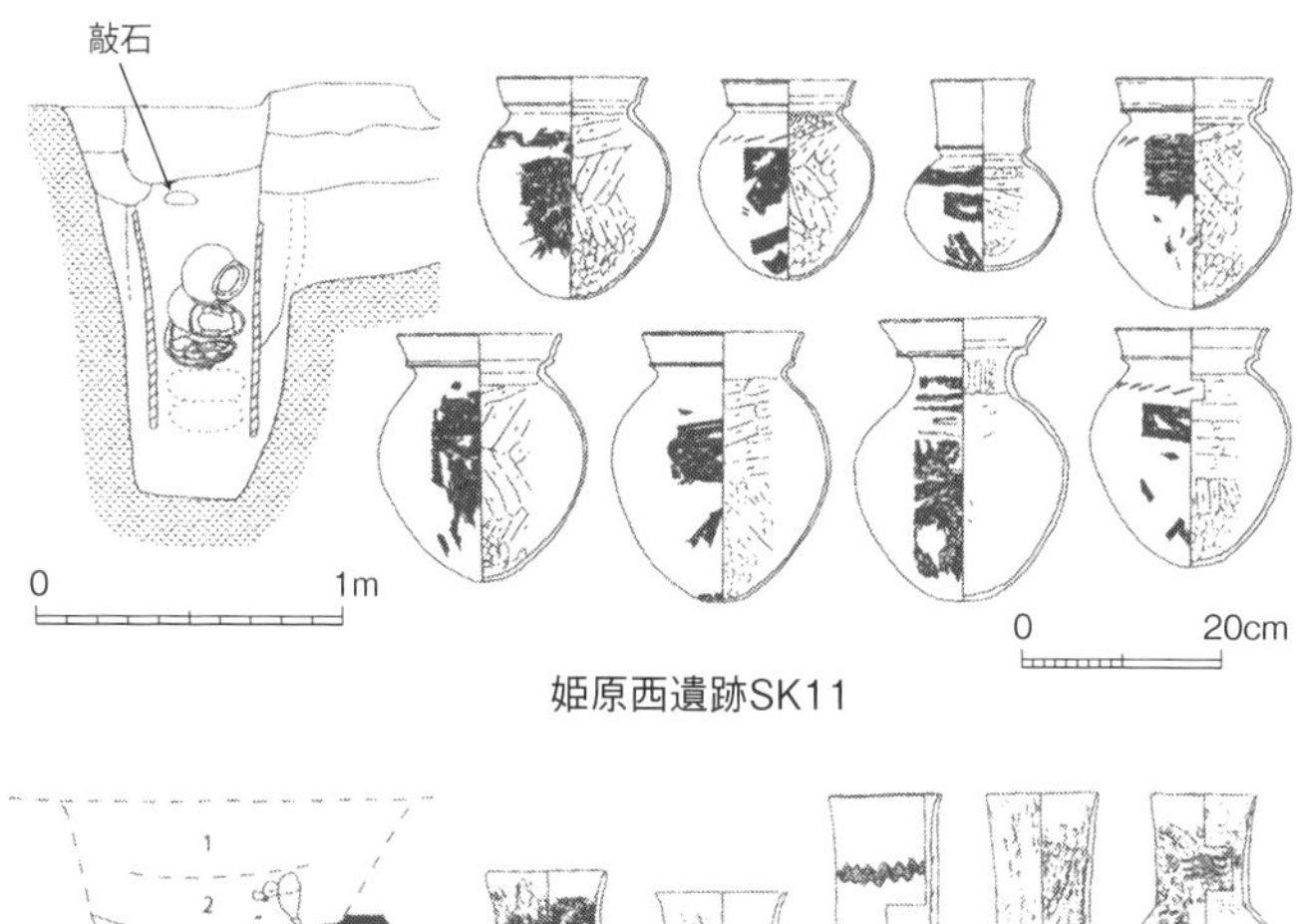

姫原西遺跡SK11

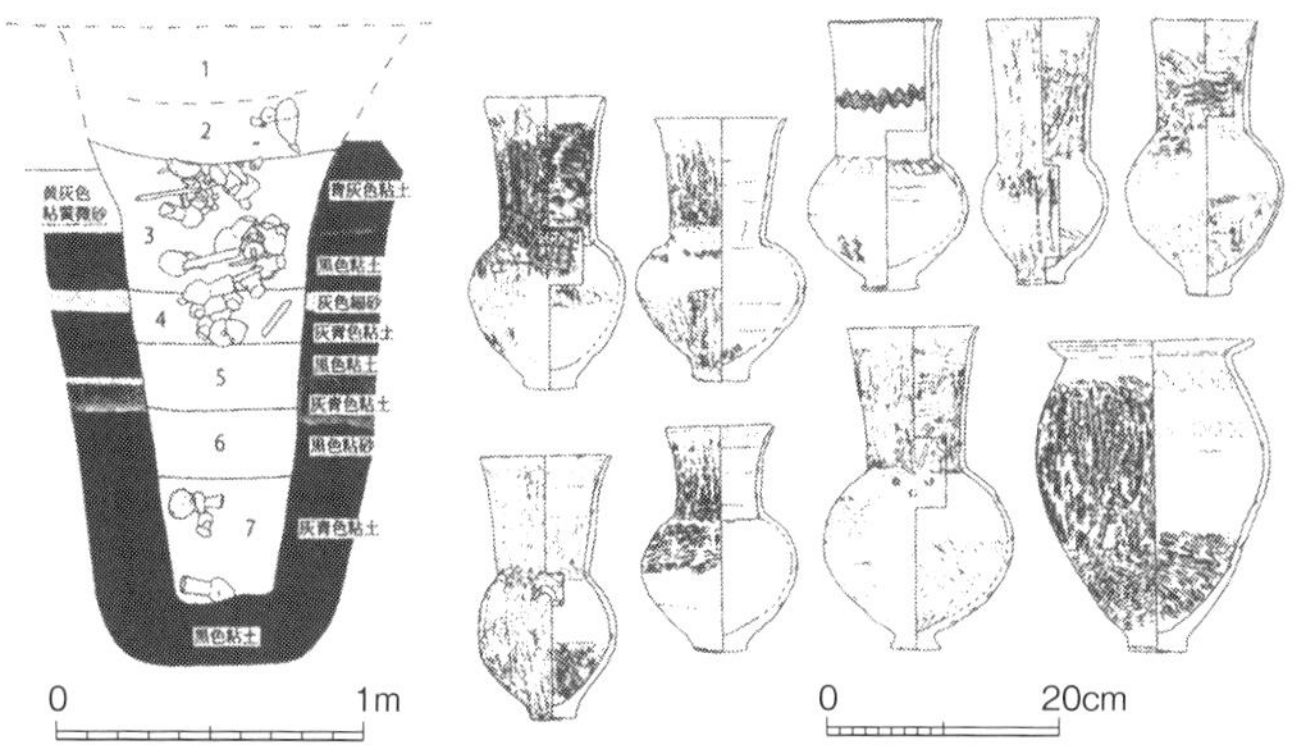

唐古・鍵遺跡33次SK125

井戸の開削や廃絶にあたり沈められる完形の壺形土器。その心意は158ページで分析した。

あたりの真上の位置に、赤彩した円礫をひとつずつ据え置いた事例を思い起こさせる。埋められた被葬者の霊威を象徴し、他界へと送り遣った証しと理解したい。また、停廃し埋め戻された姫原西の井戸跡に置かれた円礫には、他界（地霊）との境界を明示する意図を指摘したい。井戸が他界に繋がると観念されていたことは申すまでもない。井戸跡に据えられた円盤形の石は他界との繋がりを断つしるしにほかならない。また井戸内に重ね納められた球形土器のいずれもが、外面に煤状炭化物の付着が著しく、井戸の停止における食物の供献などの祭祀行為に使用された什器類を利用したと推察される。

井戸を埋めるに際して、幾つもの完形土器を土砂とともに埋め込む呪作は弥生時代にひろく確かめられる。

唐古・鍵遺跡（奈良県田原本町）の第三三次調査ＳＫ一二五は上縁径一・七メートル、深さ二・五メートルを測る、後期前葉の素掘り井戸で、一度に埋められた上半部の土層からは、木片や植物遺体に混じって、約三〇個体の球形体部からまっすぐ伸び上がる頸をもつ長頸壺が出土した。さらに井戸の底からも同じ形の壺が完形で出土。また同遺跡第二〇次調査で発掘された井戸ＳＸ一〇一の埋土には、完形の壺のほか、八点の卜骨や、祭祀行為にともなうかと推察される獣骨・貝・植物遺体が含まれていた。

同遺跡ではいくつもの井戸で、祭祀行為をうかがわせる発掘事例が報告され、それらを整理した藤田三郎氏は「井戸内より出土する壺は井水が豊富に湧き出ることを祈り、また、井戸の埋没に際しては井神に供献するという行為の結果である」とした（藤田、一九八八）。従うべき見解である。

井戸開削時の呪的習俗をいまひとつ。有田・小田部遺跡群（福岡市）の第三次調査二号井戸がそれ。直径一・八メートル、深さ三・一メートル、中期後葉の素掘り井戸である。ひとたび砂質通水層まで掘り貫かれた井戸が湧水により崩れるのを防ぐため、底に二〇～三〇センチの粘土を貼り付けて補強したうえで、そこにあらためて四〇センチ前後の穴を開けて湧水を採り込むくふうがなされた。

注目されるのは、井戸底に粘土を貼る過程で、二個の完形土器が埋め込まれていた点である。壺は丸みをもった算盤玉形の体部から細く伸び上がる頸が大きく外反したのち、小さく内湾する器形の、いわゆる袋状口縁壺で、外面は丹塗りされ、格別の意図をもって埋め込まれたことがわかる。同じ福岡市の板付遺跡F六b井戸の底にも二つの丹塗り袋状口縁壺が沈められていた。そこに同じ心意がみてとれる。

井戸が開かれた折にも、またその停止にともなう祭祀にも、壺や甕といった中空構造をなす土器が納められる。その習俗の背後にある古代思惟の世界にいま少し立ち入ってみよう。

河川の祭り

唐古・鍵遺跡の南西にある保津・宮古遺跡（奈良県田原本町）では、幅三〜五メートル、深さ〇・六メートルばかりで蛇行する弥生後期の小河川が検出され、その川端に五点の土器（壺一点・甕二点・鉢二点）が並んで据え置かれていた。その情景は河川に向かう祭祀行為の存在をうかがわせ、その次第に食物の供献があったことを推察させた。

また古墳時代の入佐川遺跡（兵庫県豊岡市）では、最大幅一一・五メートル、深さ〇・六メートル余の河川の北岸から、全長約五〇メートルにわたり、幅五〜一〇メートルの堤防が発掘された。堤防上から川端まで多数の土師器が帯状に重なるように検出され、堤防上で河川への祭りが繰り返されたことをうかがわせていた。付近からは石釧片が出土しており、藤江別所遺跡や石川条里遺跡（長野市）など、水が祭祀に重要な意味をもったとみられる遺跡での石製腕飾類の出土とあわせ興味深い。

さらには河内平野の中央、山賀遺跡（大阪府八尾市）で検出された幅約三〇メートル、深さ一・六メートル前後の河道を埋める粗い砂の最下層から、胴部上半に赤彩文様を巡らせた弥生前期の

山賀遺跡。河道跡を埋める粗い砂の最下層より出土した。弥生前期。

壺が出土（上図）。なかにヒサゴ（ヒョウタン）の胴部下半、その大きく膨らんだ部分に円窓状の穴を開けて容器とした品が納められていた。胴部の上半は細長く伸び上がる。

山賀遺跡出土の土器のなかで赤彩文が施される土器は限られた数で、しかも壺とその蓋に限られ、それが格別の用途をもつ容器であることをうかがわせる。

その壺は完形で、図に示したような赤彩文様が描かれる。文様は一四に区画され、うち隣り合う一二の区画には木葉文系統に属する図文を対照に配置し、残るやや大きい二つの区画は、中を重圏文で埋め、まるで眼を描いたかと推察させる図文であるのも気にかかる。

ヒサゴの呪力

『日本書紀』の仁徳天皇の条には、水に沈むことのないヒサゴが荒ぶる水神を圧服させる呪力ある祭具であったことを語る二つの説話がみえる。

ひとつは、河内国の茨田堤を築くにあたり、天皇は神託にしたがって武蔵人強頸と河内人茨田連衫子を河伯（河神）に奉ろうとする。強頸は人柱となって水に沈むが、衫子は二つのヒサゴを河に投げ込むことで、ヒサゴを沈めることができなかった河伯を鎮撫し、生きながらにして築堤が成ったとする十一年十月条のくだりである。

もうひとつは六十七年是歳条が語る、吉備中国にある川嶋河の淵に棲み、人びとを苦しめる大虬を、在地豪族の笠臣の祖、県守が鎮める説話がそれ。県守は三つのヒサゴを河に投げ込み、水神は白鹿に化現してそれを沈めようとするが失敗。大虬とその仲間はことごとく県守に伐たれ、その淵は県守淵と呼ばれたという。

また『古事記』神功皇后段には、新羅渡海にあたり「御魂（住吉三神）を船の上に坐せて、真木の灰を瓠に納れ、また箸と葉盤を多に作りて、皆々大海に散らし浮け」大海を押し渡ったと語る。ここにも海（水）神を鎮める呪具のひとつにヒサゴがみえる。

しかし、なぜヒサゴに真木の灰を入れ、大海に散らす行為が渡海にあたって有効なのか。民俗学の野本寛一氏は、各地に残る、蛇の呪力を封じるため、それがもつ湿性を奪う「灰撒き」の民俗事例から、「水霊の象徴たる龍蛇の毒性・呪力を奪湿性の強い灰によって除去する呪術構造」をみてとった（野本、二〇〇八）。野本説によれば、「ヒサゴ」に入れた「真木の灰」は水霊（大海）を鎮め渡海の安全を願うなによりの呪物だったに違いない。

山賀遺跡出土の壺に納められていたヒサゴ製容器と同じ形状の土製品は、古墳時代の祭祀遺跡からしばしば出土する。三輪山祭祀遺跡群（奈良県桜井市）中の著名な山ノ神遺跡出土の土製形代類のなかにみえる資料（左図2）がよく知られる。

ヒサゴ製容器を写した土製品と1を納めた壺形埴輪　1・3は保渡田八幡塚古墳出土。2は山ノ神遺跡出土。

同遺跡出土資料のなかにはスプーン状の形代もあって、それが柄杓を表現したものと推察される。また雀居遺跡（福岡市）第一三次調査二号井戸（古墳時代前期）の下層近くから、ヒサゴ製杓

保渡田八幡塚古項のA区埴輪群像　復元整備された、古墳をめぐる内堤上の埴輪群像。前ページの写真1・3の埴輪が中央に配置される。首長の地域支配を象徴する祭儀の情景。

を思わせる土製品が壺と祭祀用の手(て)捏(づく)ね坏とともに出土しているのも注目される。

ともに出土した碧玉(へきぎょく)製管玉(くだたま)とあわせ、その祭儀性がうかがえる。当該の井戸から汲み上げた水を壺に満たし、それを杓を用いて坏に注ぎ飲む所作が観想されるのである。ヒサゴに水を操る呪力があるとみなされていたのだろう。

壺に満たした水をヒサゴ形の杓で汲むようすを、形象埴輪群の配置状況から明らかとした例がある。全長約九六メートルの壺形墳保渡田(ほどた)八幡(はちまん)塚(づか)古墳（群馬県高崎市、五世紀末）

がそれ。墳丘を囲繞する内堤の一画を円筒埴輪列で仕切った中に配置されたA区埴輪群の中央には、円筒の台上に壺を載せた形象埴輪があって、そのなかに山ノ神遺跡例と同形のヒサゴ製容器を写した形象埴輪が納められていた。当該の埴輪が格別の意味をもつことは、九〇余年前の発掘調査で注目され、すでにその報告書にも、

> 匏（瓢）の埴輪は祭祀阯より、發見されるに依つて、この容器（円筒台上の壺のこと―辰巳注）も神聖な祭祀用の貴重なる容器で臺上にのせ、中に滿てる飲料水か、食物をこの中央に穴のある匏にて恰も現在の杓子又は匙の如く、汲み出したのではないだろうか。（中略）とすれば必然的にこの埴輪群には、宗教的な祭祀的な色彩が濃厚にあったことが認められる。
>
> （福島ほか、一九三二）

と説かれている。その後、当古墳の史跡整備にともなう発掘と、人物埴輪を含む既出土埴輪群の再検討を行った若狭徹氏は、つぎのような水の王権祭儀の次第を明らかとした。

すなわち、円筒台付きの壺に満たされた神聖な水は、供の女性を介して椅子に座る高位の巫女が首長に捧げる坏に注がれたあと、巫女と体面して椅座する首長に献上されるという、首長によ

る地域支配を象徴する祭祀の場面が形象埴輪によって表出されたとみる（若狭、二〇一五）。かねてから水と王権祭儀を研究してきたわたしにも、うなずける考察だった。

先に井戸の開削時や埋め立てにあたり、壺や甕といった中空構造の土器を納める弥生習俗を指摘した。長頸壺や袋状口縁壺の器形にヒサゴの形状がオーバーラップする。民俗学の飯島吉晴氏はヒサゴを「すべてのものを中に収め、すべてのものを生み出す宇宙そのもの」（飯島、二〇〇一）という。

水を鎮める霊力をもつヒサゴが、命の根源である水を永遠に吐き出してくれるという期待が、中空の土器を井戸に納めたり、投棄する習俗の根源にある。井戸もまたウツロな空間である。そこに湧出する尽きることのない水は、異界の生命力の表象にほかならない。ウツロな空間に納められた中空の容器。井戸開削時には豊かな水に恵まれることへの期待と願いがあり、埋め立てにあたっては大地に力を吹き込む（戻す）ためにヒサゴ形の土器が納められたのだろう。

観想される龍――水神という認識

仁徳紀にみえる吉備中国の川嶋河の淵に棲む大虬（みつち）を圧服する説話については先に触れた。「みつち」とは「水ツ霊」「巳ツ霊」を意味し、まさに水の精霊をいう。「蛟・虹・爬・鮫」とも表記し、龍をさす。境部王が詠んだ万葉歌に「虎に乗り古屋を越えて青淵に鮫龍とり来む剣大刀もが」（巻一六―三八三三）と、淵に棲む「水ツ霊」を「鮫龍」と表記するのも参考となる。『常陸国風土記』行方郡条は「蛇を謂ひて夜刀の神と為す。其の形は、蛇の身にして頭に角あり。（中略）此の郡の側の郊原に甚多に住めり」と、夜刀（谷）の精霊が頭に角をもつ蛇だという。また同じ風土記の香島郡条には、浜に穴を掘って東海に通おうとする有角の大蛇の説話を伝えるが、さらに別伝として「倭武天皇、此の濱に停宿りまして、御膳を羞めまつる時に、かつて水なかりき。やがて鹿の角を執りて地を掘るに、其の角折れたりき」という説話を載せる。川嶋河の淵に棲む大虬が白鹿に化現したという仁徳紀のくだりを想起すれば、水の表象のひとつに鹿があることが理解される。弥生土器や銅鐸の絵画理解にも参考となろう。

弥生時代の土器絵画に龍の図文があることは早くから指摘されてきた。第二阪和国道建設にともなう池上曽根遺跡（大阪府和泉市）の調査で発掘されたＪ二号井戸でも、最下層の黒色腐植土層からほぼ完形の壺が八個出土。なかに絵画をもつ長頸壺が二点含まれていた。そのひとつがよく知られる龍を描いた資料である。横位のＳ字状にくねらせた体部に四肢や雲気を鉤状の突起で表現する。龍をデフォルメした図文である（次ページの図１）。

あの小銅鐸を吊るしていた下市瀬遺跡の井戸状遺構（127ページ）とその周辺からは、多量の丹

龍を描いた絵画土器

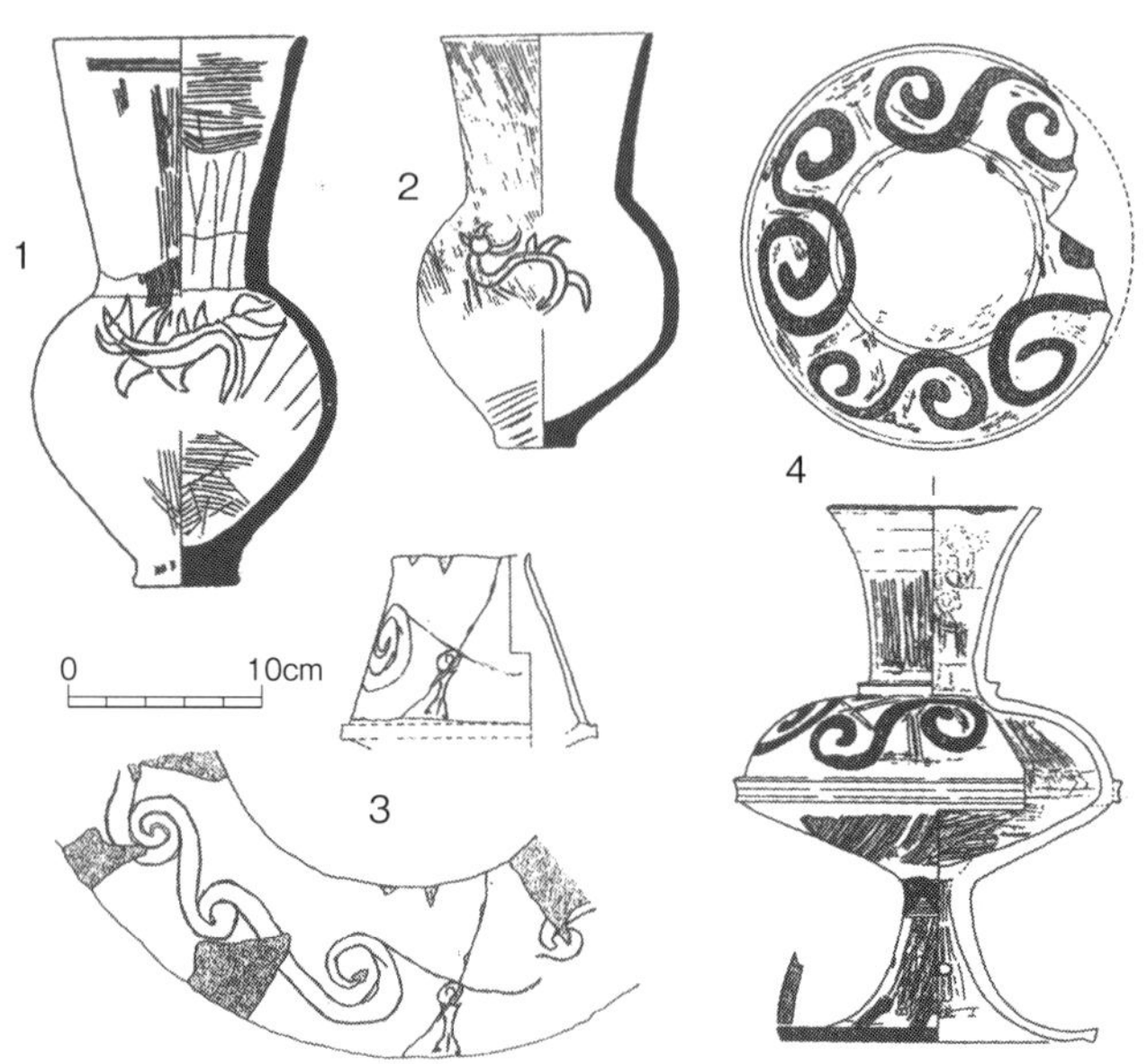

1.池上遺跡（大阪）　2.船橋遺跡（大阪）　3.下市瀬遺跡（岡山）　4.百間川原尾島遺跡（岡山）　3.には、龍を制圧せんと武器を振り上げる人物がみえる。

塗り土器や小型丸底壺、手捏ね土器など、祭祀に用いられたとみられる土器群が出土した。なかに口縁部に線刻絵画をもつ一点の土器が（上図3）。絵画は、S字状の三つの渦文を横位に連ね、それに向かうかのように長い棹（さお）状の武器を振り上げる人物が描かれる。身をくねらせる龍を制圧せんとするかのよう。

わたしは、先の『常陸国風土記』行方郡条がつづいて語る、武装して夜刀神を駆逐した箭括麻多智（やはずのまたち）を重ねみる。

同じ岡山県下の百間川原尾島遺跡（岡山市）で検出された弥生後期の井戸出土の台付き長頸壺の肩に、S字渦文が四つ描かれていた（右図4）。それが長頸壺であり、井戸を埋める呪的祭祀に使用された完形土器であることを考慮すれば、このS字渦文もまた龍の表象と理解される。

さらに足守川加茂A遺跡（岡山市）出土の土器絵画には、人面龍身の怪獣がみえる。ハート形をした顔には目や口が。くねる体部には綾杉状の刻み目があって鱗を表現したらしい。こうした異形の動物は、中国の地理書の嚆矢である『山海経』の記述を思い出させる。その「西山経」には鼓という人面龍身の怪獣がみえ、また「海内東経」にも人面龍身の雷神が腹を叩いて雷鳴を発するさまが記述される。さまざまな中国の文物が弥生時代の列島に流入していた様相がかいま見える。

人面龍身の怪獣を描いた土器絵画

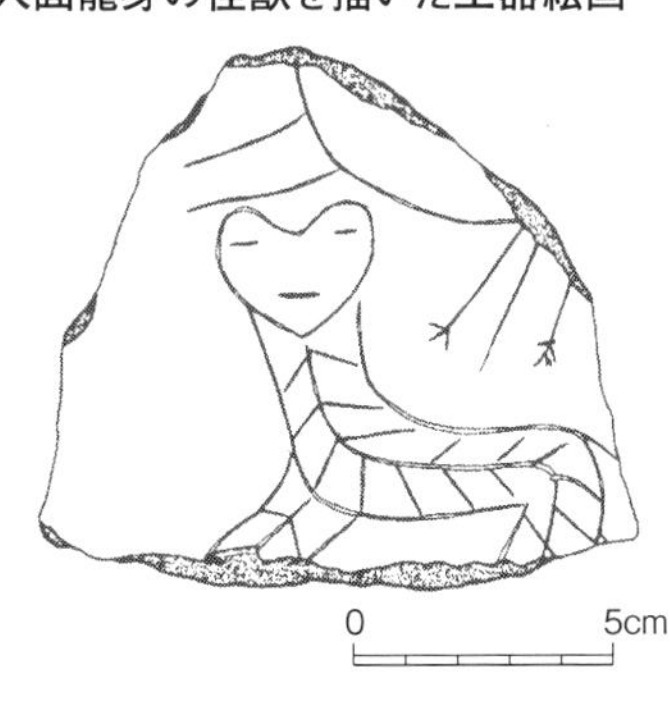

足守川加茂A遺跡出土。くねる胴部表現は龍を描いたらしい。春成秀爾氏は、胴を充填する綾杉状図文を稲妻とみる（春成、2011）。

あのヒサゴ製容器を納めた山賀遺跡出土の彩文の壺（弥生前期）にふたたび目を向ける。一四に区画された文様帯のなかで隣り合う二つの区画だけがやや大きく、そこに描かれた重圏文を龍の眼に重ねみるのも、もはや難しいことではない。

世界樹とヤマト国家のはじまり

ケヤキ造りの高殿

　奈良盆地のほぼ中央、青垣の山々を四周に遠くながめる水田地帯に、弥生時代を代表する拠点集落、唐古(からこ)・鍵(かぎ)遺跡はある。そこには弥生時代全期間をとおして集落が営まれ、もっとも発達した中期段階（紀元前三世紀〜紀元一世紀）には、約二〇〜二五万平方メートルもの居住区域の周囲に、幅約八メートルの大環濠を掘削。中期後半にはその外周を五条前後の多重環濠が巡る大環濠集落として知られる。一九三七年（昭和一二）にはじまる発掘調査は現在では一二八次に及び、その考古学情報は弥生文化研究をつねに牽引(けんいん)してきた。一九九九年には、その約一〇万平方メートルが国史跡に指定され、二〇一八年に「唐古・鍵遺跡史跡公園」として整備された。

　史跡公園の入口にある遺構展示情報館内、巨大な柱穴が並ぶ。一棟の高床建物跡の実大レプリカが床いっぱいを占めている。一九九九年秋、史跡公園の西南方、弥生集落の西寄りで発掘された弥生中期初頭の大型建物の遺構（一号大型建物）だ。床面積が約八〇平方メートル、独立棟持(むなもち)柱(ばしら)をもつ桁行(けたゆき)五間以上・梁行(はりゆき)二間の切妻造高床建物が復元される。発掘された柱穴は一六本。な

立柱標示で復元された2号大型建物　「唐古・鍵遺跡史跡公園」(2018年開園)では、弥生中期の唐古・鍵ムラを再現。おもな発掘資料は唐古・鍵考古学ミュージアムに展示。

かで四本の柱根が遺存していた。一本は棟持柱のヤマグワ。残りはケヤキの柱材だった。ケヤキ柱は直径が約六〇センチ。建物の壮大さがうかがえる。

さらに二〇〇二年から翌年にかけて、一号大型建物跡から東北へ約二〇〇メートルの地点の調査では、弥生中期中葉に建てられた、桁行六間・梁行二間、床面積約八〇平方メートルの大型高床建物遺構（二号大型建物）が発掘された。史跡公園の「弥生の建物広場」に立柱で復元標示された建築遺構がそれ（上の写真）。独立棟持柱をもたず、一号大型建物とは外観をやや異にした切妻建物である。注目したいのは、確認された二三本の柱穴のうち、一九本に柱根が遺存、用材のすべてがケヤキだった点だ。大型高床建物の建築にあたり、柱材としてケヤキが選択的に用いられた事実が浮かび上がる。それは一号建物でも然りだったとわたしはみている。

弥生時代の大和では、ケヤキが首長権を象徴する樹と格別視されたらしい。大和の周辺地域でヒノキがもっぱら利用されたのとは対照的である。

遺存したケヤキ柱の最大径八五センチという太さは、建物の規模をうかがわせるに十分だ。ところが柱材のすべてが同じ太さではなかった。遺存した柱材の直径は四五～八五センチと、得られた数値がバラバラだった。これでは柱間の寸法がそろわない。この考古事象について、各地の古代建築遺構を研究する宮本長二郎氏は「出土建築部材等にみられる高度な建築技術の発展に反する平面寸法の不合理な決定方法は（中略）縄文時代以来の伝統的な建築儀礼に則したもので（二号大型建物遺構は―辰巳注）弥生時代中期における祭式儀礼建築の典型例に位置付けできる」と評価する（宮本、二〇〇九）。

発掘された大型建物跡は、ともに唐古・鍵集落のなかで中核でありつづけた西地区の微高地上

ケヤキの高殿

●:ケヤキ
0 5m

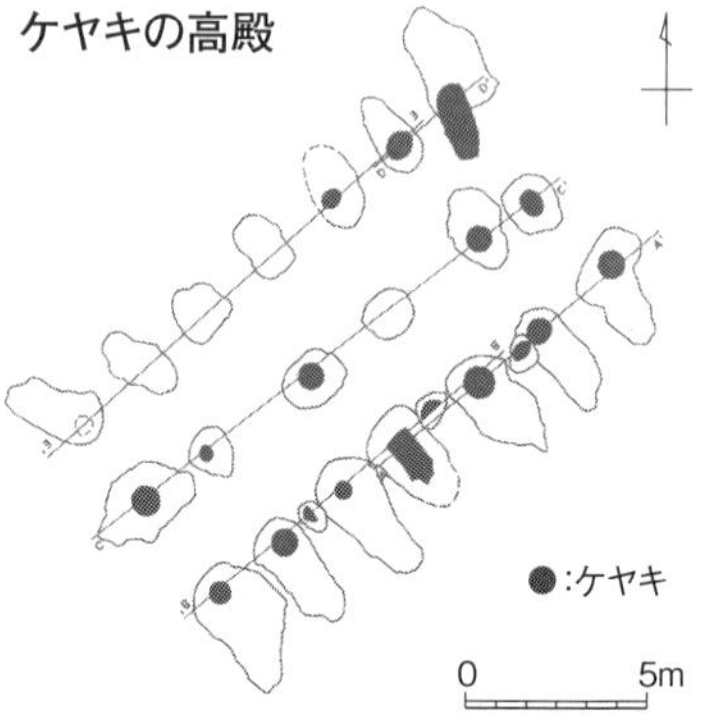

唐古・鍵遺跡の2号大型建物遺構。桁行6間、梁行2間、床面積約80㎡。遺存した柱根のすべてがケヤキ材。

に建てられていて、集落の中枢施設を構成する祭儀用建物、すなわち高殿と認識できそうだ。

高殿の祭り

唐古・鍵遺跡とその分村とみられる清水風（しみずかぜ）遺跡（奈良県田原本町）は、多数の絵画土器を出土することで知られる。前者では約三五〇点、後者からは約一三〇点。全国出土の弥生土器絵画の半数を超える。描かれた個々のモチーフ、さらに絵画の主題とその根底にある造形思惟（しい）など、唐古・鍵に生きた弥生人の生活や文化、さらに精神に参入する糸口は数多（あまた）ある。

土器に線刻で描かれるモチーフのなか、もっとも多く描かれるのは鹿と高床建物である。以下、鳥・人物・船・魚などがつづく。大型建物をテーマとする本節では、土器絵画資料のなかから、上述した一・二号大型建物とそれが建つ空間で実修されたであろう祭儀の具体相を説き明かしてみたい。絵画土器の多くは破片となって出土するため、図柄の全容を知ることが難しいなか、一九八五年に唐古・鍵遺跡から出土した大型壺では、描かれたモチーフのほぼすべてを復元することができた（次ページの上図）。

絵画は、大きな渦巻き形の棟先飾りをもつ高床建物と、その左右に大きく両腕を振り上げて立つ二人の人物、そして残るカンバスを埋めて左向きに駆ける大小七頭の鹿から構成される。建物

弥生祭儀の心象風景Ⅰ

唐古・鍵遺跡出土土器絵画の復元展開図。高殿での男女首長による性的儀礼をともなう魂振りの呪儀の情景を観念的に描いたか。鹿の群れは場の聖性を象徴する図柄。

弥生祭儀の心象風景Ⅱ

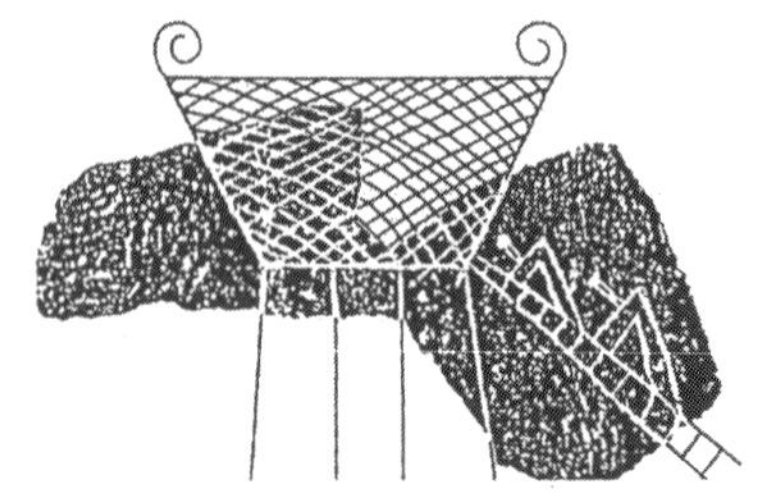

唐古・鍵遺跡の第1次調査で出土した土器絵画拓本。高殿での豊饒の祭儀に臨もうと昇段する男女首長を描いたと理解される。左右には鹿が描かれただろう。

弥生祭儀の心象風景Ⅲ

清水風遺跡出土土器絵画の復元展開図。弥生びとの複合的生業活動の節目ごとに、盾と戈を持ち力足を踏み武舞する豊饒の祭儀があったことを語る図柄。

の右手、方形の胴から大きく腕を振り上げて袖振りの呪作をなす人物の股間には女陰が描かれる。他方、建物の左手の人物の胴は縦長の楕円形に表現され、女性とは対照的な描写から、男性とみられる。高床建物の建つ祭場で、男女の首長による豊饒の意味を込めた魂振り（たまふり）の祭儀が実修される場面であろう（辰巳、一九九二）。祭儀に性的な行為がともなったことは、女陰の表現や、現在も各地で実修される農耕の予祝習俗から容易に想像できる。

さらに記紀や風土記が語る古代伝承には、鹿が神となり示現する話や、鹿の姿や鳴き声に由来する地名説話の数多いことを考えれば、土器に描かれた鹿の群れを単なる埋め草とみなすべきではなく、高床建物が建つ空間が霊威に満ちた祭りの場であることを暗示させる必須のモチーフと理解しなければ絵画の本質を見誤る。男性首長の片手が一頭の牡鹿の頸部に伸びる表現に目をやれば、それが神人交感の心意を表徴する図柄であることに気づく。わたしはこの土器絵画の主題が、豊饒の祭りを観念的、象徴的に描くところにあったと理解したい。壺には、新たな歳に蒔種される聖なる籾（斎種）が納められたことであろう。

この読解は、一九三七年の唐古・鍵遺跡第一次調査で出土した一片の土器絵画（166ページの下図）に再検討の目を向けさせる。高床建物に架かる梯子を昇る二人の人物を描いたその情景こそ、建物内での豊穣の祭儀に臨もうとする男女首長の姿を描いた貴重な絵画の断片だ。

清水風遺跡にも興味深い土器絵画がある。唐古・鍵例と同形・同大の壺に描かれる（前ページの図）。そこに描かれたモチーフは、矢負いの牡鹿、四匹の並ぶ魚、両手に盾と戈を持つ大小二人の人物、ここにも棟先飾りをもつ高床建物が描かれる。

まず二人の人物の姿態が、この絵画の主題をひも解く鍵となろう。人物はともに頭に羽飾りをつけ、間隔をおいて向かい立つかのよう。戦闘をしているようにはみえない。大きな人物の足先がひときわ大きく描かれる点に着目すれば、武器を持って地鎮めのマジカルステップ（力足）を踏み、武舞する大小ひと組の祭儀者を表現したと理解される。

土器絵画の祭儀者はなぜ大小のふたりなのか。わたしは、記紀が「力をあわせ、心をひとつにして国土を作り固め、天下を経営した」と語るオホナムチとスクナヒコの姿を想起する。偉大なる地（ナ）の神と少壮の土地神を名義とする小人神である。

しかもオホナムチは「五百箇鉏の鉏猶取り取らして天の下造らしし」大神と讃えられ（『出雲国風土記』）、スクナヒコが蒔いた粟は穂先が垂れ下がるほど豊かな稔りをもたらせた伝え（「伯耆国風土記」逸文）など、諸風土記は二神が穀物神（穀霊）であったとする伝承を数多く語る。さらに、死から再生したスクナヒコが、復活の力足を踏んだという「伊豫国風土記逸文」のくだりも興味深い。

清水風遺跡の土器絵画にみるふたりの祭儀者の線画を、農耕の節目ごとに穀霊のまつりを実修する場面と理解できそうだ。

つぎに、おおきく描かれた矢負いの牡鹿をながめる。躍動するかのように弓なりに反る胴体は細かな格子文で埋められ、枝分かれした角の表現とともに鹿の存在感をいっそう増す。くわえて、その背に真っすぐ高々と突き立つ矢は、尖頭形の矢羽からのびて、矢柄の先、腹深く射込まれた鏃にいたる全体が描かれ、鹿を狩る行為＝「狩猟」を象徴する図であることを物語る。

さらに、矢負い鹿と向き合うように描かれた魚の列も見過ごせない。描かれた魚の群れは矢負いの牡鹿の図柄にほぼ等しいおおきさに割り付けられ、魚を水辺や水の表徴とする従来の漠然とした解釈にとどまるものではない。連なる（泳ぐ）魚群の下に、魚をとる仕掛けとおぼしき図が描かれるのも無視できない。川の瀬などで杭を打ち並べて魚を導き取る簗の表現と推察される。線画のモチーフが「漁撈」にあることは間違いない。

この土器絵画は弥生びとの生活が地域環境をいかした複合的生業活動に拠っていたことを標示してやまない。日々の営みの節目ごと、豊饒を願う武舞の祭儀が催されたのであろう。

絵画の一隅、棟先飾りをあげる高床建物が位置を占める。一〇本柱で、かなり大型の建物を表現したとみえる。集落の祭儀空間を象徴し、さらには生業で獲得した富を含意するモチーフと理解される。この土器絵画が描かれた弥生中期後葉以降も、唐古・鍵集落や清水風集落の祭儀空間には、累代にわたりケヤキ造りの高床建物（高殿）が建ち続けていたことだろう。

日代の宮の百枝槻

二世紀後葉～三世紀初頭、唐古・鍵遺跡から約四キロ東南の三輪山麓に、整備された大規模な祭政空間と、祭政執行者たちの大型壺形墳を展開する巨大遺跡が忽然と現れる。111ページで触れた新たな聖水の祭りを創出した纒向遺跡である。そのころの唐古・鍵遺跡では環濠の埋没がつづき、集落の構造が大きな転換点を迎えつつあり、纒向遺跡の誕生と唐古・鍵遺跡の変転は連動すると理解される。

遺跡の出現期から半世紀近く営まれたトリイノ前地区の宮室遺構では、東西方向の中軸線上に三棟の掘立柱建物跡が検出され、東寄りの高床建物跡は床面積が約二四〇平方メートル、四間四方で当時の列島では最大規模の建物跡だった。中軸線を西に延ばした先に、壺形の巨大墳墓群（纒向石塚・矢塚・勝山・東田大塚）が築かれる。壺形の王墓は纒向遺跡で創出された墓制。それが急速に列島各地に王墓として受容されてゆく事実は、纒向遺跡に拠った首長をヤマト王権の始原にたつ大王（倭国王）と認識させる。

宮室遺構と壺形墳群の中間地帯では、無数の井戸と思われる土坑群と祭祀関連遺物を発掘。王権による豊饒を象徴する湧水を得る聖地だったらしい。その一隅、中軸線上に鎮座する他田坐天照御魂神社の比定社（春日神社）は、宮殿での王権祭祀が日神祭祀に根差したものと認識させる。

記紀は初期ヤマト王権の王宮が纒向にあったという。なかで景行天皇のそれは纒向日代宮と呼ばれた。かつて益田勝実氏は、古代の天皇を「日の神の憑り代〔日代〕」と考え、宮号「日代宮」を「日の神のよりしろの住むところ」と解き、景行の王宮に限らず、崇神や垂仁の王宮も「日代の宮」と呼ばれてもかまわないと論じた（益田、一九七二）。

わたしは益田説を歴代の諸王宮に敷延させることができると考える。それは『万葉集』が載せる「日の皇子」の王宮讃歌「藤原宮の御井の歌」からもうかがえる。

やすみしし　わご大君　高照らす　日の皇子　あらたへの　藤井が原に　大御門　始めたま
ひて　埴安の　堤の上に　あり立たし　見したまへば　大和の　青香具山は　日の経の　大
き御門に　春山と　しみさび立てり　畝傍の　この瑞山は　日の緯の　大き御門に　瑞山と
山さびいます　耳梨の　青菅山は　背面の　大き御門に　よろしなへ　神さび立てり　名ぐ
はしき　吉野の山は　影面の　大き御門ゆ　雲居にぞ　遠くありける　高知るや　天の御陰
天知るや　日の御陰の　水こそば　常にあらめ　御井の清水　（巻一―五二）

太陽の運行を軸として四方の瑞山を御門とみなし、日の皇子が居ます王宮の繁栄を、藤原の御井の永遠で讃える。それは初期纏向遺跡の構成と深い重なりをもつではないか。

纏向日代宮と、そこで天下を統べる大王を讃えた歌謡（天語歌）が『古事記』雄略段にみえる。

纏向の　日代の宮は　朝日の　日照る宮　夕日の　日がける宮　竹の根の　根垂る宮　木の
根の　根蔓ふ宮　八百土よし　い築きの宮　眞木さく　檜の御門　新嘗屋に　生ひ立てる
百足る　槻が枝は　上枝は　天を覆へり　中つ枝は　あ端を覆へり　下枝は　夷を覆へり
上枝の　枝の末葉は　中つ枝に　落ち觸らばへ　中つ枝の　枝の末葉は　下つ枝に　落ち觸
らばへ　下枝の　枝の末葉は　あり衣の　三重の子が　指擧せる　瑞玉盞に　浮きし脂　落
ちなづさひ　水こをろこをろに　是しも　あやに恐し　高光る　日の御子　事の　語言も
是をば

太陽の運行に含意させた「日の御子」の坐し処（日代の宮）を讃える詞章にはじまるその歌謡は、新嘗屋のかたわら、大地に根を張り聳立する百枝の大槻の樹相に重ね、天を覆い、夷まで広がる大王の天下を言祝ぐ。

いうまでもなく、王宮の中心（新嘗屋）に聳える大槻の樹下は大王の座。聖なる槻の上つ枝の葉の動きは天命の発動にほかならず、大王に捧げられた盃に落ち浮かぶ槻のひと葉が天の霊威を大王に感染させる。そうした聖樹は世界樹や宇宙樹と呼ばれ、北欧の「ユグドラシル」や古代中国の「建木」など、世界各地で天空に向かい聳立する神樹の伝承が語られる。

天語歌は雄略朝の長谷朝倉宮での新嘗の儀につづく豊楽の宴に陪膳の役をもって奉仕した三重の采女が歌ったもの。『古事記』は歌の場を「長谷の百枝槻の下に坐しまして、豊楽したまひし」と語りはじめる。長谷朝倉宮でも新嘗の祭儀空間に大槻（百枝槻）が聳えていた。場の設定は纒向日代宮と同じ。王宮が長谷に遷っても、そこは「日代の宮」でありつづけ、天語歌は「日の御子」讃歌として歌い継がれたのだろう。

槻とはケヤキの古名。聖なる槻を斎槻という。纒向の地に宮室を定めるにあたり、代々の唐古・鍵集落の中枢に建てられてきたケヤキ造りの高殿を昇華させ、纒向の地に聳える百枝のケヤキ（槻）を斎槻とみたて、樹下に巨大な祭政空間が造営されたのではなかったか。古墳時代という新たな時代がそこにはじまる。

第三章

門に立つ杖――極楽寺ヒビキ遺跡と古代葛城

極楽寺ヒビキ遺跡

首長の祭政空間

二〇〇五年の早春、ヤマト王権を構成した古代豪族葛城氏にかかわる祭政空間とみられる五世紀前半の遺構が姿を現した。極楽寺ヒビキ遺跡（奈良県御所市）である。

奈良盆地の西南を画する金剛山（古名は葛城山）の東麓に延びる一丘陵支脈の先端、北々東に盆地を見はるかす当該の空間は、丘陵を東西約六〇メートル・南北約四〇メートル程度の長方形に削り出した区画である。区画の東縁部と北縁部は侵食によって失われているものの、西辺には幅約一〇メートル、南辺にはそれを超える幅の濠が掘削され、南辺の中ほどには当該区画への参入路とみられる渡り堤（土橋）が築かれる。

渡り堤の先にある方形の区画。その平面形は、巣山古墳（奈良県広陵町）や宝塚一号墳（三重県松阪市）、金蔵山古墳（岡山市）などの中期大型壺形墳で明らかになっている中島状の造出し遺構を彷彿させる。

区画の内側はその縁辺に沿って柵を囲繞させ、とくに正面にあたる南辺では柵を二重に構える。

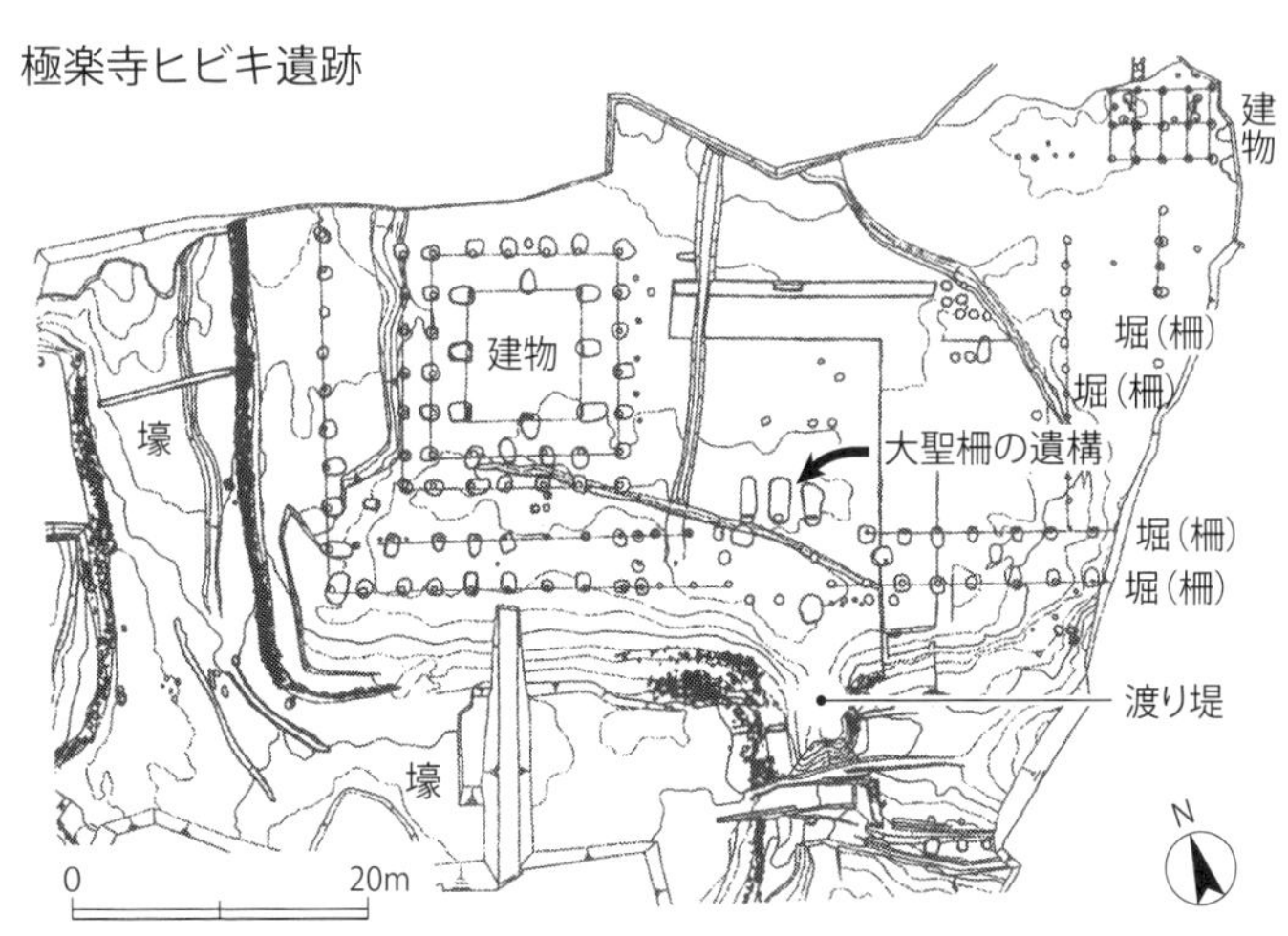

5世紀前半、金剛山東麓に営まれた首長の祭政空間。柵と濠で区画された東西約60m・南北約40mの矩形敷地内の西に高殿が建ち、東に広大な祭儀用広場を展開する。

なかでも外側の柵には径約四〇センチの太い柱を立て並べ、濠の斜面に葺かれた貼石とともに、区画を荘厳する効果をねらったものと理解される。全長五〇メートルを超えるこの正面南側の柵は、渡り堤につながる部分の約七メートルが途切れ、そこが区画へ参入する入口、すなわち門であったことを語っている。なんとも豪壮な構えだ。

ただし入口部分は開放されていたわけではない。柵のラインから渡り堤側に約一メートル離れて平行するやや細い柱穴列が。参入者の視線を遮るかのよう。わたしはそこに目隠し塀が設けられ、柱穴列はその支柱だった可能性を考える。古墳時代、上位首長の祭政空間には外部から直線的な参入を拒否して、鉤の手状の門構造を採る事例（長瀬高浜遺跡〈鳥取県湯梨浜町〉・松野遺跡〈兵庫県神戸市〉など）がある。聖なる場の直視を避ける心意がみてとれるのである。極楽寺ヒビキ遺跡の入口にも類似の仕掛けが設けられていたと想定される。

高殿の風景

さて、極楽寺ヒビキ遺跡の方形区画内の発掘情報を検討しよう。

まず柵を囲繞させた当該区画の内側西寄りには、東面する総床面積約一七〇平方メートルの大型高床建物跡が検出された。建築史を研究する黒田龍二氏による当該遺構の復元研究によると、四周に縁を巡らせた桁行（けたゆき）二間・梁行（はりゆき）二間、入母屋（いりもや）造りで、主柱には長辺六〇～八〇センチ・短辺一〇数センチの分厚い板柱が用いられる。板柱は大きな柱穴を隅丸長方形に掘り、柱穴の内側短辺に近接して立てられる（黒田、二〇〇六）。

柱穴の底は板柱をその位置に落とし込むための斜路となるよう、板柱が立つ位置に向かって反対方向から急傾斜で深くなる。その柱立ての手法は板柱がかなりの高さをもつことをうかがわせ、つまるところ当該建物の高さを物語ることとなる。

広場に面した正面（東）の軒先には、小穴列がほぼ等間隔に並ぶ。家屋文鏡（奈良県河合町、佐味田宝塚古墳出土、304ページの図）にみる高床建物（高殿）に差しかけられた衣笠の例。また美園古墳（大阪府八尾市）出土の高床家形埴輪（293ページの図2）では、中庇に衣笠の竿を固定したとおぼしき小穴が貫通するなど、祭儀のための高床建物（高殿）の軒先に近く、衣笠や幡などが掲げられたと推察できる。軒先の小穴列はその棹を立てた痕跡であろう。

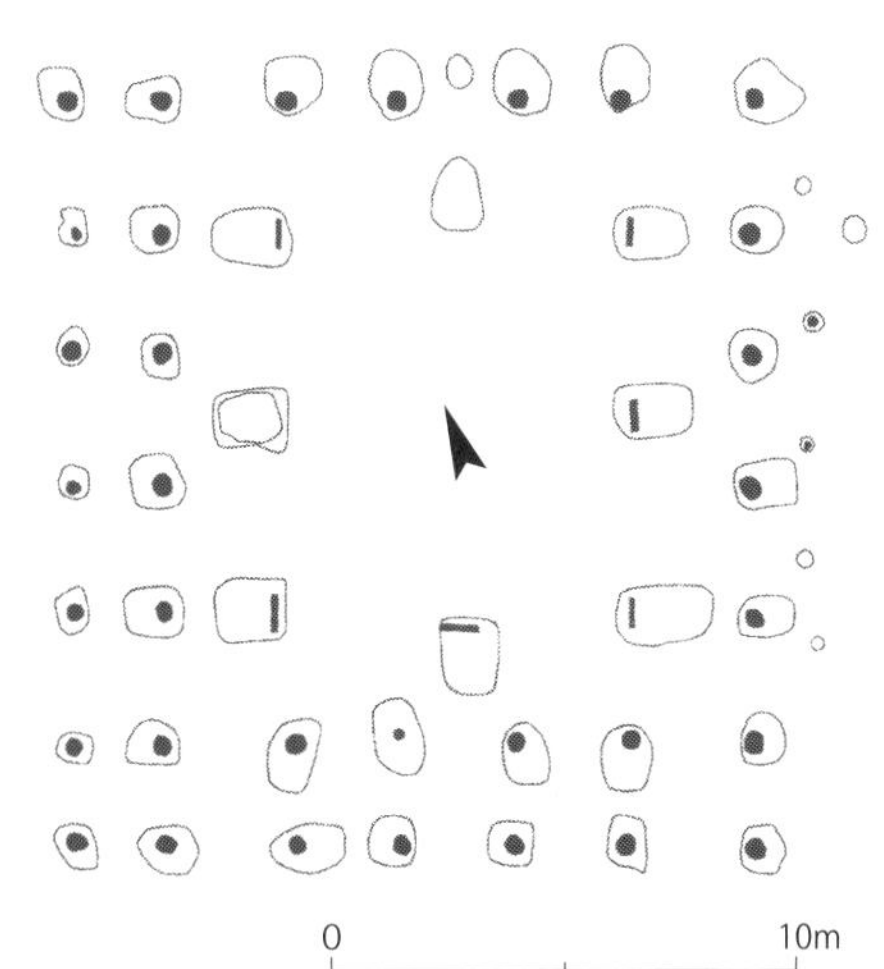

極楽寺ヒビキ遺跡の高殿復元図（黒田龍二氏作成）と高殿遺構　板柱が建物本体の骨格をなす高床建築。南辺中央の板柱が棟持柱のひとつで、南北に棟筋をもつことがわかる。復元には、美園古墳の高殿形埴輪（p293図2）も参考にされた。

大型高床建物の正面、区画内部の中央から東には二八メートル四方を超える広場が展開する。そこは渡り堤を経て目隠し塀を鉤の手に回り込むように区画内部へ参入したところに、豁然と開けた空間。大型高床建物の正面軒先には衣笠や幡を飾りたて、大型高床建物と広場が一体となった当該の空間、祭政空間がそこにある。広場の東寄りからは小規模な掘立柱建物跡二棟が検出されたが、それらは大型高床建物と広場において実修される祭儀に関連する付属施設とみなされよう。

わたしはかねて古墳時代の上位首長が経営する居館を分析し、国見をはじめ鹿鳴聴聞や神託授受など、高床の祭儀用建物「高殿」で首長がみずから祭儀を実修する祭政空間が存在することを論じてきた（辰巳、一九九〇）。極楽寺ヒビキ遺跡の祭政空間にあって、その中心をなす大型高床建物こそ「高殿」と呼ぶにふさわしい。

出土遺物から、この祭政空間が五世紀前半に造営から廃絶にいたる、ごく短命な遺跡であったことが明らかとなった。しかも、高殿をはじめ柵や後述する「聖標」などの掘立柱構造物の遺構からは、おびただしい焼土や焼土塊と炭化物が確認され、なかには炭化したまま立つ柱も検出、その廃絶は祭政空間全体に及ぶ大火災が原因と推察される。

聳立する大聖標

大型三連柱穴遺構

極楽寺ヒビキ遺跡には、いまひとつ注目すべき遺構がある。

渡り堤から目隠し塀を鉤の手に回り込み祭儀空間へと参入した地点に検出されたそれは、南北三メートル前後、東西一・一〜一・五メートルの隅丸長方形平面をなし、約一メートルの間隔をおいて並ぶ三基の大土坑列である。各土坑内には、南に寄せて立てられた柱の痕跡が明瞭に遺存していた（次ページの写真）。三本の柱は東西に並ぶ。大土坑は柱穴である。報告者はこの遺構を「大型三連柱穴遺構」と名付ける。

中央の柱穴に立つ大柱は長径七〇センチ・短径四五センチの楕円形断面で、深さ約一メートル分の痕跡が残っていた（遺構が多少の削平を受けているため、当初の柱穴掘削面が不明で、柱の埋め込みの深さはそれ以上となる）。

また両側の柱穴には、長辺六〇〜七〇センチ・厚さ一六センチ前後の分厚い板柱が立てられた。掘削調査が行われた東側の柱穴では、確認された埋め込みの深さが九〇センチであった。この板

大聖標の遺構　極楽寺ヒビキ遺跡、祭政空間参入口に立てられた三本の大柱(聖標)遺構。大きな掘り方の小口に見える柱の痕跡から、それが高く聳立していたことを推察させる

柱の数値は高殿の主柱に用いられたそれとほぼ等しく、柱穴の短辺の一方に近接して板柱を立てるために柱穴の底に斜路を設けるなど、一七八・一七九ページで述べた高殿と共通する工法が用いられており、当該の遺構には、高殿が立つ祭政空間を象徴する〝かたち〟にふさわしい大柱が屹立していたと想見される。

この遺構について報告者は、憧幡を立てた跡、または門ではないかと想定している。

以下、巨大な丸柱とその両側に立つ板柱からなる当該「大型三連柱穴遺構」について、古墳時代首長の祭政空間である極楽寺ヒビキ遺跡の性格を念頭に考察をすすめたい。

門に立つ杖

極楽寺ヒビキ遺跡で、祭政空間の正面側（南側）は二重の柵列により結界・荘厳されるが、三本の大柱が内側の柵のラインより広場側にさらに〇・九メートル迫り出した地点に並び立つ点に留意すると、それが祭政空間と密接な関連をもつ重要な構えと認識される。

祭政空間に立つ柱について、三品彰英氏の示唆に富む考察がある。三品氏は『日本書紀』神功摂政前紀が語る、新羅（しらぎ）征討物語の後段に「皇后の所杖（つ）ける矛（みほこ）を以て、新羅の王の門（かど）に樹（た）て、後葉（のちのよ）の印としたまふ。故（かれ）、其の矛、今猶新羅の王の門に樹てり」とみえるくだりについて、「まことに空想的な話であり、また古来わが国の降服の習俗にもそうした類のことはないようであるから、全くの机上の潤色であろう。或は想う、若し新羅の王宮の門庭に蘇塗（そと）系の神竿・水竿の類が立てられていたとすれば（尤もあり得ることである）、それからヒントを得たもので、そうとすれば今猶樹つという語が実証性を持って来る。ただしそれは降伏の印ではなく、宮廷の聖標であった」（三品、一九六二）と、王宮の門庭に、その聖標として竿（柱）が立てられていた可能性を指摘する。なお『古事記』の神功皇后段では、書紀の記載と同様のことを「ここにその御杖を新羅の国主の門に衝き立てたまひ」と語る。

矛（鉾・桙）が神や貴人の聖標としての杖でもあったことは、『常陸国風土記』香島郡条にも語られる。それは香島の天の大神創祀の伝承中、顕現した大神を「白細の大御服服まして、白桙の御杖取りまし、識し賜ふ命」とするくだりにみえる。また『出雲国風土記』意宇郡条が語る、いわゆる国引き神話の末尾に、国引きましし八束水臣津野命が「意宇の社に御杖衝き立てて、『おゑ』と詔りたまひき」と、杖を「神の鎮座地の標示」（秋本、一九五八）とするくだりもしかり。それは意宇の社に衝き立てられた杖が、国引きにより縫い合わせ完成させた出雲国の占有を意味する呪具であることを明証している。

さらに『播磨国風土記』が宍禾郡御方里条にみる、伊和大神が形見として御杖を立てたとする由来譚や、同風土記揖保郡粒丘条で、アシハラノシコヲが杖を地に刺したところ、そこから寒泉が湧き出でて南と北に流れ下ったという説話など、一連の杖立伝承にも同じ心意の発動が看取される。新羅王宮の門にまつわる矛立・杖立の伝承が、貴人による該地の占有を宣していることは言うまでもない。

それだけではない。『日本書紀』の天孫降臨章で、国譲りを要求するフツヌシ・タケミカヅチ二神に、オホアナムチは「吾此の矛を以て、卒に功治せること有り。天孫、若し此の矛を用て国を治らば、必ず平安くましましなむ」と「国平けし時に杖けりし広矛」を献上したくだりが想起される。まさに矛は統治権を象徴する聖標であった。

先にみた新羅王宮の門に聖標としての矛が立てられていたとする神功摂政前紀のくだりは、『古事記』応神段や『日本書紀』垂仁三年三月条に来朝伝説を載せる天之日矛（記）・天日槍（紀）という新羅王子の名を想起させる。三品彰英氏は、但馬の出石地域に本貫をもつ渡来氏族たちが天之日矛の後裔伝説を共有し、矛（日矛）を祖霊の憑代（神体）として奉祭したと看破した（三品、一九六二、一九七二）。そこには矛などの武器を、神や貴人の聖標とみなす古代的心意が指摘できる。

極楽寺ヒビキ遺跡で検出されたくだんの遺構に、三本の大柱が立っていたことは間違いない。しかも、それは祭政空間を構成する広場に取り付く位置を占めている。大柱が空間の聖標であったとみてよかろう。わたしは、神や貴人の在処を象徴する杖や矛を観念させる〝かたち〟がそこにあったと推察する。

ヒイラギの八尋矛

周知のとおり、『古事記』景行段には、ヤマトタケルが王権から疎外され彷徨する英雄として活写される。

クマソタケルやイヅモタケル、さらに山の神・河の神・海峡の神を言向け和し、西征から戻ったヤマトタケルに、天皇は「東の方十二道の荒ぶる神、また伏はぬ人どもを、言向け和平せ」と

「ヒイラギの八尋矛（桙）」を賜い東征を命じた。

東征にあたり天皇から賜った矛。それは古代中国で出征する将軍に与えられる「斧鉞」と同じ意味をもつ。『日本書紀』景行四十年七月条でも、天皇親征のあと、再度の蝦夷討伐にあたり、ヤマトタケルは天皇から「斧鉞」を授かっていることから、それが総帥たる存在を象徴する尊貴性の高い表徴だったことがわかる。『日本書紀』にはほかにもいくつかの「斧鉞」の記述が登場するが、本居宣長は「戎国の俗にこそあれ、皇国には、古も後世にも、斧鉞を用ひたることさらに無し（中略）皆漢文の飾なるをや」といい、斧鉞を「ホコと訓みて、たゞ桙と心得べし」（『古事記伝』）と断定する。

斧鉞はさておき、『続日本紀』大宝二年（七〇二）四月条に、秦忌寸広庭が杠谷樹の八尋の桙を献上したとある。同書は、同年正月条で造宮職が八尋の杠谷樹を献上したことを述べるくだりで、杠谷樹を「俗に比比良木と曰ふ」と注していて、「ヒイラギの八尋矛」が八世紀に瑞物と認識されていたことがわかる。

ヒイラギの矛は、『播磨国風土記』逸文にもみえる。

すなわち神功皇后が新羅を討つおりのこと。ニホツヒメが国造に憑依してくだした託宣のなかに、「比々羅木の八尋桙根底付かぬ国、越売の眉引の国、玉匣かが益す国、苫枕宝ある国、白衾新羅の国」と新羅を称揚して並べられる諸々のフレーズの冒頭に、「ヒヒラギの八尋桙根底付かぬ国」とみえる。八尋の長矛をもってしても底つ岩根に届かないほどに広大な国という意か。そこに「ヒイラギの八尋矛」が「新羅」となんらかの連環性をもつ器財だったことをうかがわせる。

それは神功皇后が杖（矛）を新羅王宮の門に樹てたとする記紀の伝えと重なる。そもそも新羅王宮の門には八尋の矛の形状をしたひときわ長大な聖標が立てられていた事実があったのではなかったか。先に、ヤマトタケルが東征にあたり授けられた「ヒイラギの八尋矛」のくだりに触れた。どうやらそれは、聖なる証としての矛を褒める謂であったらしい。その八尋矛は、タケルが東国征討の果て、伊服岐山（伊吹山）の神に惑わされ、タギタギしくなった身を杖で支え歩んだという「杖衝坂」の地名機縁と結びつく点も忘れてはなるまい。

では「ヒイラギの八尋矛」という美称は、貴人が帯びる矛の素材となった樹種がヒイラギであったことを指すのだろうか。木目が密で堅いヒイラギだが、考古資料を渉猟しても、ヒイラギを用材とした製品を見いだすことはほとんどない。

一方、ヒイラギがもつ邪気を払う霊力の源が、葉の刺針に由来することは周知のこと。それの与える疼ぎに霊力が看取されたわけだ。ならば「ヒイラギの八尋矛」の名は、ヒイラギの葉のように、いくつもの刺針を表出した〝かたち〟にあると考えるのが至当だろう。三浦佑之氏は「ヒイラギの葉に似たトゲが出ている矛」と理解し、石上神社（奈良県天理市）に蔵される国宝「七支刀」のような形状を想定する（三浦、二〇〇二）。いずれヒイラギの葉の形状を写した矛先をもつ長柄の儀杖が出土することもあろう。

大柱の〝かたち〟

三本の大柱は、いずれも七〇センチの幅を測るが、中央は厚さ四五センチの楕円形断面をもつ丸柱であるのに対して、それを挟むように立つ両側の柱は厚さ一六センチ前後の板柱である。断面形を異にする二種の大聖標が立っていたのである。前段の考察をふまえ、それぞれの大柱の地上部分の形象を、極楽寺ヒビキ遺跡が営まれた古墳時代中期前半とそれに近い時代の考古資料群のなかに渉猟することとしよう。

しかしながら、大柱の地上部分を類推させるうえで参考になるような大型木製品を既出土資料のなかに見いだすことはできない。おそらく、祭政空間の聖標として、首長を象徴する〝かたち〟をいっそう大きく造形させたものではなかったか。

かような観点にたてば、大柱の地上部分の〝かたち〟を連想させる考古資料のいくつかを見いだすことができる。まず両側に立つ板柱から推考される〝かたち〟には、釜塚古墳（福岡県糸島市、中期初頭）や小立古墳（奈良県桜井市、中期後半）出土のいわゆる「石見型」と呼称される形状の木製立物や、宝塚一号墳（三重県松阪市、中期初頭）出土の船形埴輪の船底に立てられた同形の土製品二点などが例示される。また、木立古墳出土の大刀形木製立物や宝塚一号墳の船形埴輪の甲板に立つ大刀形土製品（埴輪）なども候補にあげておくべきだろう（次ページの上図）。

これらはいずれもその基部の断面が板状に近い矩形を呈するとともに、なにより貴人を象徴する器財とみなされる〝かたち〟である。それは宝塚一号墳のくびれ部と造出しに挟まれた空間に置かれた被葬者の霊魂を他界へ送ると観念される船形埴輪（辰巳、二〇〇二）の船上に、船体とくらべて不釣り合いな大きさで造形された衣笠・大刀など、貴人の聖標を形象した土製品と並んで二本の石見型が立てられていた事実によく表れている（次ページの下図）。

石見型とは、古墳に樹立される立物のひとつで、土・木・石などを素材につくられ、上記の宝塚一号墳例や釜塚古墳例のような、工字形をなす体部の上辺からV字形に大きく伸び上がる角状の突起をもつ形象を、長い板柱様の竿の先につくり付けた姿形を初現とし、やがて工字形の下辺に逆V字形の角状突起をつくり付ける小立古墳例へと変化をみせる。

そもそも石見型は出現の当初から、竿の先にある形象部分の縁端線を屈曲させ、随所をいわゆる鰭形に表出しようとする装飾化の指向が著しい点に、その〝かたち〟のモデルとなった器財の

聖標の“かたち”さまざま(石見型)

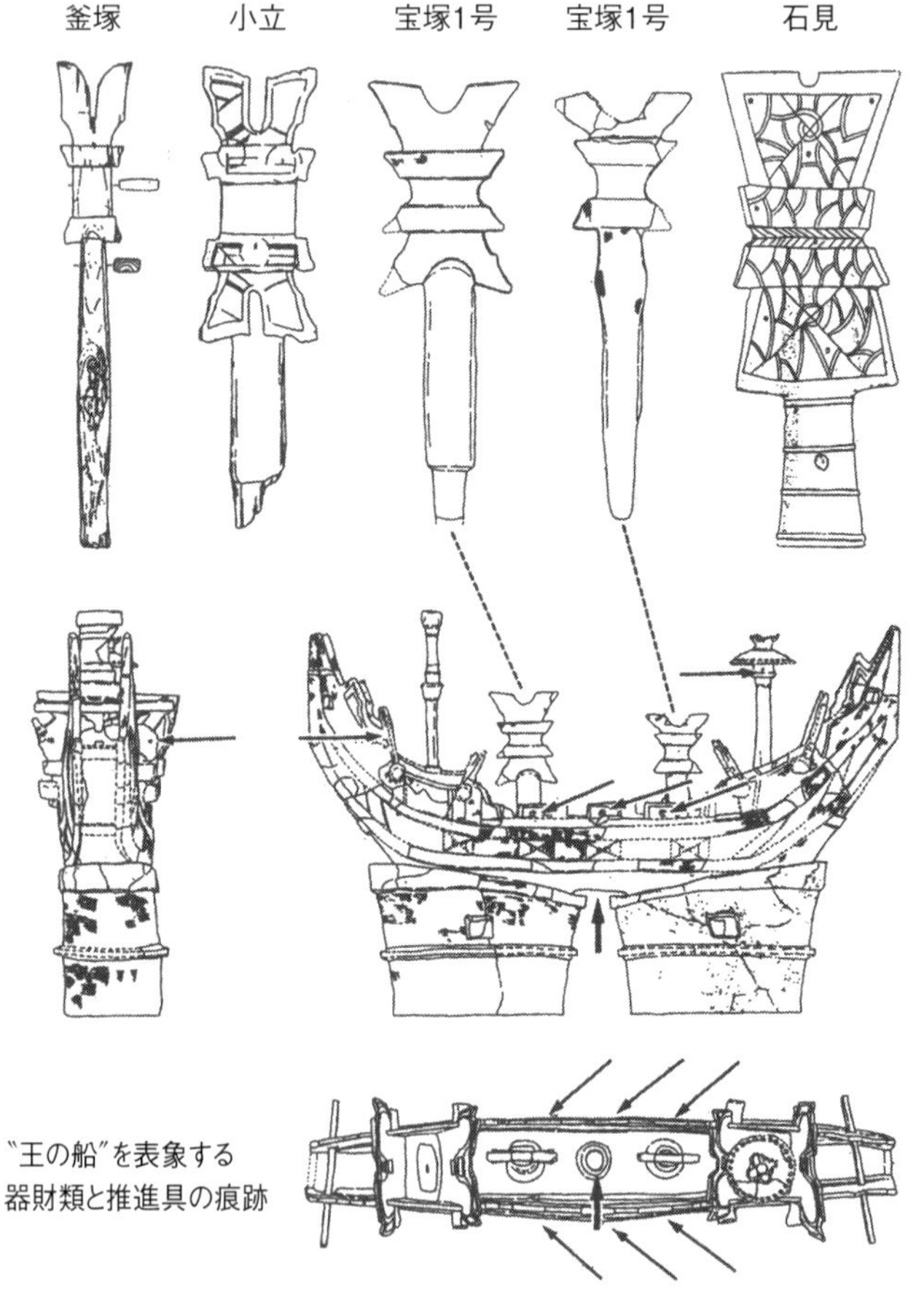

上図：極楽寺ヒビキ遺跡の門前に聳立した板柱遺構から、聖標の“かたち”を推察させる考古資料群。下図：宝塚古墳出土の船形埴輪上を飾る2本の聖標。

高度な象徴性がみてとれ、それが首長の聖標のひとつであった可能性をいっそう高くする。極楽寺ヒビキ遺跡はその初現期にあたる。

しかし中期中葉以降の石見型はデフォルメが急速に進行、工字部分の二画目にあたる縦位の軸と竿状の板柱が極端に短くなる一方で、本体の上辺と下辺および角状突起のそれぞれが一枚の装飾板へと肥大して本来の形状はすっかり失われ、それを聖標とする認識は大きく低下していったと理解される。

初現期の石見型のモデルを考えるうえで参考となる資料が、極楽寺ヒビキ遺跡と同じ奈良県御所(ごせ)市の鴨都波(かもつば)一号墳（前期中葉）粘土槨(かく)の棺外西側に副葬されていた二本の鉄槍(てつやり)にともなって遺存した漆塗り装具である。該資料は木質部の大半が腐朽し去り、表面に塗布した黒漆膜の形状から、直弧文の装飾を施した石見型の槍鞘(やりざや)であったことが明らかになった（藤田・木許、二〇一一）。槍鞘が良好な状態で検出された権現山(ごんげんやま)五一号墳（兵庫県たつの市、前期前葉）出土例のように、断面が杏仁(きょうにん)形をなす木製で、鞘尻以外を樹皮巻とし、鞘口付近に赤漆と黒漆を重ね塗った筒形の実用的な形態が通有の外装であったとみられる。

しかるに鴨都波一号墳例にみる、鞘を包み込むように大きく装飾的な石見型装具のありさまは、それが喪葬儀礼をはじめ、王権祭儀にあたって儀仗(ぎじょう)の意味をもつ装具であったことをうかがわせるとともに、その形状を矛などの長柄武器に敷延させることができる。

なお古墳時代前期の副葬品のなかに、儀杖の先端飾りとみられる、先の石見型に極似する石製品があり、しばしば玉杖と呼称されるが、それもまた儀仗の装具を付けた長柄武器を聖標としたことに由来する形象と理解できよう。

さて、つぎに極楽寺ヒビキ遺跡の祭政空間を象徴する三連大柱の中央に立つ、楕円形の丸柱について考察を進めたい。それが左右の板柱よりも厚みをもった大柱である点、中央に立てられる

鴨都波1号墳出土の槍鞘

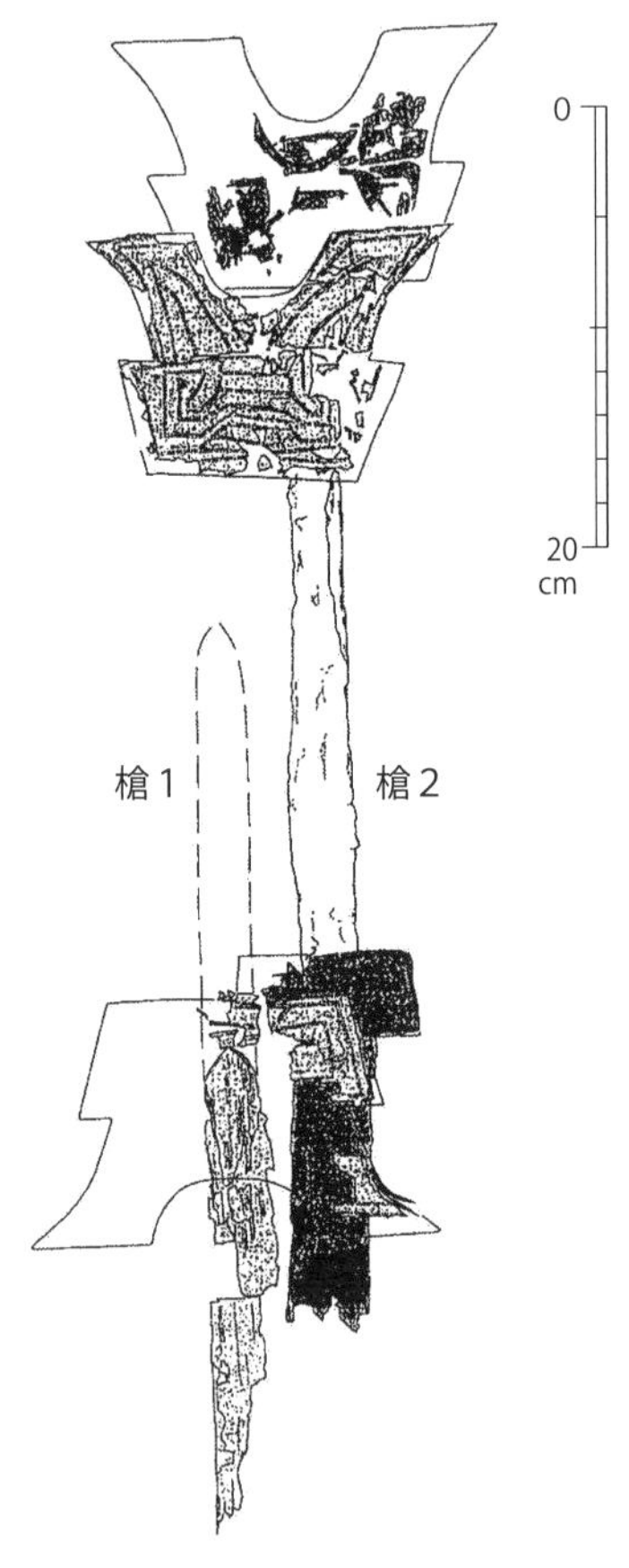

石見型の外装をもつ槍鞘。2本の槍が重なって副葬されていた。遺存した黒漆膜に、鞘の両端部の直弧文と鰭形突起がよくわかる。

点において、より象徴性の高い聖標であったとみてよかろう。わたしは、長柄の上端を円環状やV字形などの形象につくり出した「儀礼や祭祀の場において首長が直接手にすることによって、自らの権威を一般成員（民衆）に知らしめるための杖」（樋上、二〇〇六）に比定される儀杖形の木製品や石製品（玉杖）の〝かたち〟こそがもっともふさわしく、それを大柱に造形したとみる。

出土資料にみる儀仗形木製品のなかには大型品がある。下長遺跡（滋賀県守山市）の古墳時代前期の溝から出土したそれは、スギ材の一木から削り出され、残存長は一一七センチ。本来は二メートル程度の全長があったと推察されている。

柄の先には、中央に約三センチの丸い孔が開く直径一四・五センチの円環がつくり出され、その上に先端が撥

下長遺跡出土の〝聖標〟（左）とその頭部（右）

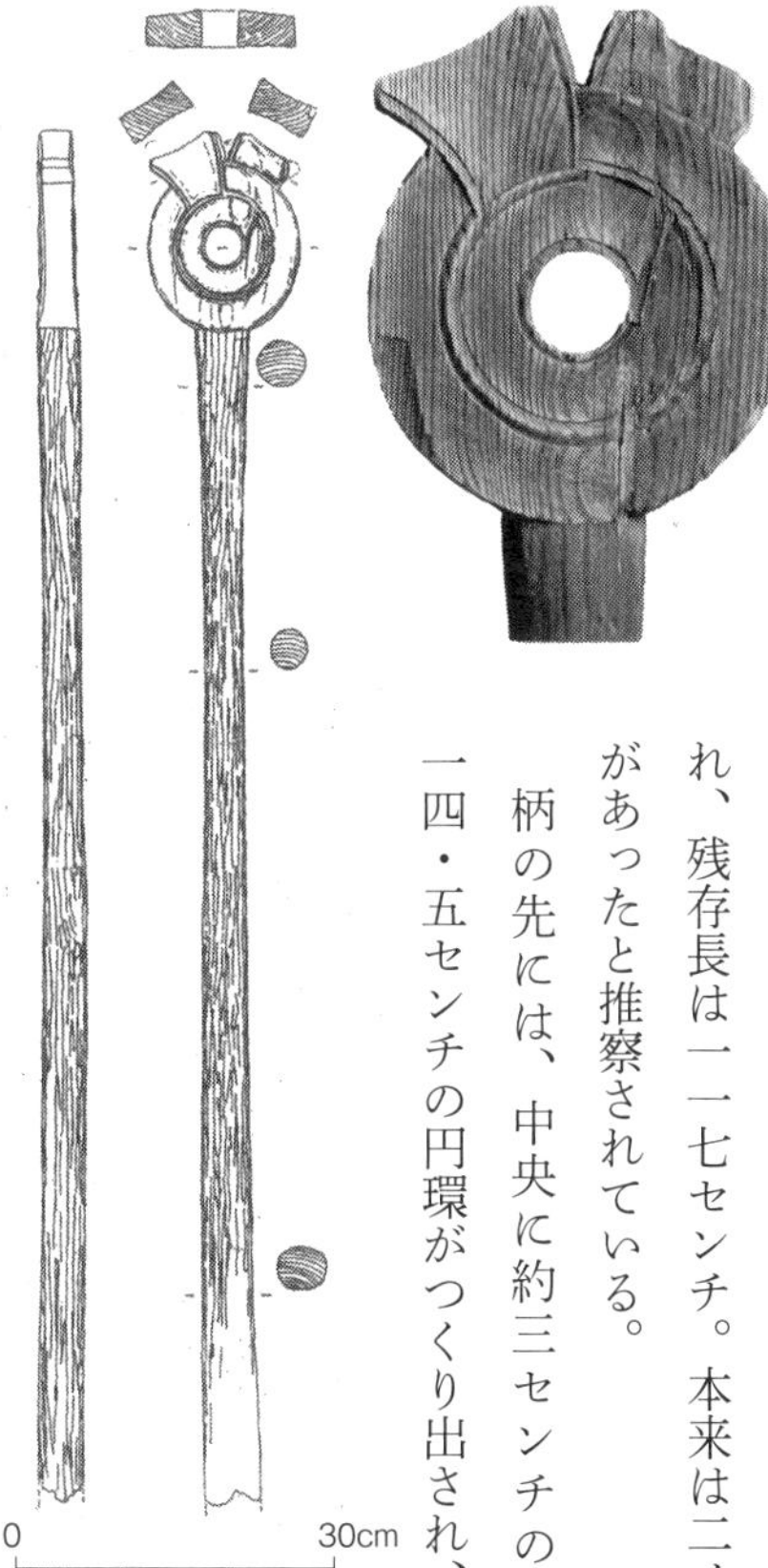

0　30cm

〝組帯の結び〟をデフォルメした装飾を頂部にもつ聖標と思われる。

形をしてV字に立ち上がる二つの突起をもつ、弧帯文をつくり出す。柄の断面は丸く、直径四センチ前後を測る。長い柄の中ほどには、グリップ状の加工が施され、それが儀仗であったとみられている。極楽寺ヒビキ遺跡におけるくだんの丸柱の形状を推察するうえで最右翼の資料である。

三ツ寺Ⅰ遺跡の聖標遺構

これまで極楽寺ヒビキ遺跡で発掘された祭政空間に面して立つ三本の大柱遺構に触発され、また記紀や風土記の記載に導かれ、貴人の祭政空間を象徴する聖標としての杖や矛を観念した大柱が立てられた可能性を指摘するとともに、その候補となる〃かたち〃を考古資料のなかに検討してきた。

当該の大柱遺構とそこに立てられたであろう聖標の存在は、五世紀後半の首長居館として著名な三ツ寺Ⅰ遺跡(群馬県高崎市)の景観復元に新たな問題を提起する。

三ツ寺Ⅰ遺跡は榛名山麓に造営された、一辺約九〇メートル四方の屋敷内に、幅三〇〜四〇メートルの濠を巡らせた大規模な豪族居館として知られる。四周を二、三重に柵を巡らせた居館内は、さらに柵列により「ハレの空間」(祭政空間)と「ケの空間」(居住・工房・収蔵などの空間)に二分されることはかねて論じてきた(辰巳、一九九〇)。

前者の空間は中心となる大型掘立柱建物と祭儀にかかわる聖水を汲む井戸、屋敷外から水道橋により導かれた流水を利用した禊祓にかかわる石敷遺構からなり、極楽寺ヒビキ遺跡と同様に、建物正面に一五メートル×二三メートルの広場が展開する。

この祭政空間には広場を挟んで大型建物と向かい合う特異な三本の柱穴遺構（報告書では「中央柱列」と「一号柱列」という二つの名称が付与されるが、遺構に関する具体的説明はない）がある。その中央柱は大型建物の中心線上にあり、わたしはかねて祭政空間の中心である大型建物と広場を直視することを避ける目隠し塀の遺構とみてきた。しかし、極楽寺ヒビキ遺跡の発掘成果から再検討を迫られることとなった。

首長の祭政空間に立つ大柱

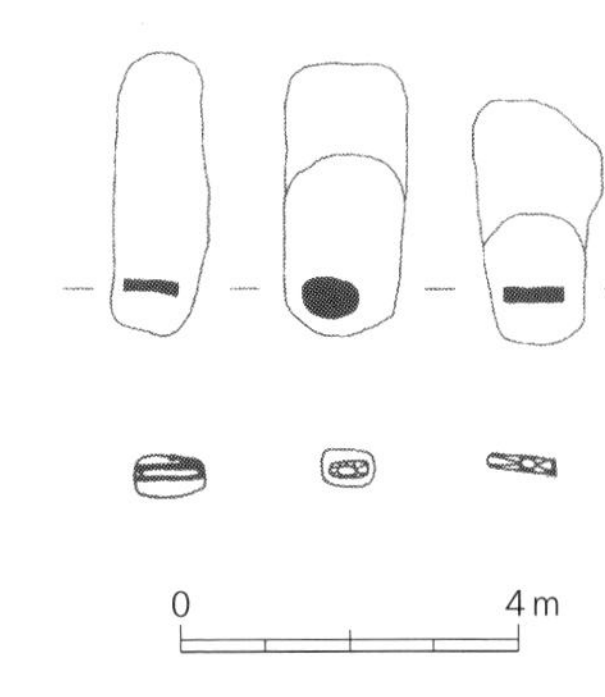

豪族居館の祭政空間参入口に立つ三本柱。
上：極楽寺ヒビキ遺跡、下：三ツ寺Ⅰ遺跡。
両者が同じ規模をもつことは興味深い。

三ツ寺Ⅰ遺跡の遺構図を子細に検討すると、三本の柱のうち、両側の柱穴は長辺八〇～九〇センチで短辺が約五〇センチと約二〇センチからなる矩形をなし、中に柱穴の長辺いっぱいに板柱が立てられていた痕跡が明瞭に認められる。一方、大型建物の中心線上にある中央の柱穴は長辺六五センチ、短編約四〇センチの隅丸の矩形で、板柱にくらべて厚さのある長辺四〇数センチの隅丸柱が立てられていたことが観察される。

広場に面して立つ大柱遺構の状況は、極楽寺ヒビキ遺跡のそれに極似している。しかも復元される三本柱の両端間が、極楽寺ヒビキ遺跡では五・二メートルに対して、三ツ寺I遺跡が約五メートルと近似するうえ、それぞれの柱間隔も等しく、三ツ寺I遺跡にも極楽寺ヒビキ遺跡と同スケールの、巨大な聖標が聳（そび）えていた可能性が強く示唆される。

それは三ツ寺I遺跡の経営者に関する畿内との関連性を新たな視点から検討する可能性を生むとともに、各地の居館遺構に再検討を迫っている。

五世紀前半の極楽寺ヒビキ遺跡周辺

南郷遺跡群と王権の祭儀場

極楽寺ヒビキ遺跡が営まれた五世紀前半における御所(ごせ)市南部近辺の動向をみておこう。

奈良盆地の西南隅、御所市の市街地南部に広がる金剛山麓一帯では、一九九二年から二〇〇四年にかけて、広範囲の圃場(ほじょう)整備事業にともなう遺跡発掘調査が集中的に実施され、古墳時代中・後期を中心とした南葛城の地域像解明に大きな成果が学界に提示された。調査で明らかとされた諸遺跡は「南郷遺跡群」と総称される。極楽寺ヒビキ遺跡はその南部に位置する。

当該遺跡が五世紀前半に営まれた方形区画の祭政空間と認識されることは本章の冒頭で述べた。濠と柵（板塀）を巡らせたその空間へ渡り堤を参入した地点には、「王の杖」を形象した三本の巨大な聖標が並び立ち、場を象徴する。その先に二八メートル四方超の広場が豁然(かつぜん)と開ける。左手（西側）には約一七〇平方メートルもの床面積をもつ高床建物、すなわち高殿が建ち、その正面には衣笠や幡(はた)が翻る。広場が高殿で実修される首長祭儀にかかわり、人びとが会同する場として機能したことは間違いなかろう。

広場の彼方に奈良盆地が望まれる絶好の立地に建つ高殿では、首長祭儀のひとつ、国見も行われたことだろう。当該の祭政空間は西から東へと伸び出した丘陵先端の平坦面を活用して構えられる。そもそも高殿の正面に広場を展開させた祭政空間を造営するという計画だけなら、高殿を空間の西に寄せて東面させ、渡り堤・聖標・広場・高殿が東西方向で一直線に並ぶ構造を採るのが無理のない地形活用である。

しかるに、あえて丘陵稜線に並行させて南寄りに幅二〇メートル超もの濠を掘削し、その中央部に渡り堤を築いて南に向く入口を設け祭政空間を北に寄せ、高殿と広場を西と東に並べたのも、高殿正面からの国見の眺望が意識されてのことと思考される。もちろん空間の外周を石垣と太い柵を囲繞(いにょう)させ、豪壮さを見せつける効果も意識されただろう。

また極楽寺ヒビキ遺跡の東方にある南郷大東(なんごうおおひがし)遺跡では、金剛山から流下する一水脈を小規模なダムを築いて湛水させ、その上澄み水を建物内に設えた木製の槽に木樋(もくひ)で導いたうえで浄化させ、それを地域に豊饒と首長権の永遠をもたらす聖水(浄水)に見立て、祭りを実修した祭場が検出された(297ページの図2)。建物は周囲を柴垣で結界されたことも判明している。柴垣の一辺は鉤(かぎ)の手に屈曲し、そこに門が開く。建物を聖別し、参入者の直視を妨げる仕掛けと思われる。

二〇〇一年には、南郷大東遺跡の祭場遺構を、屋内に設えた導水木製品や建物とその四周を鉤

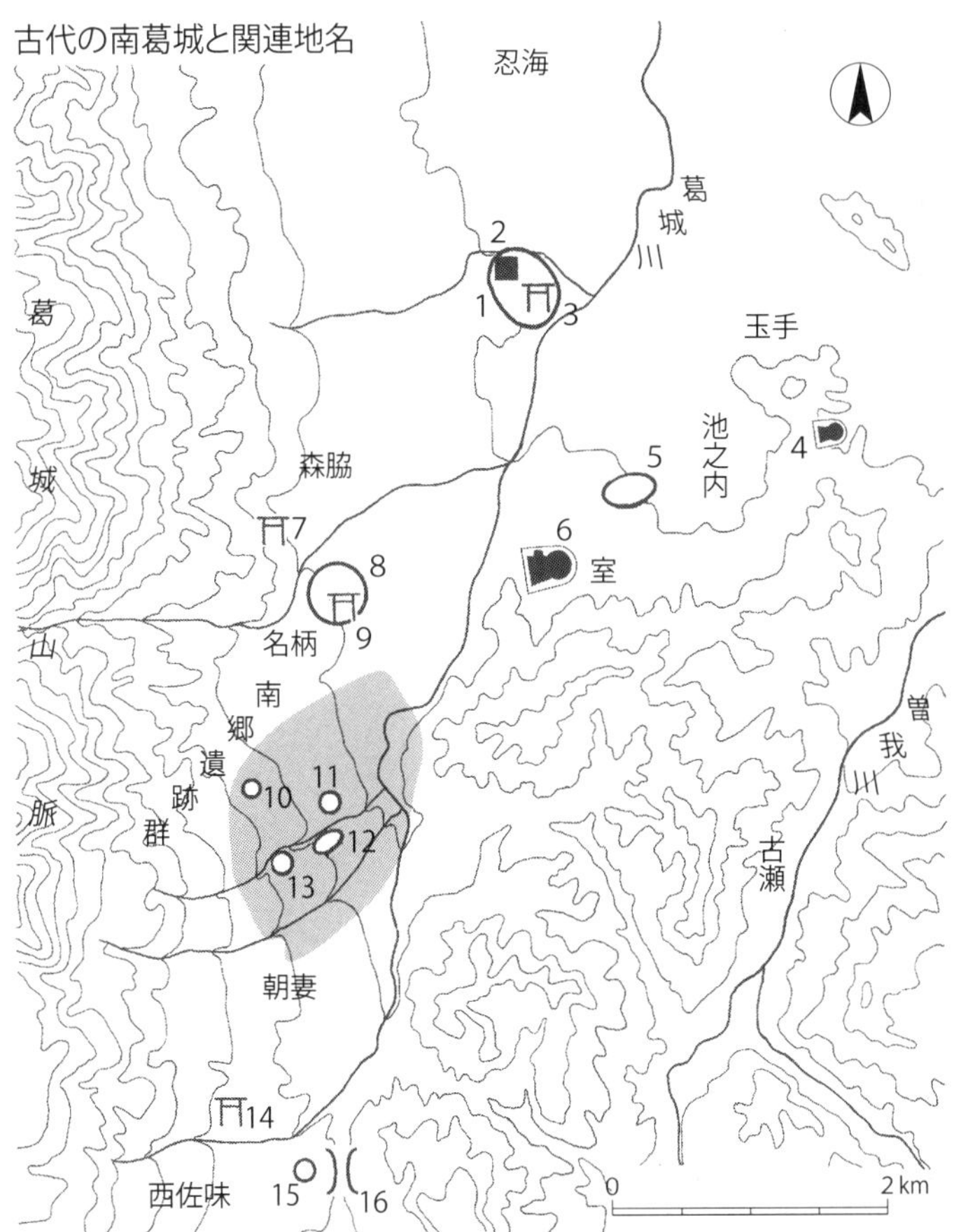

1. 鴨都波遺跡　2. 鴨都波1号墳　3. 鴨都波神社　4. 掖上鑵子塚古墳　5. 秋津遺跡　6. 宮山古墳　7. 一言主神社　8. 名柄遺跡　9. 名柄神社　10. 南郷角田遺跡　11. 南郷安田遺跡　12. 南郷大東遺跡　13. 極楽寺ヒビキ遺跡　14. 高鴨神社　15. 鴨神遺跡　16. 風の森峠

形に囲繞する結界施設にいたるまでほぼ完全に埴輪としてミニチュア化した考古資料が、宝塚一号墳（三重県松阪市）から発掘され（297ページの図5）、研究者を瞠目させた。

同じ形象埴輪は金蔵山古墳や心合寺山古墳（大阪府八尾市）などで発掘されるにいたり、それが首長にとって格別の祭儀場の表象であることが明証されるにいたった。しかもその形象埴輪は、古墳の造出し遺構（方形区画＝祭政空間の表象か）に近接して配置されている点はじつに興味深く、大型古墳の被葬者たちが実修した王権祭儀にかかわる諸施設が、他界空間である古墳上の一角に埴輪として具象化されたことが裏付けられた。

南郷大東遺跡の東北方、南郷安田遺跡では、南北約一〇〇メートル、東西約五〇メートル以上の区画を塀（柵）で三分割し、中央区画に床面積二八九平方メートルにも復元される五世紀では列島最大の大型掘立柱建物（高床式の楼閣建築とも類推される）を構え、一方の区画には数棟の竪穴建物を配置。他方の区画内では、さらに塀（柵）で囲まれた小空間が発掘された。

その実態はいまだ詳らかではないものの、極楽寺ヒビキ遺跡や南郷大東遺跡とともに、上位首長の営為にかかわる機能をもつ施設であることは確かだろう。周辺地形には、なお関連する遺構の存在が予察され、さらなる調査が期待される。

南郷遺跡群と渡来系の工房群

他方、残る南郷遺跡群では北半部一〜一・五キロ四方の範囲を中心に、武器・武具などの鉄や金銅製品を生産した大規模な工房（南郷角田遺跡）をはじめ、朝鮮半島系渡来技術者が居住した大壁建物が建つ屋敷地と、その集団が携わった鉄器や玉・ガラスなどの生産工房群や工人たちの集落が、五世紀に盛期を迎える。もちろん渡来系技術者の監督・指導のもと、手工業生産に従事した一般の倭人たちの集落も点在する。発掘担当者のひとり坂靖氏は、それらの遺跡群を「渡来系技術者の指導のもと、当時の最新技術を導入した（中略）古墳時代の工業団地」と総括する（坂、二〇一一）。

これら生産工房群に北接する御所市名柄の地は、かつて長柄と表記され「ナガエ」と訓まれた。『古事記』孝元段は、建内宿禰（武内宿禰）の子のひとりに葛城長江曾都毘古の名をあげる。葛城氏の始祖と伝承される人物である。また『紀氏家牒』は、襲津彦が葛城県長柄里に住まい、その地名を負い葛城長柄襲津彦を名としたという。長柄（長江）は襲津彦の本拠だった。

襲津彦の娘磐之媛（石之日売）は仁徳天皇の皇后となり、履中・反正・允恭三天皇を産む。やがて磐之媛は仁徳と不仲に、そして「……我が見が欲し国は　葛城高宮　吾家のあたり」という望郷歌を詠んだと記紀は語る。「高宮」は、「高殿」または「高殿が建つ王宮」に機縁する地名とみられ、「葛城高宮」は襲津彦の居所に由来する地名と推考される。その中心が長柄だった。『日本書紀』は、天武天皇が長柄杜（ながらのもり）で馬を天覧、騎射させたと記す（九年九月条）。長柄杜は延喜式内の長柄神社にあたる。一九八九年、長柄神社の北一五〇メートルばかりの至近の地から、五世紀後葉～六世紀前葉の石積み居館遺構（名柄遺跡）が片鱗（へんりん）をのぞかせた。襲津彦の時代まで遡る「高宮」遺構の発見が期待される。

なお名柄遺跡の南西、約五〇〇メートルの山麓、御所市森脇には延喜式内の葛木坐一言主（かづらきにいますひとことぬし）神社が鎮座する。一言主神は葛城氏が敬い祭った葛城の地主神で、記紀が語る雄略天皇による葛城山巡狩の説話はよく知られる。『釈日本紀』所引『暦録』は、その社地が「葛城山の東下、高宮の岡の上」にあるという。「葛城高宮」の版図は名柄から北、豊田・森脇地域まで広がる。

葛城襲津彦は四世紀末～五世紀前葉、ヤマト王権の対新羅（しらぎ）交渉において活躍した人物で、『日本書紀』はつぎのような興味深い動向を語る。すなわち、かねて人質として新羅王から倭に送られていた微叱許智（みしこち）の一時帰国に付き添うことになった襲津彦は、新羅の計略により人質の逃亡を許す事態に。そのまま新羅に侵攻した襲津彦は草羅城（さわらのさし）を攻掠（こうりゃく）し、俘人（とりこ）らをともなって帰還。その俘人らが桑原・佐糜（さび）・高宮・忍海（おしぬみ）の四邑（よつのむら）の漢人らの始祖だという（神功五年三月己酉条）。

ヤマト王権を構成する諸豪族にとって、大陸の先進知識と技術の導入・扶植・所有は、王権内での地位向上に結びつく。襲津彦が連れ帰った渡来人たちが配置された四邑は、現在の御所市から葛城市域にあたる。なかで名柄遺跡に南接する南郷遺跡群の工房群こそ、高宮邑に配置された漢人たちの実態を語る考古資料にほかならない。

允恭天皇と葛城

目を極楽寺ヒビキ遺跡の南に向けよう。そこは御所市朝妻。金剛山麓の緩傾斜地が広がる。允恭（いんぎょう）天皇の名ヲアサヅマワクゴノスクネは地名アサヅマ（朝妻・朝津間）を負う。雄略天皇の名オホハツセノワカタケルがハツセ（泊瀬・長谷）に王宮を構えた（泊瀬朝倉宮・長谷朝倉宮）ことに由来する点を勘案すれば、允恭は朝妻に王宮を営んだとも考えられよう。允恭の母は葛城襲津彦の娘磐之媛であり、朝妻に正宮が構えられた可能性は高い。しかしその宮号を『日本書紀』は語らず、『古事記』は遠飛鳥宮（とおつあすかのみや）とする。伝承に錯綜（さくそう）がありそうだ。

五世紀になると、歴代の倭王は中国南朝に朝貢し、倭国内におけるみずからの地位の承認と、朝鮮半島南部での軍事指揮・統率権を自称し、その承認を得ようと外交を展開する。讃・珍・済・興・武のいわゆる「倭の五王」である。なかで済は允恭天皇に比定され、四四三年と四五一年に朝貢・称号下賜などの関係記事が『宋書』にみえ、倭王としての在位時期がわかる。

允恭より先、履中朝に葦田宿禰の女、黒媛が皇妃となる。その三年十月、天皇は黒媛と磐余市磯池で船遊をするが、そのおりに季節はずれの桜の花が葛城にある掖上の室山から散り来った瑞事にちなんで、宮号を磐余若桜宮と美称した。しかも、『古事記』は葦田宿禰を葛城曾都毘古（葛城襲津彦）の子とする。黒媛は襲津彦の孫にあたる。また、履中朝の国事にあたる四大夫のひとりとして登場する円大使主は、書紀の後段では葛城円大臣（雄略元年条）とも表記され、葛城一族と伝承される。応神・仁徳朝以来、葛城一族は天皇家と親和的な関係にあったことがうかがえる。

しかし允恭朝になると、襲津彦の孫（子？）玉田宿禰は亡き反正天皇の殯宮大夫を命じられたが、任務の懈怠が露呈。武内宿禰の墓域に逃げ隠れたあと、葛城の居宅で誅殺された。さらに円大臣は、安康天皇を暗殺した眉輪王を居宅に匿ったため、大泊瀬皇子（雄略）により居宅もろとも燔き滅ぼされたと『日本書紀』はいう。事態の真相や背景はともかく、天皇家と葛城一族のあいだに軋轢が生じ、やがて葛城氏は衰微に向かう。

玉田宿禰の誅殺と極楽寺ヒビキ遺跡の焼亡は、年代的に近い事件と推定される。しかし玉田宿禰の居宅は、名柄遺跡の東北約四キロばかり、かねてから御所市玉手に比定され、極楽寺ヒビキ遺跡焼亡との関連を問うことは難しい。また葛城円大臣の系譜上の位置付けが安定せず、その居宅の所在も葛城地域に複数のツブラ地名があって、比定する根拠が見当たらず、大臣滅亡の事態を極楽寺ヒビキ遺跡に関連づけるのは無理がある。

話を朝妻の地に戻そう。『新撰姓氏録』山城国諸蕃にみえる秦忌寸の本系冒頭は、応神十四年に功智王と弓月王が来朝し、表を奉り、ひとたび帰国ののち、一二七県の民を率いて帰化し、種々の宝物を献上、それを嘉でた天皇は、彼らに大和の朝津間（朝妻）と腋上（掖上）の地を与えて居住させたという。いわゆる秦氏の祖先渡来譚である。

ほぼ同じ伝承は、すでに応神紀の十四年と十六年にみえる。応神十四年、弓月君が百済より帰化。己が率いた一二〇県の民が新羅人の妨害に遇い、加羅国に留められていると訴えた。そこで葛城襲津彦を加羅に派遣し、さらに三年後に平群木菟宿禰・的戸田宿禰に率いられた精兵の援けにより新羅を屈服させ、弓月の民を率いて襲津彦とともに帰還したという。

朝妻の範囲が現在より広範であった可能性があるものの、ここにも渡来系集団の存在が語られる。奈良朝初期の律令制下、手工業生産に従事する雑戸に編成された朝妻手人竜麻呂（養老三年条）・朝妻金作大歳・同河麻呂（養老四年条）らの名が『続日本紀』にみえる。朝妻金作というウジ名からみて金属製品の生産に関わっていたことがうかがえる。彼らは朝妻の渡来人の子孫に違いない。それに先立つ七世紀後半、朝廷は飛鳥寺東南に接する谷筋で大規模な官営工房を稼働させる（飛鳥池遺跡、奈良県明日香村）。同遺跡出土の工人名をつらねた歴名木簡に「阿佐ツ麻人□留黒井」の名が。阿佐ツ麻人は□留と黒井の両者に係るとみなされる。「阿佐ツ麻」は葛城の「朝妻」のこと。彼らもまた、飛鳥の工房で金属製品の生産に従事していたことは確かだろう。

なお掖上の西寄りには履中朝の宮号由来となった室の山があり、一方の東寄りの御所市玉手には玉田宿禰の居宅が想定される。また玉手と室に挟まれる御所市池之内の小字桑原を、襲津彦が連れ来たった漢人たちを配置した四邑のひとつ、桑原邑に比定する説がある点も考慮しておくべきだろう。

さらに、『帝王編年紀』（南北朝期の編纂）が武内宿禰の墓を葛城の「室破賀」とする一書を載せるのも無視しがたく、御所市室に所在する大型壺形墳の室宮山古墳がそれに比定されて久しい。同古墳は名柄遺跡の東約一キロの地にある。白石太一郎氏は同古墳の年代を五世紀の早い時期と考え、襲津彦の墓とみる（白石、二〇一四）。

なお、朝妻の南約一キロは御所市東佐味・西佐味。襲津彦の連れ来たった漢人たちを配置した四邑のひとつ、佐糜邑に比定して間違いない。金剛山東麓をはじめての居地と定めた朝鮮系渡来人の諸集団が、いずれもその来朝の契機を襲津彦と結び付けて伝承している点は留意しておくべきだろう。

極楽寺ヒビキ遺跡の背景

五世紀前半の極楽寺ヒビキ遺跡周辺を素描してきた。もちろん門前に立てられた巨大な聖標の〝かたち〟が本論の主題とするところではあるが、その背後にある祭政空間の経営者像について所思を述べておきたい。

『古事記』の皇統譜は、葛城高千那毘売（孝元段）、葛城垂見宿禰（開化段）、葛城高額比売（開化段・応神段）、葛城野伊呂売（応神段）など、葛城の地名を負いながらも、襲津彦につながる系譜上の明確な伝えを欠く人名の存在を語る。それは襲津彦が葛城＋長柄（長江）という、大地名と小地名を組み合わせた氏の名を伝える点とあわせ考え、葛城地域に展開する複数の首長たちが葛城高宮を本拠とする襲津彦に連なる家系との緩やかな政治的紐帯のなかで地域社会を築いていた様相を推察させる。

古代氏族や渡来人研究に業績を蓄積する加藤謙吉氏は、「葛城氏とは葛城地方の各地に割拠した土豪たちの構成する地域的な政治連合体の総称」と考え、襲津彦はそうした同族的結合の要となる象徴的な存在として始祖に位置づけられた人物と理解する（加藤、二〇〇二）。従うべき見解である。

一方、『日本書紀』の履中二年十月条には「平群木菟宿禰・蘇賀満智宿禰・物部伊莒弗大連・

円大使主、共に国事を執れり」とある。国事執行者四人のうち、円大使主のみが氏の名をもたず、大臣を大使主と表記する点とあわせ、違いが際立つ。後出の雄略紀元年三月条には「葛城円大臣」とみえることから、そこに別史料の反映が推量される。『古事記』もまた円大臣を「都夫良意富美」と表記し、葛城を冠することがない。

また、履中天皇に入内した黒媛の父葦田宿禰について『古事記』では、「葛城之曾都毘古の子」とするものの、『日本書紀』はその家系を明示しない。既述した、允恭天皇に誅殺された玉田宿禰について、允恭紀では葛城襲津彦の孫とみえ、雄略紀の分注には葛城襲津彦の子とするなどの異伝も注意される。こうした葛城地域の首長をめぐる記紀史料間の同異は、その原史料が成立するにあたって、彼らのなかでそれぞれの自立性を指向する一方で、襲津彦とのつながりを核とする擬制的な同族関係を編成しようという、さまざまな葛藤があったことを推察させる。

かような視点を勘案すると、極楽寺ヒビキ・南郷大東・南郷安田の三遺跡は、葛城の高宮邑南部地域に拠点をもつ葛城地域の一首長が執行する祭政のさまざまを構成した遺跡であることが浮かび上がる。すなわち、極楽寺ヒビキ遺跡での高殿祭儀、南郷大東遺跡での浄水祭祀など、在地首長としての王権祭儀を実修しつつ、朝鮮半島からの渡来技術者や工人たち、さらには旧来の住民たちを束ね管掌する有力者像が浮かぶ。

第四章

古墳壁画三題

他界へ渡る船――人物の窟（高井田Ⅲ―五号横穴）

古代人の〝こころ〟の奥底に分け入り、往時の他界観を解明するうえで、古墳時代後期の横穴式の墓室にしばしば描かれる壁画は、なによりの素材である。本章では具象的なモチーフをもって描かれた三基の代表的な古墳壁画について、その主題性を検討したい。なお、本章をすすめるにあたり、壁画のキャンバスを、羨道(せんどう)から奥壁を見て「右壁」（右側の側壁）、「左壁」（左側の側壁）と呼称する。

高井田横穴群と「人物の窟」

大阪府柏原市の大和川北岸に位置する高井田横穴群は、凝灰岩質砂岩の軟層を掘り込んでつくられた総数二〇〇基以上からなる大横穴群である。現在確認されている横穴の数は約一六〇基で、うち約三〇基には線刻による壁画が描かれている。なかで、一九一七年（大正六）一〇月に発見され、高橋健自氏によって「人物の窟(いわや)」と命名された横穴（Ⅲ―五号）の壁画は、具象的な表現による人物群像からなる点で、同横穴群中の壁画のなかでもっともよく知られている（高橋、一九一九)。

本節はその壁画に表現された主題の検討をとおして、古代人の精神文化の一端を明らかにしようとする試みである。なお「人物の窟」発見時、さしたる遺物の出土はなく、その年代確定は困難だが、周辺の横穴での出土遺物から、ほぼ六世紀中頃の年代と考えられる。

「人物の窟」実測図

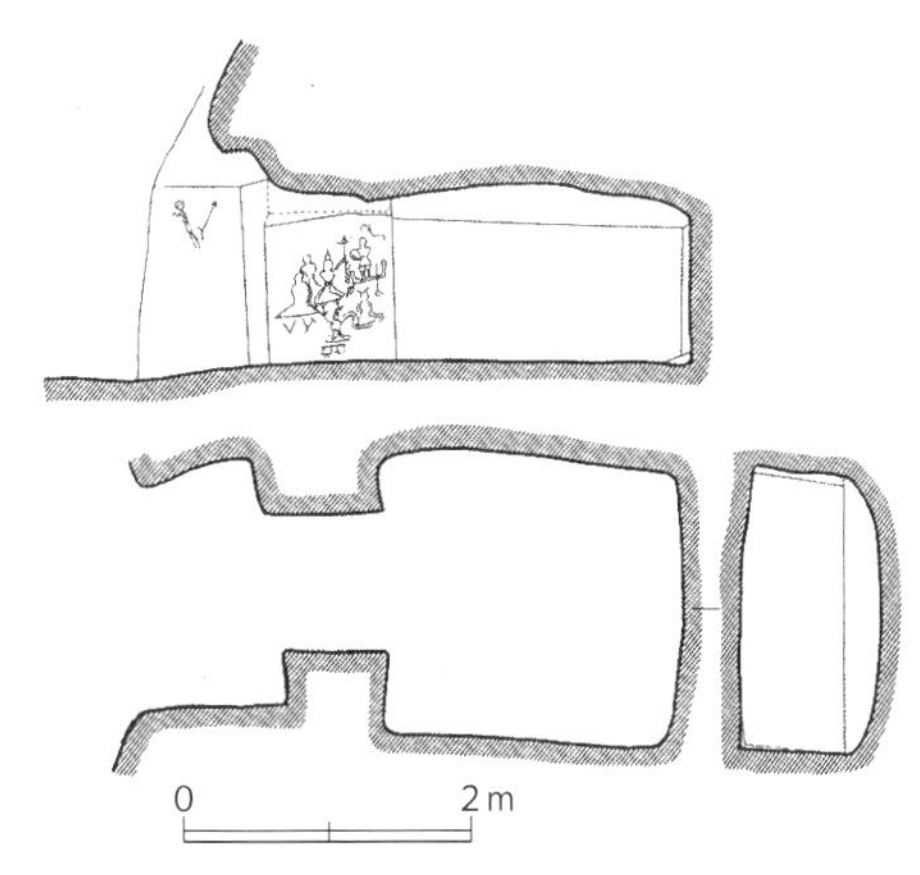

玄室と玄室前道の両側壁および羨道左壁に線刻壁画が認められたが、玄室前道両側壁のほかは劣化して鮮明さを欠く。

「人物の窟」(第Ⅲ支群五号横穴)は、高井田横穴群を構成する多くの横穴と同様の構造をとっている。すなわち被葬者を納置する玄室と、玄室への入口にあたる玄門、そして玄門にいたる羨道からなり、玄門は玄室や羨道よりも幅が狭く、高さも低く、出入口としての門構えをなしている。玄室の天井は緩やかなカーブをえがいて、中央が四壁上縁よりやや高くなっている。参考までに規模を語る数値を提示しておくと、

・玄室長（奥行き）約二・八メートル
・玄室幅約二・四メートル
・天井の高さは一・五メートル前後
・玄門幅約一・二五メートル
・玄門の通路部分（玄室前道）の長さ約一・〇五メートル

規模からみて横穴群のなかで目立つものではない。

壁画は、玄室両側壁と玄門の通路側（以下、玄室前道と呼称）両壁、羨道左壁に認められるが、玄室前道両壁のほかは不鮮明で、玄室右側壁に一人の人物像と二頭の獣形が、また羨道左壁には矢と一人の人物らしき図像の存在がかろうじて断片的に認められるにすぎず、表現しようとするところを詳らかにできない。他方、玄室前道両壁の図は、この横穴「人物の窟」への命名の機縁となった人物群像であり、とくに左壁の線刻画は具象的かつ動的な描法において、多くの古墳壁画のなかで群を抜く秀作といえる。

当該の線刻壁画（左図）には、六人の人物立像が描かれ、うち中央の上と下に配された二人と右上の船に乗る人物の計三人は、服装から動作にいたるまでていねいに描写されたモチーフである。なお、船に乗る人物の足元に、船を操る人物が二人。半身像で小さく描かれる。

「人物の窟」玄室前道左壁の壁画

人物群像には壁面の風化により、劣化が進行した複数の人物像が認められ、描き手を異にした重ね描きが指摘される。追葬などに際して描かれたことも考慮されよう。

それに対して残る三人の姿態は壁面の風化により、いずれも腰のあたりから上の輪郭を遺すのみの状態となっている。この風化が進行する人物画は、先の三人のそれより、ひとまわり大きく描かれ、上半身の輪郭をいわゆる撫（な）で肩に表現する点で相違が認められる。

それは左壁の壁画が描き手を異とするだけではなく、描かれた時期にも前後があることを認識させ、いわゆる重ね描きされた二組の人物群像として理解される。同じモチーフを重ね描きする事例は九州地方の墓室絵画に散見され、追葬にあたって墓室へ参入した者が追善の意味を込めて踏襲する葬送儀礼の一環ととらえておきたい。

「人物の窟」の人物群像

玄室前道左壁に描かれる線刻画から抽出した、画風を同じくするモチーフ。

本節では壁面やや右寄りに描かれた三人の人物立像と船を操る二人の半身像からなる遺存良好な人物群像（右図）を提示し、その語るところを検討したい。

なお「人物の窟」では、玄室前道右壁に対面して描かれる人物群像でも、左壁図像と図柄構成上の共通点が指摘され、さらなる追葬と壁画を描く儀礼行為がうかがえる。

正装する男

中央上段に描かれた男性像からみていこう。

丸顔に表現された頭部の左右には、上げ角髪（美豆良）とみられるC字形の表現があり、三角形をした背高の帽状の被りものらしい表現が認められる。衣服は上衣と袴からなる、いわゆる二部式で、大きく括れた腰には、幅広の帯（大帯）の着装がうかがえる。

古墳時代の衣服を具体的に知ることができる人物埴輪のなか、大帯は綿貫観音山古墳（群馬県高崎市）出土の趺坐をかき拍手を打つ男子像や、塚廻り三号墳（同県太田市）出土の椅座し大刀を脇に置き威儀を正す男子像などにその着装が表現され、とくに前者では二段に巡る連続三角文の装飾を施した大帯に四個の大きな鈴がつけられていた。

しかも綿貫観音山古墳の横穴式石室からは、長さ一〇五センチ、幅九・五センチで、一二〇個（推定）の金銅製鈴を銀製兵庫鎖で吊り下げた金銅装大帯の実物が出土しており、先の人物埴輪にみられる大帯の表現とあわせ、威儀を正す首長が所用した祭儀用装身具だったことがわかる。「人物の窟」壁画に描かれた群像の中心にあたる人物理解のうえで、大帯は肝心の描写といえる。

袴は膝のあたりを、いわゆる足結の紐で結び締めたとみられ、大腿部を大きく弛ませている。また足先は、その尖端が反り上がり、靴を履いたさまが表現される。

さらにこの人物は、体の左側に両手で長い竿(さお)を掲げる。背の丈に近い竿の先端には、指叉形(さすまたがた)の中央に小さく山形を取り付けた形状の飾りが付けられ、竿には一本の線がまつわり付く。高橋氏はこれを旗を垂らせた旗竿とみた。妥当な解釈と思われる。ところが旗竿説は看過され、むしろ鉾(ほこ)や槍(やり)と理解して、当該人物を鎧(よろい)に身を固めた武人と理解されてきた。左側に掲げる竿を刺突(しとつ)用武器とみたらしい。

しかし、当該人物像の上半身の表現には、甲冑(かっちゅう)に身をかためた武人をうかがわせる描写はみられず、武人とする根拠はない。人物の頭上にみえる帽状の背高三角形の品も、帽や天冠とみることはできても冑(かぶと)と解釈することは難しい。なにより上げ角髪では冑を被(かぶ)ることは難しい。

わたしには、当該人物の姿から、せいぜい「左側に竿を掲げる首長像」という程度の理解しかできない。

船上の人物群像

画面の右上に描かれた男子像は、舳艫(じくろ)が大きく反り上がった、いわゆるゴンドラ型の船の中央に立つ。中央上段の男性像と同じ二部式の衣装を纏(まと)い、腰に大帯を着装。右手を腰にあて、大きく振り挙げた左手には同様の竿を掲げ持つ。竿の上端には指叉様の弧線が認められるが、壁面の風化のためさらなる観察は難しい（216ページの図では竿の上端に円形を描くが、一部を破線で表現している。明瞭さに欠けていたのだろう。すでに高橋氏がはじめて報告した段階で掲載された拓本でも、その部位は竿の基部を観察できるものの、円形を認めることはできず、数多くの写真資料でも同然である）。

頭上には中央上段の男性と同様、帽らしき背高三角形が描かれる。なにより当該の人物像で目を引くのが、竿のやや上方、左右の二方向へと棚引くような曲線が描かれ、壁画に動きをもたらせる点である。竿に取り付けた旗が風になびくさまの表現とみられ、男性が船に乗り航行する情景を活写しようとしたのだろう。

船に乗る正装の男性像の左右の足もとには、それぞれ従者とみられる人物が小さく描かれる。向かって右側の人物は、上述の人物と同じ背高三角形の装いを頭に着け、手に持つ長い棹(さお)の先には碇(いかり)が描かれる。一方、左側の人物は大きな櫂(かい)を漕(こ)いでいるが、頭上にはほかの人物のような背高三角形の装いを着けず、蓬髪(ほうはつ)（乱れた髪）に描かれる。人物群像中、この人物のみが蓬髪の表現をとるのは深い理由があってのことであろう。船を操るこの人物の乱れた髪をみると、「魏志倭人伝」にみるつぎの記載が浮かんでくる。

その行来・渡海、中国に詣るには、恒に一人をして頭を梳らず、蟣蝨を去らず、衣服垢汚、肉を食わず、婦人を近づけず、喪人の如くせしむ。これを名づけて持衰と為す。もし行く者吉善なれば、共にその生口・財物を顧し、もし疾病あり、暴害に遭えば、便ちこれを殺さんと欲す。その持衰謹まずといえばなり。

航行中に生起する種々の危難を避けるため、弥生人は船に「持衰」を乗せていたという。持衰は喪に服する人のようにふるまわなければならなかった。「人物の窟」にみる蓬髪の人物像は、「倭人伝」が伝える持衰の姿を彷彿させる。航海中に予察されるさまざまな災禍を避けることを考慮した持衰の存在は、長期間に及ぶ航海が予想されたがゆえであり、墓室の壁画に採用された持衰モチーフは興味深い。他界はどこにあるか。先人もまた、見定めるすべのない漠たる不安を抱いていたのであろう。

古代史の志田諄一氏によれば、古代には、死者の霊魂や祖霊が示現する際には、蓬髪・裸身の姿をとると考えられていた（志田、一九八四）。それは蓬髪の人物が操るゴンドラ型の船の性格を考えるうえで重要な意味をもつ。

こうした蓬髪の人物像は、古墳壁画のモチーフとして散見される。宮が尾古墳（香川県善通寺市）、洗馬谷横穴（神奈川県鎌倉市）、猫淵九号横穴（茨城県常陸太田市）などがそれである。一九七八年、和光大学古墳壁画研究会が刊行した高井田横穴群壁画の悉皆調査報告『高井田横穴群線刻画』によれば、「人物の窟」のほか、第Ⅱ支群一二号横穴、同二七号横穴、第Ⅳ支群八号横穴などでも蓬髪の人物像が確認されている。同報告をまとめた北原一也氏（古代ヨーロッパ芸術研究者）は、これら蓬髪の人物について、「死に関わる何らかの霊的存在を表現したもの」と看取。志田諄一氏の考察と一致する。

袖振る女

中央下段の人物立像は女性を表現する。二部式の衣服を纏い、下半身に、裳と呼ばれる女性用衣料を着用する。裳は、『万葉集』に「赤裳裾引き」とか「玉裳裾引き」などと、裾を引きずるように着用されたさまが慣用句として散見されるように、足先の表現はみられない。裳には縦方向に襞とみられる数本の線がある。こうした裳の表現は、塩谷五号墳（京都府京丹波町）や綿貫観音山古墳（群馬県高崎市）出土の女性人物埴輪にも確認され、高松塚古墳（奈良県明日香村）の東西壁画にみる女子群像にもていねいな彩色で表現された裳が観察できる。腰には細い腰紐とみられる表現も観察される。

彼女が男性と同じ、頭上に背高三角形の装いで描かれる点は重要である。同時代、女性埴輪は結髪姿で表現されるのが通有。他方、碇を操る船上の従者（男性であろう）までが同じ装いをすることを考慮すれば、頭上の三角形は性別や階層を越えて葬送儀礼の場を同じくする人の装い物（葬冠・紙冠）が描かれたと思考される。

女性像の右腕は斜め上方向に大きく振り上げられ、左腕は斜め下方へと下げる途中にあるらしく、腕が弧状をなして描かれる。この姿は「人物の窟」に描かれた人物像のなかでももっとも動的な図像として目を引く。両腕の動きをよりいっそう増幅させてみせるのが、両腕を包むような袖の表現である。幅広の袖は、袖口のほうがなおいっそう幅広く、腕を振る動作によって風をはらんだ大きくなびく袖の表現は見事。描き手の手慣れた描写力に驚くばかり。袖先にのぞく手の平は広げられ、なおさらその動作が大きくみえる。

女性がとるこの所作は、『万葉集』に散見される「袖振り」の所作に違いない。『万葉集』に三三首を数える「袖を振る」歌を考究した尾崎富義氏によれば、袖振りは別離にあたり遠く見えない相手に向かい行旅の安全を祈請する呪的招魂の習俗だという（尾崎、二〇一五）。『万葉集』巻二に「柿本朝臣人麻呂の、妻死して後に泣血哀慟して作りし歌」がある。軽の里に住む隠り妻の死を聞いた人麻呂は、軽市の賑わいのなかに妻の面影を求める。

「……我妹子が　やまず出で見し　軽の市に　我が立ち聞けば　玉だすき　畝傍の山に　鳴く鳥の　声も聞こえず　玉鉾の　道行き人も　ひとりだに　似てし行かねば　すべをなみ　妹が名呼びて　袖そ振りつる（二〇七）」。

　妻との再会を祈念して心を込めてひたすら袖を振る人麻呂の姿が目に浮かぶ。「人物の窟」に描かれた女性がとる袖振りの呪的行為が、男性とのあいだに成り立つ所作であることは明らかだ。しかも、その壁画が他界空間への入口にあたる玄室前道に面して描かれた事実は胸をつく。

冥界への旅

　女性による袖振りの所作の対象となった二人の男性は、同じ装束を身につけ体の左側に旗棹を掲げる点で、両者は同じ人物を思念して描かれたと理解される。さらに女性がとる袖振りの所作の意味するところを考えるなら、地上に立つ中央上段の男性が船に乗って他界へ去ってゆく時間的かつ空間的な距離がひとつの画面に表現されたと認識できる。何処とも知れない他界へ向かい、死者が旅行く乗り物として船が観念されたことも容易に理解できる。

　ただ高橋健自氏は三人の立像をいずれも武装した男性とみて、「舟中の人は遠景に水上此方に進み来れるを示し、中央上部なるは中景として今方に上陸せるを示し、その下部なるは近景として既に上陸して歓喜措く能はざる状を畫きしものにてもあらむか。試みにいはゞ神武天皇御東征繪巻中、この地方に関係少なからぬ青雲の白肩の津に御上陸の一段を写し奉りけむかと想はるゝ底の図様なり」と画意を分析する（高橋、一九一九）。また小林行雄氏は、「もし想像をたくましくすることが許されるならば、むしろ任那遠征の体験を表現したものとみることも、この地方にとってふさわしいであろう」と述べる（小林、一九六四）。

この壁画に対する従来の解釈の多くは、高橋氏の分析を継ぎ、三人の立像をいずれも武装した男性戦士とみなし、この横穴の被葬者の生前における武人としての活躍の事績をそこにみようとした。しかし中央下段の人物が女性であること、また男性が武人でないことは、先に検討したとおりである。

さらに、従来の諸解釈は、女性がとる袖振りの所作とその意味について、まったく言及するところがない。三人のなかでひときわ大きな動作で描かれる女性像を検討することなくして、この壁画の理解は困難であろう。すなわち、他界へ旅立つ男性と、彼との永遠の別離を惜しみ、魂振りの目的をもってひたすら袖を振る女性の姿が活写されているのである。船もまた往時の他界観念のなかで理解されるべき図柄である。

他界転生——五郎山古墳

五郎山古墳の立地と壁画

九州北部、福岡県と佐賀県の境をなして東西に横たわる背振（せふり）山地の東の果て、筑後川の支流、宝満（ほうまん）川右岸の小山塊上に五郎山古墳（ごろうやま）（福岡県筑紫野市）はある。

わたしには、かねてから気になっていることがある。すでに森貞次郎氏も指摘していることだが、五郎山古墳の位置が筑前・筑後・肥前の三国境の丘陵上だという点である（森、一九六四）。森氏はそこに筑紫君につながる被葬者像を想定したが、わたしは、境界と認識された領域（境・衢（ちまた）・市など）に他界空間たる古墳が築かれた意味を問いたく思う。古墳時代人の境界観念と古墳の立地について、思索を深める必要があろう。

現在、五郎山古墳は新興住宅地の中に緑地公園として保存整備され、隣接地に建設された五郎山古墳館では実大石室模型を前に壁画の意味を考えられるよう展示がなされている。ここでは一九六〇年代の前半に日下八光（くさかはっこう）氏が制作した写実性高い模写図（日下、一九六七）、および一九九五～九六年に実施された保存整備にともなう事前の発掘調査報告で、小田富士雄氏らによって提示された壁画の詳細な報告（福岡大学考古学研究室編『国史跡 五郎山古墳』筑紫野市教育委員会、一九九八）をもとに、その作意について思量しようと思う。

墳丘は約三二メートルの二段築成の円墳で、周囲に幅約二メートルの浅い周溝が巡る。埋葬施設の横穴式石室は、玄室・前室・羨道（せんどう）からなる複室構造で、ほぼ南に開口する。壁画は玄室奥壁と左右（東西）の側壁、そして玄室への入口を構成する両袖石（そでいし）の前室側と通路に面した壁面に、赤・黒・緑の三色で描かれる。ここでは良好な遺存状態をみせる玄室奥壁と両側壁の奥壁寄りに描かれた壁画を対象に読み解きを試みたい。

なお石室の形態や出土した副葬品から、六世紀後半でも中頃に近い時期に築かれたとみられ、壁画も該期に描かれたとみて間違いなかろう。前節で考察した「人物の窟（いわや）」と時期を同じくする。

新たな描法の確認

まず玄室の左右両側壁に描かれた船画から検討してゆこう。左側壁下段に一隻。右側壁では二段目と下段の石のそれぞれに一隻ずつ、赤と黒で描かれる。船はいずれも反（そ）り上がる舳艫（じくろ）の内側に竪板（たていた）を取り付けた外洋を航行する準構造船である。

左側壁と右側壁二段目の石に描かれる船は、ほぼ同大・同形に描かれる全長約一メートルの大船である。両者ともに、舳艫を含め、船体を赤で描き、船底部分には赤に黒を添わせる。また竪板の表現には黒が用いられた。船体は舳艫の別は不明ながら、両者とも奥壁寄りが船底から急角度で立ち上がるのにくらべ、前室寄りはやや傾きが緩く、舳艫を描き分けたことは間違いない。

わたしは二隻の船体の大きさと筆使い、さらに配色が似通っている点が気になりはじめ、試みに船画の一方を反転させて他方の船画に重ねてみた。赤で描かれた両壁の船体は、船底長と前室寄りの舳艫の立ち上がり角度と高さまで一致する。二段目の石に描かれる右壁の大船が九〇センチ高い位置に描かれるが、両船は奥壁の基底からの水平距離ではほぼ同じ位置関係にあることも認められた。しかも赤で描かれた船底の線は水平である。大船を描くにあたっての割り付け作業がうかがえる。もしかすると輪郭程度の大船の型紙があったかも。

装飾古墳の彩画描出における型紙の使用については、すでに牛嶋英俊氏が論じている（牛嶋二〇〇六）。牛嶋論文については、次節の竹原古墳の項であらためて触れることにする。

右壁第一段目の石には、もう一隻の準構造船がフリーハンドで小さく描かれる。大船とは対照的に、舳艫や竪板は緩やかな丸みをもって立ち上がる。まず赤で船全体を描いたのち、船底と舳艫、棺とみられる箱形の上端部分に黒を重ね塗る。筆の運びが柔らかで、船足軽く大洋を渡りゆくさまが想像される。注意したいのは、この小さく描かれた船の奥壁側先端が、上段の石に描か

五郎山古墳の壁画

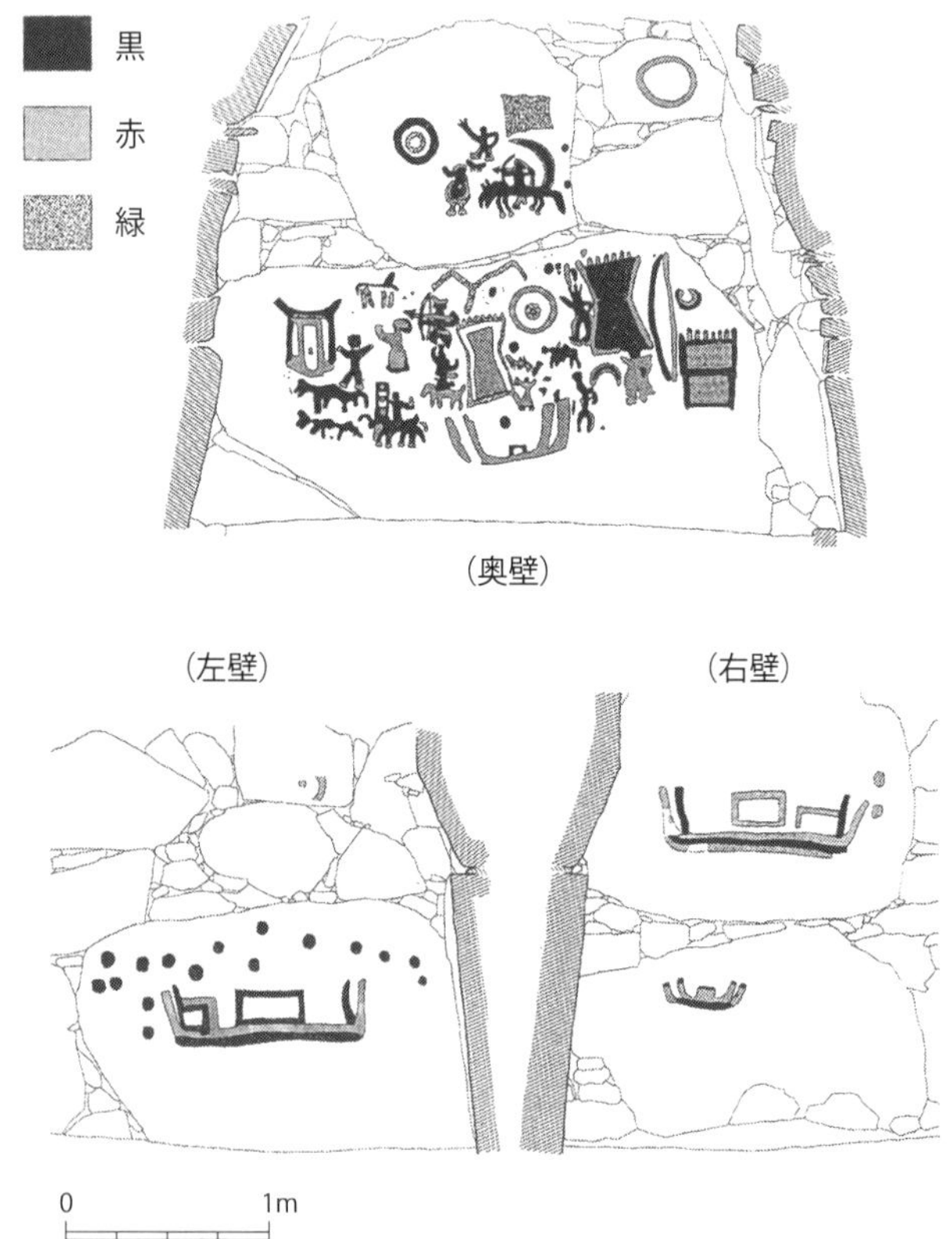

左右側壁に、棺を乗せて他界へと天翔る霊船が。奥壁には再生した被葬者が、地霊を圧服させ、己が支配の繁栄を願う狩猟儀礼を描く。ここにも力足の呪作をなす人物像が。

れた大船の先端と奥壁基底からの水平距離をほぼ同じくする点である。すなわち右壁では大小二つの船が、舳先を同一垂直線上にそろうよう描かれたわけだ。ここにも描画に際しての割り付けが指摘できる。

大船には、中央に棺とみられる箱形が、右壁が赤、左壁が黒と対照的な配色を用いて描かれる。右壁の棺のほうがやや長い。また両船とも前室寄りの先端に、櫓(ろ)や舵(かじ)を操る台が黒の竪板を背に、赤で鉤形に描く。両船とも奥壁方向に向かうようだ。

また左壁には、大船を覆うように星を表現したとみられる多数の黒点が描かれる。右壁の大船にもいくつかの星が。大船が、棺を乗せ天空を翔(かけ)る霊船と理解できる。行く先はもちろん他界。舟葬観念がその基層にあることはいうまでもない。

この天空を翔る大型霊船こそが、他界空間（石室）を象徴する究極のデザイン意匠だったと思われる。

日下八光氏の模写図をよく見ると、左壁の大船には棺と竪板（艫側）のあいだに両腕を挙げて立つ人物が描かれる。顔料の退色や剥落のためか腰から下は既に視認できず、かすかに上半身の姿をとどめる程度で、現状では影絵のように見える。黒の顔料を用いたようだが、大船や星の描写に使用された顔料とは異なるようだ。頭部は丸く、一方の腕は振り上げ、他方は横に突き出している。なにか動作をする人物であろうが、その詳細は不明というほかない。前節で分析した「人物の窟」の他界へ渡り行く船上の人物に重なる意味をもつとみるべきか。

残念ながら日下氏の模写図に描き込まれた船上の人物像に目をとめた研究者は皆無。

季節や気象の変動、さらには地震などが、墓室内の環境に影響をもたらし、壁画の劣化は進む。しかしそんななか、墓室内の湿度変化が、失われた壁画の存在を浮かびあがらせる例に日下氏は遭遇している。氏の体験譚を引用しておこう。

> 太田（おおた）古墳（佐賀県鳥栖市の田代太田古墳―辰巳注）を模写したのは昭和三十五年の冬であった。いつの模写の場合でもそうだが、模写を行う壁面、あるいは壁画が描かれているとすでに知られている壁面以外の壁面にも、何か描かれていないかと注意するのが常である。その時も後室には奥壁以外には壁画は何も見当たらなかった。中室には壁画はまったくないとされていたので、この部屋は荷物置場にしていた。模写が完了して清掃した際にも壁画らしいものはなかった（中略）。
>
> たまたま昭和四十四年に再び太田古墳を訪ねる機会があった。ちょうど夏のさなかで、石室の壁面は水に浸したように濡れていた。一歩中室に入ったとたん、その右側の下端の石に、

真赤な一艘の船の図があるのを見て驚いたのである。そしてさらに目をこらすと、中室奥壁にも壁画があることに気付いた（これらの図は冬の乾燥期にはまったく見えなくなる）。

『装飾古墳の秘密』一九七八、講談社

日下氏の模写以前、考古学の立場から作成された五郎山古墳壁画の描画では、玄室左壁に描かれた大船の船上に立つ人物像は確認されていない。また氏の模写図発表の後も、人物像について検討されないまま現在にいたっている。五郎山古墳の壁画に限った話ではない。装飾ある墓室内の環境変化に顧慮した不断の壁画観察が求められよう。

墓室空間の護り

五郎山古墳の壁画中、最大のキャンバスは奥壁である。最下段の巨大な一枚石とその上にのる二段目中央の不整五角形の石に描かれる絵画が中心となる。

前者は、巨石の平滑な面の全体をキャンバスとして、多くの図柄で埋められる。まず壁画の中央、大きく舳艫を競り上げた骨太の準構造船が低い位置を占める。竪板に及ぶまで全体を赤で描く。左右の側壁に描かれた大小の船三隻がともに船形を赤で描いていた事実を思い起こしていただきたい。ただし側壁の船画には、赤に添うように黒が配色されていた。しかし当該の船は赤一色（赤船と呼ぶ）。格別の意味をもつ霊船なのだろう。赤色を用いる描き手の心意については後述する（232～236ページ）として、話を先に進めよう。

赤船の上に展開される絵画に眼を向けたい。赤船の上に一つ、壁画右寄りに二つ、矢を収納して背負う靫（ゆき）が大きく描かれる。いずれもその上辺に矢の先端が表現される。左の大靫から順にそれぞれ緑・赤・黒の輪郭線を描き、その中を黄と赤・黒・赤で埋める、鮮やかさと華やかさを感じさせる配色だ。また右寄り二つの靫のあいだには、大きな弓と鞆（とも）が並置される。これらの武器・武具が、後述する人物などのほかの図柄に比較してはるかに大きく描かれるところに、迫り来るモノから他界空間を護るという強い意志が観取される。

それは、千金甲（せごんこう）一号墳（熊本市）や日ノ岡（ひのおか）古墳（福岡県うきは市）、また大鼠蔵東麓（おおそうぞうとうろく）一号墳（熊本県八代市）など、早い段階から墓室の装飾や壁画に採用されるモチーフであり、やがて王塚古墳（福岡県桂川町）や重定（しげさだ）古墳（福岡県うきは市）などでは壁面が武具や武器の図柄で埋められるようになる。

鞆は矢を射る際に着装される武具。弓弦（ゆみづる）が手首や釧（くしろ）に当たるのを防ぐ革製品である。矢を放った折に、弓弦が鞆に弾かれて音を生じるが、威勢のよい大きく高い音色を発する鞆が好まれたらしく、記紀には「稜威高鞆」という言葉がみえる。やがて矢を実際に発射することなく、弓弦を弾いて鞆の音をたてる行為が邪霊を払うと考えられるようになる。元明天皇の大嘗祭での御製歌「ますらをの鞆の音すなりもののふのおほまへつきみ楯立つらしも」(『万葉集』巻一―七六)は、鳴弦の儀礼が朝廷で行われたさまを歌う。

田代太田古墳(佐賀県鳥栖市)の壁画で、盾や大刀を並列させ、その上に複数の鞆を大きく表現するのも、また堂山古墳(静岡県磐田市)出土の直弧文を全面に刻んだ大きな鞆形埴輪の存在も、鞆が邪霊退散の呪力をもつとする思考が背景にある。武具としては小さく目立たない存在である鞆を大きく描く心はそこにある。靫や弓もまた人物などの図柄にくらべ破格の大きさで描かれるのも同じ造形心意が指摘される。

なお、珍敷塚古墳(福岡県うきは市)では、デフォルメがすすんではいるが、五郎山古墳例と同様に三つの大靫が並んで描かれており、モチーフ選択のうえで関連性があるだろう。

壁画右寄りの大靫のあいだにある大弓と鞆が、邪霊から他界空間守護の意味をもって描かれたと認識するなら、画面中央の大靫の右手にある赤・緑・赤からなる同心円文も同じ意味をもつ図文とみなせよう。すなわち、古墳誕生の当初から辟邪の目的をもつ葬具とされた銅鏡に淵源する図文とみなすべきではないか。装飾古墳の主要なモチーフである同心円文を鏡の具象的表現と考察した日下八光氏の研究は、評価されるべきだろう（日下、一九七八）。

狩猟の情景

奥壁下段の大石に描かれた壁画のなかで、まわりを圧倒するように大きく安定観をもって描かれた武器・武具・鏡の周囲には、それに比較してはるかに小さく、しかし多数の人物や動物の姿が描き込まれる。不動のさまを実感させるかのように描かれる大靫と対照的に、群像に表現されるさまざまな姿態は、壁画全体に非常な躍動感を与えている。大と小、静と動。同じキャンバスに表現されるこの対称性は、彼らが靫・弓・鞆などの武器や武具に守護された、この世ではない世界（他界）に生きる存在であるという印象を強く訴えかけてくる。

まず画面中央におかれた大靫周辺からみてゆこう。大靫の左上に、射手（いて）を黒で描く。つがえられた矢の先端には鋭く尖る鏃（やじり）が大きく描かれ、狙い違えることなく射通す威力の存在を主張する。つがえられた矢と弓弦は赤い線で表現する。『古事記』にみる「生弓矢（いくゆみや）」という表現を想起させる表現である。彼は頭飾りを着ける。その下には赤い馬に乗る人物が黒で描かれる。腰に帯びる大刀は赤い横線で表現する。そういえば右寄りの二つの大靫のあいだに配された大弓の弦も赤線で表現する。描き手は、赤線で武威を表そうとしたと読み取れる。

射手の矢の前方やや上には、彼と向き合うように脚の長い四足動物が。鹿らしい。体を黒、脚を緑で描き分ける。後ろ脚の付け根には赤が重ね塗られる。射手の矢が刺さった動物を描いたらしい。射手の前方、鹿の下には、左向きに捧げ物をするかのような、裳（も）を着用した女性像が赤で描かれる。女性像の下には、盾をかまえ前方の二頭の四足動物を追う騎馬像が。その上には両腕を挙げた大の字の人物が配される。勢子（せこ）か。どうやら儀礼としての狩猟の場面らしい。

この女性像とまったく同じ姿は、はるか福島県泉崎村の泉崎四号横穴（七世紀前半）奥壁壁画に、三人が手に坏（つき）らしき器を捧げ、右向きに居並ぶようすが描かれる。

壁画の左端には、緩やかな弓状に反りをみせる上縁線をもったほぼ四角い図形がある。従来はそれを家屋と理解され、異論はみなかった。しかし当該の図形をよく見ると、反り上がる上縁線を棟とみなしたにせよ、それでは軒をはじめ、屋根の流れ部の表現がみられない。また四角い図形とはいいながら、その底辺は直線をなさないのも家屋の表現として例がない。壁画全体を見渡せば、その図柄の大きさは、大靫や大弓また鏡とみた同心円文と並ぶ点を考えれば、空間守護の意味をもつ大楯（おおたて）にもみえる。

つぎに、壁画中央の大靫から右手に目を移そう。先に鏡の表現とみた同心円文の下には、背に立つ矢を赤で表現した黒い四足動物がみえる。先の鹿と違って脚を短く描く。日下氏の模写図によると、長い鼻先と鬣、立ち上がる短い尾が確認される。猪であろう。矢負いの猪と向き合うように小さな四足らしき動物が。猟犬だろう。猪と猟犬の下には、ここにも大きく両腕を上げる人物がいる。勢子の可能性が高い。猪の右下方、大靫の下と赤船の先端近くに、二人の人物像が描かれる。日下氏の模写によれば、ひとりは左手に弓を持つ。右手に持つ棒状品は矢か。猪を射た狩人にあたるか。

かように壁画を読んでくると、大きな赤船と辟邪の図文（靫・弓・鞆・鏡など）のあいだを狩猟群像で埋め尽くそうとする描き手のこだわりがうかがわれる。

視点を二段目の壁画に移そう。奥壁中央を占める当該の壁画には、弓を引き絞る騎射像が黒で描かれる。鋭い矢の先に小さな四足動物が。ここにも狩の情景がある。模写図によれば、射手が乗る馬は裂けるかのように大きく口を開け、舌までも表現する。鋭く突き出した鼻先に近く赤色で落とされた小さな眼は、不気味さすら感じさせる。頭上の耳は角のように鋭く立ち上がる。じつに猛々しい。また四肢の先、蹄を赤でていねいに描くのも、大地を駆ける勢威を表出しようとする色配りをうかがわせる。そうした描法は躍動する竜馬を連想させる。

馬の尻から弧状に伸び上がり、騎射人物の頭上に被さるような線がある。これが旗竿の表現であることは、酒巻一四号墳（埼玉県行田市）出土の馬形埴輪をはじめ、高井田Ⅱ―二三号横穴（大阪府柏原市）や薬師下南古墳（福岡県久留米市）などの古墳壁画に描かれる旗を翻す馬の図柄から明らか。馬の体軀と同じ黒で表現されて長く伸び上がるそれは、赤い線で縁取られ、馬の顔の表現とあわせ、まるで龍の尾のような精悍さを感取させる点には留意しておくべきだろう。

壁画の構図と馬の表現からみて、当該の騎射人物像が壁画の要と解いて間違いなかろう。

「力足」を踏む人

さて、二段目の壁画、狩猟する騎馬像の左上に、躍動感あふれる人物像が。丸い頭部をもつ人物が大きく振り上げる一方の腕は太く長い。開いた掌は三本指で表す。動作に勢いが感じられる。また一方の腕は、大きい輪を描いて腰に当てる。さらに、全身を黒で描くこの人物の胴体から大の字に伸びた両脚は、外側に赤を添わせてなお太く、足先は赤のみで大きく描き、まさに踏み出そうとする動きが看取される。赤は血の色、あふれ出る生命の根源の色。わたしには描き手の卓越した技量がみえた瞬間だった。

同じ姿態の人物像は下段の壁画にもみえる。矢負いの猪の上方、同心円文の右、大靫とのあいだに描かれた人物である。頭に突起のある被り物をする当該の人物は、一方の腕を大きく振り上げ、他方の腕は肘を張るようにして手を腰に当てる。大靫の縁取りの赤い線が一部に重なってい

「力足」を踏む人物

1. 五郎山古墳

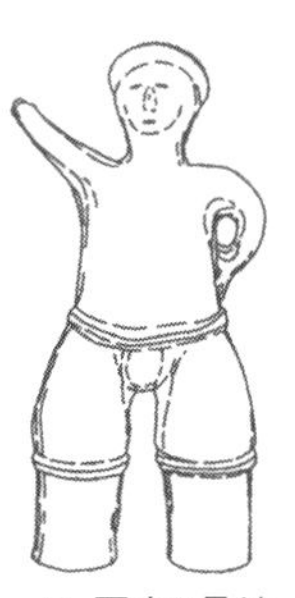

2. 原山1号墳

3. 清戸迫76号横穴

振り上げる大きな腕と地を踏む足(五郎山例)、褌姿で太い肉付きの上腿部(原山)、着衣のまま髪をなびかせ呪作する姿(清戸迫)。詳細は52 ～ 60ページ。

るが、その両足は大地をしっかと踏み締めるかのように、黒で描き出した両足の外側に赤色を添わせる。二段目の人物像と同じ描法だ。それは赤船を描く心にもつながる。

この特徴ある姿態をとる人物像は、遠い東国の清戸(きよと)迫(さく)七六号横穴（福島県双葉町）の七世紀の壁画に描かれる。そこにもキャンバスを同じくして狩猟の情景が描写される点には、留意しておかねばならない。同じモチーフが東北地方の装飾古墳に出現する事実は、墓室を装飾する心意とモチーフの伝播の背景が問われることとなる。

それはさておき、同じ姿態をした人物像は、はやく五世紀後葉に人物埴輪として形象される事実を忘れてはなるまい。福島県泉崎村に築かれた原山一号墳出土例はそのひとつ。褌(ふんどし)を締め、一方の腕を大きく振り上げ、他方の腕の肘を体の横に張り出したあと、その手を腰に当てている。なによりしっかと大地を踏み締めて立つ太い脚部と、力感あふれる腰から大腿部の表現は印象的で、その姿が力足（四股）を踏む力士（力人）を形象した埴輪であることは一目して明らかだ。

力士埴輪は全国で現在五〇例を超える出土例がある。なかには井辺八幡山古墳（和歌山市）例のように両腕を前に出し、取り組むようすを表現すると推察される例もあるが、大半は原山一号墳例や五郎山古墳例と同じ姿態をとる。

一般に人物埴輪の姿は、社会的上位の人物にあっては全身像で表出し、従者の立場にある人びとは腰から下を省略して円筒で表すという違いがある。しかし力士が社会的上位の階層に属するとは考えられず、相撲をもって奉仕する一種の俳優に属する人びとであり、その力士を埴輪として造形するにあたって、脚部まで表現しなければならない必然が存在したことをうかがわせる。

大日向克己氏は、当摩蹴速と野見宿禰の争力（相撲）が、田を舞台にした神事的芸能とみられる点、また『古事記』上巻が語るタケミナカタとタケミカヅチの力くらべが国譲りに関連して語られる点から、相撲が「異形異類性をもつ夷狄の王権に対する服属と力による守衛のための奉仕を表現」したものと述べる（大日向、一九九三）。かような相撲の根源的意味を確認すると、力士埴輪が脚部まで表現した全身像をとる点に「夷狄」を踏み締める＝邪霊圧服という造形意思の働きを読み取ることができる。

五郎山古墳の当該人物像が脚部の表現に赤を添えて太く表現するところにも、同じ心意の発動を見いだすべきだろう。

こうした邪霊圧服や邪霊退散の意を込めた呪術的な足踏みは、現在でも三信遠地方の山間部で実修される花祭りをはじめ、各地の芸能にみられる「反閇」という祭儀行為に伝承されている。静岡県の安倍川や大井川流域で行われる駿河神楽でも、猿田彦の面をつけた舞人が、白布でしつらえた安倍晴明判と呼ぶ星形の上を呪歩する「反閇」という演目が、神楽の最後に演じられる。

かような考察をふまえるなら、力足を踏む人とともに描かれる狩猟もまた、なんらかの呪的意味をもった行為とみなされるべきであるとともに、力足を踏む所作が狩猟の場を描出するうえで、必須のモチーフだったとする考えにわたしを導く。とりわけて、まとまった構図をなす二段目の壁画には、その主題性が強く感じられる。

『日本書紀』は、応神天皇をはじめ五世紀代の天皇が、しばしば九月に淡路島で狩猟を行う記載を載せ、さらに推古天皇や天智天皇らの菟田野・蒲生野・山科野などでの五月五日の薬猟を語る。さらに『出雲国風土記』では、天の下造らしし大神（大穴持神）やワカフツヌシ命（大穴持神の子）の狩猟を、また『播磨国風土記』では伊和大神や品太の天皇（応神）による狩猟など、支配者による狩猟を機縁とした地名伝承が散見される。支配者が山野に生きる鳥獣を狩猟する行動は、山野の霊威をわがものとし、そこに王権の永続と繁栄を願う魂振り(たまふ)の儀礼にほかならない。そこに地霊圧服と魂振りの狩猟儀礼が指摘できる。

『万葉集』が載せる「天皇の宇智(うち)の野に遊猟(みかり)したまひし時に、中皇命(なかつすめらみこと)の、間人連老(はしひとのむらじおゆ)をして献(たてまつ)らしめし歌」の反歌に「たまきはる宇智の大野に馬並(な)めて朝踏ますらむその草深野」(巻一―四)とみえる。この歌について白川静氏は「この反歌が宇智野遊猟の予祝的な意味をもつもので、やはり受霊の儀礼の系統に属するもので（中略）『朝踏ます』とは践土(せんど)、わが国でいう反閇の儀礼である」と説く（白川、一九七九）。狩猟の儀礼にあたり、地霊鎮撫(ちれいちんぶ)の意味を込めて力足を踏む反閇が実修されたのである。

吉野の秋津野での聖武(しょうむ)天皇の御狩を讃える山部赤人の歌においても、天皇の狩りに力足を踏む呪儀がうかがえる。

やすみしし　わご大君は　み吉野の　秋津の小野の　野の上には　跡見(とみ)する置きて
み山には　射目(いめ)立て渡し　朝狩に　鹿猪(しし)踏み起こし　夕狩に　鳥踏み立て　馬並(な)めて
み狩そ立たす　春の茂野に　（巻六―九二六）

おそらく五郎山古墳や泉崎四号横穴の壁画にあって、同じ場面に描き込まれた、供献の姿態をとる女性も支配者の狩猟儀礼にかかわるものと理解されるべきだろう。

あらためて奥壁二段目の壁画を眺める。猛々しい馬を馭(ぎょ)して四足動物をねらい弓を放たんとする狩りの情景において、力足を踏む大きな所作をなす力士像が位置を占めるわけが、大地を踏み「鹿猪踏み起こし」豊饒(ほうじょう)の狩りを願う予祝儀礼を主題としたためだと理解される。騎射像の前にも、黒・赤・緑で着飾った人物が描かれる。力士と同様に右腕を振り上げ、両脚は緑で、足先は赤で描かれ、やはり大地踏みを実修する人物とみなせそうだ。

転生する魂と青色

二段目の壁画にあって、騎射人物像の真上には、緑で描かれた方形に近い図形がある。翻る旗のような表現だ。しかし旗竿の先端とはいささかの隔たりがある。まるで天空にはためくかのよう。しかも騎射人物とくらべて、ひときわ大きい。旗は左側に描かれた力足を踏む力士の動きにも感応して、狩猟の場面にいっそうの生命力を付与する図形という印象が強い。翻る緑の旗もまた、下段の壁画にみる、靫・弓・鞆・鏡などと同じ呪的属性をもつモチーフとして描かれたとみるべきだろう。もちろん力足を踏む人物の左手に描かれる同心円文もしかり。

さらには、大半の図柄が赤と黒の色彩で描かれるなか、ひときわ動的に描出される旗に緑という際立った色が用いられる点に、画師の心意を読み取りたくなる。日下氏の模写図によれば、青緑に近い色合いだ。

『万葉集』には人魂を「青い色」とする歌が散見される。

　人魂のさ青なる君がただひとり逢へりし雨夜の葉非左し思ほゆ　（巻一六―三八八九）

「葉非左」の意味は不明ながら、いまは亡き恋しい人の青い色をした魂と出会った雨夜をなつかしむ万葉歌である。

また、天武天皇崩御のおりの皇后讃良皇女（さららのひめみこ）（のちの持統（じとう）天皇）の歌。

　北山にたなびく雲の青雲の星離れ行く月を離れて　（巻二―一六一）

青雲が星を離れ、月を離れて大空高く飛び去るように大君は去られた、という歌意。亡き天皇の魂が青雲にたとえられる。

さらに天智天皇崩御の折の皇后倭姫の歌。

青旗の木幡の上を通ふとは目には見れどもただに逢はぬかも　（巻二―一四八）

近江から木幡を経て、懐かしの大和へ還りゆく天皇の御魂が見えるという。『万葉集』本文では、歌の冒頭を「青旗乃木旗」と表記する。「旗」を重ねることにより、旗の動きにこめられた霊魂の動きがいっそう強調される。

五郎山古墳の旗が、大きくなびく青みがかった緑で描かれるのも意味があるとみるべきだろう。こんにち同様、古代人も緑を青の範疇に含まれる色と認識していたようである。

かように説いてくると、人類学者であり考古学者であった金関丈夫氏の「魂の色――まが玉の起り」のくだりを紹介せずにいられない（金関、一九八二）。

われわれのからだについている魂の一つは、魂魄二種のタマシイのうち、魄である。（中略）碧は明るいあお色の玉のことだ。魄と碧とは、ことによると同語だったかも知れない。孔子の音楽の師匠の萇弘の死体が碧玉すなわち璧になった伝説がある。人びとはこれを魄の姿とみたのだ。からだから離れて外にでるほうのタマシイ、すなわち「魂」の青かったことも、『万葉集』巻十六の最後の歌に「ひと魂のさ青なる君がただひとり」云々と歌われている。

勾玉の材料に璧（あお色の玉）を尊んだのは、その色が魂と同色であるからで、その同色性によって、魂を引きよせ、その鉤でつなぎとめる。腕輪や首輪に青色のビーズや石が好まれたのもこれで、水鬼をごまかすチマキは、新鮮なあお色でなければならなかった。滋賀県の曽束の風俗で、夏がくると子どものある人は、キュウリ（胡瓜）の青色新鮮な初なりを瀬田川に流す。子供が川に入ってガタロウ（河童）に引きこまれない呪いだというのもこれであろう。

『楚辞』の九歌の、たま迎えのために水中に建てられるたま家は、もろもろの香草で青々と飾られ、そのさまは種子島などで見る日本の精霊棚にそっくりである。チマキやキュウリで邪鬼をごまかすと同様に、同色の誘いによって、魂を迎える行事も歴史は古い。

広範な知見を綜合した、金関氏ならではの知的探求は、日本人の原郷意識を追究、冥界を「青」の世界と認識した民俗学者谷川健一氏や仲松弥秀氏の思いへとわたしをいざなう（谷川、一九八三／仲松、一九九〇）。

ここで奥壁壁画の分析劈頭（へきとう）で触れた赤船に目を戻どそう。大きく立ち上がる舳艫をもつ赤船の中央、宙に浮かぶように一つの黒点が落とされる。意味ありげだ。少し目を引いて、壁画全体を眺めると、当該の黒点から上の方向に、いくつもの図柄のあいだを選ぶように合計六つの黒点が列点状に配り置かれる。列点は大きな赤船から、はためく「青旗」へ視線を導く。

描き手はそこに霊魂の転生を表現したと思われる。騎射する人物像の真上にはためく大きな「青旗」。馬上の人物こそ他界に転生し、再生した「被葬者」とみなすことができる。先に「騎射人物像が壁画の要」とした考察とも符合する。ただし、ここでわたしがいう「被葬者」とは、五郎山古墳の被葬者を特定していうのではない。慣用語としての「被葬者」の意である。

もうひとつ、旗と同じ緑で描く図柄が、下段壁画の中央上位にみえる。Y字形をしたそれは、二股に分岐して伸び上がる線が中ほどで下に屈曲する。大半のモチーフが具象的に描かれる五郎山壁画のなかで異質にみえる。いったい何を表現した図形なのか。従来、それを「飛翔する大型の水鳥」と解釈されてきた（森、一九六四）が、わたしは付会の思いを禁じえない。その解は珍（めずら）敷塚（しづか）古墳（福岡県うきは市）の壁画にある。

珍敷塚古墳の石室は、奥壁最下段の巨石全面をキャンバスに、赤と青、そして石の地色を利用した絵画でよく知られる。画面の中央、ひときわ大きな三つの靫が目を射る。その数は五郎山壁

珍敷塚古墳奥壁の壁画

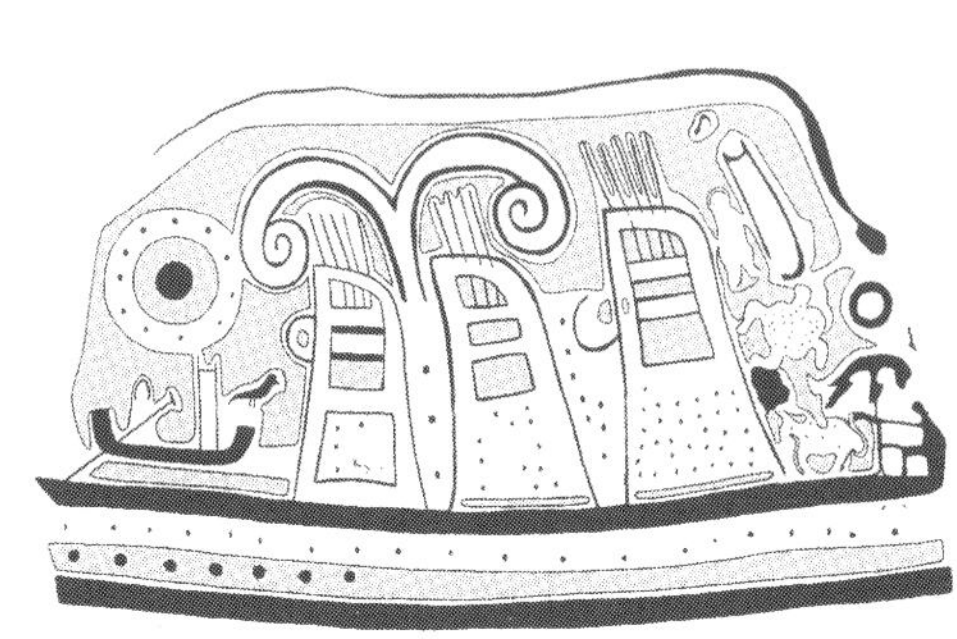

他界を守護する大靫の上、二股に分岐し伸び拡がる渦巻きは画面に生命力を漲らせる。左に死者を乗せ天翔る「太陽の船」が。

画と同じ。墓室守護を主張した図柄であることは明らか。壁画の中央上部、立ち上がる一本の軸から左右に分枝し、両先端が渦を巻く大きな図文が目に入る。従来、それは蕨手文（わらびでもん）と呼ばれてきた。二股に分かれ無限に大きく伸び拡がる渦巻きは、画面に生命力を生み出す命を孕（はら）んだ図文であり、珍敷塚壁画を象徴する意匠である。

　キャンバスの中央上部、しかも靫の上に描かれる点を考量すれば、五郎山壁画のY字形がこの双頭の渦巻文をデフォルメした図文と容易に気づく。五郎山壁画では渦巻きの図文はまったく硬化が進み、すでに造形心意の読み解きは難しいかと思われた。しかし、赤船から「青旗」へ延びる黒点のひとつがY字形の右脇に配り置かれる。デフォルメが進んだとはいえ、転生する命が蕨手の渦から放たれる寸刻がそこに表現されたと理解できる。

　五郎山壁画の緑は魂の色であった。

手向けの壁画――竹原古墳

後室壁画のモチーフと構図

竹原古墳（福岡県宮若市）は、遠賀川の支流、犬鳴川中流域に築かれた六世紀後葉の円墳。墳丘の直径は約一七・五メートル。埋葬施設は、前室と後室および羨道からなる全長約六・七メートルを測る複室構造の横穴式石室である。エネルギーにあふれた筆使いになる個性あふれるその壁画は、装飾古墳壁画の主題を思索するなによりの事例といえる。

壁画は後室の奥壁と、後室にいたる玄門両袖石の前室側に、黒と赤の二色で描かれる。この壁画については、発見時の森貞次郎氏による報告（森　一九五七。以下、森報告と呼ぶ）以来、多くの考察や解釈が提示されてきた。なかでも日下八光氏による模写と観察（日下、一九六七）は、研究に裨益するところ大であった。ここでは森氏の報告と日下氏の模写図をテキストに、わたしの壁画理解を開陳し、装飾古墳研究に一石を投じたいと思う。

まず後室奥壁、そして袖石、それぞれの壁画に描かれたモチーフの検討からはじめたい。

後室は奥行き二・七メートル、幅二・二メートル、高さ三メートルで、奥壁の下半いっぱいに据えられた高さ一・四メートルの緑泥片岩の巨石がキャンバスである。巨石の上には奥壁から差し出されるように、厚さ四五センチもの板石が棚状に架け渡される。その差し出し幅は八〇センチ。森報告によれば、金製耳環やガラス玉をはじめとする装飾品の出土状況から、この石棚直下が右側に頭位をおいた被葬者の座と推考される。

壁画は平滑な巨石のほぼ中央、約一・二メートル四方の範囲内にいくつものモチーフが重なり合うことなく配置され、下絵の存在が強く示唆される。畢竟、それは墓室壁画としてのたしかな作画理念の存在をうかがわせる。分析にあたり、まず描かれたモチーフのそれぞれを観察しておきたい。

翳

壁画の左右を区画するかのように、長柄の大きな団扇が黒で描かれる。翳である。翳は儀式にあたり貴人に差し掛け、その座を象徴する威儀具のひとつ。一対の翳はほぼ同形同大に表現される。長い柄の先にひときわ大きく描かれる団扇は、横長楕円形に太い黒線で輪郭を描き、要にあたる柄との結合部から放射状に七本の扇骨を黒の細線で表現するとともに、団扇の内輪郭と扇骨を赤で縁取る。それは関東一帯の古墳に立てられる翳形埴輪の、団扇部に散見される線刻や赤彩

竹原古墳奥壁の壁画

日下八光氏の模写図(日下1967)を基礎に、森貞次郎氏『竹原古墳』(森1968)などを参考に、部分的な復元・加筆をおこない作図した。

手法を用いた放射状の装飾表現と同じである。

まっすぐ垂直に立つ長い柄は二か所に節（ふし）を、また団扇との結合部（要）や石突きには小さな円環や蕨手（わらびで）状の装飾を描出し、壁画全体が醸し出す躍動性を補完するかのよう。団扇の表現とあわせたその装飾性は、貴人にかかわる器財の写実的表現とみなしてよかろう。さらに柄は赤く縁取りされる。

蕨手文帯

壁画の下縁には、左右に立つ

翳の柄の末端を結ぶかのように、四本の大きな蕨手文が連接して立ち上がる。左右二本ずつの蕨手文が、画面の内側へ巻き込むように黒で表現され、赤線で縁取られる。壁画全体を凝視すれば、この蕨手文帯が、絵画の両側縁に立つ翳とあわせて左右相称に表現され、しかも壁画の下を仕切る図文帯であると気づく。ほかの古墳壁画にはない独自のモチーフだ。

また図文を赤で縁取る描法は、上述した翳の長柄にも認められ、当該の図文を画然させ、壁画を引き締める効果がみてとれる。壁画の左右と下部の縁端を構成するモチーフとして、当該の描法が採用された所以はそこにある。

つづいて一対の翳と蕨手文帯からなる相称図形がつくり出す空間に割り付けられた、壁画の中枢を構成するモチーフをみてゆくが、それらが左右二つずつの蕨手文と密接な関連性をもって布置される点は興味深い。

まず中軸線をなかに向き合う二つの蕨手文の上に船と馬（馬1）。左端の蕨手文上には馬の口を取る人物（以下、「口取り人」と呼ぶ）を、さらに右端の蕨手文上には風になびくかのごとき旗竿（はたざお）を描く。蕨手文の一つずつが絵画を構成するモチーフそれぞれの割り付けと相関していることに気づく。

船1

中軸線上、蕨手文帯のすぐ上に描かれた船1は、舳艫と波除けの竪板を両端に表現した準構造船で、船体を赤で描く。大きく反り上がる舳艫と波除けの竪板を表現する線は、先端に向かい幅を増し、大型の船を描写したように思える。赤で描かれた船は、その輪郭を黒線で描くが、舳艫とそれぞれの側の竪板上端を一体としてゴンドラ形で表現する。それを船の抽象表現と理解すれば、先に検討した「人物の窟」の壁画に描出されたゴンドラ形の船を準構造船として再検討する余地がみえてくる。

馬1と口取り人

船1の上に、左側を向く一頭の馬（馬1）と、その左手に口を取る人物が黒で描かれる。馬の額には馬特有の鉤形に垂れる額髪（まえがみ）の表現が。鬣を表現する多数の細い線が首すじからなびくかのように引き出され、その動的表現に描き手の巧みさがうかがえる。尻から弧状に垂れ下がる尻尾は一本線で描かれ、左右に数本の細い棘毛が引き出される。黒で表現される胴体には、首にかけて赤い短線をまばらに重ね塗る。鬣の表現とともに、精気のみなぎりを斑文で描く描法と認識できそう。

両腕を伸ばし馬の口を取る人物像（口取り人）は、さながら左端の蕨手文上に立つかのごとく描出され、右手には馬1と船1が上下に割り付けられている。したがって馬1や船1にくらべ、格段の大きさで表現されることとなる。

頭には先端が曲がった背高の尖り帽を被る。顔は赤く塗られるが、目鼻の表現はなく、両側に美豆良を垂らす。下げ美豆良である。衣服は上衣と袴からなる二部式。袴は膝頭の下を足結で締めることで大腿部を大きく膨らませ、その輪郭を赤い線で描き、当該人物の存在を強調するかのようだ。足元はつま先が反り上がった靴を履く。その出で立ちは、ただの馬引きとは思われず、検討が必要だろう。

旗

右端の蕨手文の上から右側翳の団扇部へと、縦方向に延びる黒線を底辺とした連続三角文で、黒と赤を交互に塗り分けたモチーフ。底辺となる黒線は、やや右斜めにまっすぐ立ち上がったあと、方向をわずかに左へ変換する。三角形の旗を連ねた竿が風にしなるようすを表現した図形と理解される。

布でつくられたであろう古墳時代の旗は、古墳壁画のほか、埴輪や土器の線刻画などに知られ、長い布の短辺を竿に取り付けなびかせた「流れ旗」を描出した例が多い。「人物の窟」にみた、船上中央の人物が左手に持ち立てる旗はそれである。また薬師下古墳（福岡県久留米市）では、騎馬人物の後輪あたりから立ち上がる旗指し物に三段の流れ旗が赤で描かれる。

他方、前節でみた五郎山古墳奥壁にみる青旗は方形である。多様な形状の旗が用いられたとみられる。

馬2

左右に立つ翳と蕨手文帯に三方を縁取られた壁画の核心部分は、二つの団扇のあいだ、やや狭まった間隙から上部へはみ出すかのように構図が展開する。まず右側の団扇寄り、壁画の中軸線よりずれた位置に、大きな四足動物が位置を占める。左側の団扇とはいささかの間が生まれる点にも留意しておこう。

四足動物は全身を黒で描き、両耳と尻尾を突き立て躍り上がらんばかり。躍動性に富む巧みな表現だ。よくみると額には鉤形に垂れる額髪や鬣の表現が。その体形は馬1にきわめて近い。鞭のような尾の表現も共通する。馬2として検討をつづけよう。

黒で描かれたその体軀には、馬1にみられた赤いまだら文が耳や尻尾の先にいたるまで、さらに点々と描き込まれる。また背から尾には黒く鋭い棘毛が、四肢には赤く短い棘毛とともに先端に鋭く伸びる四本ずつの鉤爪（かぎづめ）が。さらには口から吐き出す、くねるかのような長く赤い舌。わたしは、馬の姿態に付加されたこれらの諸表現に、あらたな存在として馬１を昇華させ描出させようとする描き手の心意をみてとりたい。

それらが、高句麗の古墳壁画にみえる瑞獣（ずいじゅう）を表現する際に用いられる描法の影響を受けた点はたしかである。しかし、そこに描出された躍動する四足動物がひとえに馬である点は、無視するべきではない。馬２の属性については後節で詳論したい。

船２

馬２の顔前、上に大きく開く太い黒の弧線が。両端部がやや反り上がる。ゴンドラ型の船を描いたと認識できる。周り縁を赤で描く。黒と赤の色使いが船１とは逆だ。二つの団扇の合間、右寄りに馬２を描いたのも、船２を配置するためだったことが容易に理解できる。船２は馬２と対になるモチーフである。

袖石に描かれた壁画モチーフの再検討

雄鶏

前室の奥壁、後室への通路にあたる右側の袖石正面には、体軀を黒で描いた鳥の絵が（左図右）。尾羽は大きく舞い広がる。背や腹側には馬2でも用いられた棘状の表現が採られる。頭上の大きく発達した冠状の突起（鶏冠）、顎から垂れる肉髯、そのすぐ上には丸い耳朶（耳羽）などが赤で描かれる。とりわけ尾羽は、黒線で表現されたそれに混じって、赤い線を用いて鳥の頭上にまで及んで長く勢いよく引き出され、絵に躍動感をもたらしている。同様の描法は腹側にまで及び、羽毛のような柔らかさと軽々とした舞い広がりをみせる。くわえて半ば開いた嘴から吐き出すかのような赤い舌には、霊力すら感じられる。

その姿形は一見、高句麗古墳壁画にみる朱雀を連想させる。竹原壁画を学界に初めて報告した森氏が「高句麗壁画古墳に見える朱雀と同じ図像」と指摘して以来、その見解が定まった観がある（森報告）。しかし当該の瑞鳥図を子細に検討すると、頭部の鶏冠や肉髯、また大きく打ち広がる尾羽の表現に、高句麗古墳壁画にみえる瑞鳥表現の影響が濃く指摘されるものの、朱雀の特徴である羽ばたく両翼が描かれず、その比定には再考の余地があろう。

奥壁の壁画での馬2を分析するなかで気づいたことだが、現実の動物（馬）が新たな存在とし

竹原古墳左右両袖の壁画

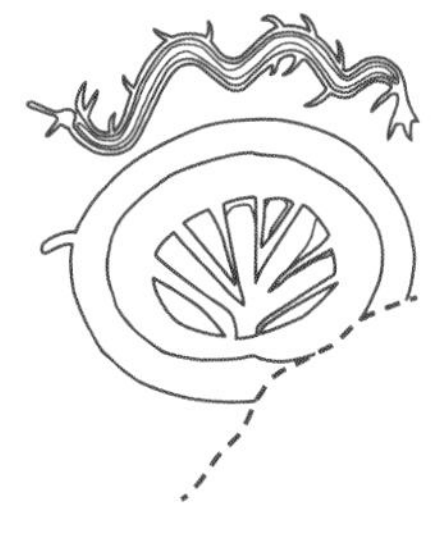

左袖石

右袖石

日下氏の模写図(日下1967)を基礎に、佐賀県立博物館『装飾古墳の壁画』(1973)などを参考に、復元・加筆をおこない作図した。劣化が著しい左袖壁画下半部は図化しなかった。

て昇華（変化）した姿形をそこに見いだせそうだ。同じ視座から、瑞鳥図を雄鶏の変化した姿とみることが可能ではないか。わたしの念頭に、東殿塚古墳（奈良県天理市）出土の円筒埴輪に描かれた船画のひとつ、他界へ急ぐ船の舳先に止まる、鶏冠と尾羽を大きく描いた雄鶏の線

舳先に雄鶏を描く埴輪絵画

東殿塚古墳出土の鰭付き円筒埴輪に線刻された3隻の船絵のひとつ(2号船画)。竪板上に雄鶏が描かれ、流れ旗や衣笠もみえる。

刻が浮かぶ（2号船画、前ページの下図）。鶏冠と尾羽は大きく、翼は描かれない。

さまざまな民俗事例のなかに鶏の生態を鳥瞰した野本寛一氏は、鶏が時間的、空間的境界を守り司る鳥であり、外部から侵入せんとする悪しきものを、その呪力によって遮断する霊力をもつと論じた（野本、一九八七、二〇一三）。後室への参入路脇に描かれる瑞禽に変化した雄鶏の図柄は、鶏がもつ呪力をいっそう増殖させて被葬者の世界（後室）を守護し、魂が新たな生を刻む光明の他界空間を観念させるモチーフだった。その視点は、すでに古墳時代前期には墳丘上に配置される鶏形埴輪の心意まで遡るとみるべきだろう。

翳

一方、左袖石正面の壁画は、花崗岩の粗面に描かれ、剥落が著しく、森報告において不分明であったが、日下氏の模写によりキャンバス上半部の意匠について、見当がつくようになった（日下、一九六七）。

森氏は黒で描かれた横位楕円文の遺存を認めつつも、楕円内の図文は判別困難とみて、当該の意匠を「不明図文」としつつも考察を重ね、その上部に描かれた黒と赤からなる曲線文との組み合わせから、高句麗古墳壁画にみる亀と蛇が絡み合う玄武に通じる図柄とみた。楕円文を亀の甲羅とみたようだ。そこには、対をなす右袖に描かれた瑞鳥を朱雀とする認識が大きく作用したことは否めない。南の方角を司り守る朱雀に対して、北の玄武とみなし、陰陽五行説に基づく四神思想が壁画に反映していると理解した。以来、左袖石壁画のモチーフを玄武とする考えは、現在にいたるも異見を目にしない。

ところが日下氏は、左袖の壁画を玄武の図柄とみて模写に臨んだところ、「亀の甲（黒の楕円形のこと―辰巳注）の内部を克明に模写してみると、亀甲らしいものにならず、意外にも、奥壁の翳に似たものになっているのに驚いたのである。これは何と解釈すべきであろうか」と、新たに認識された図文の出現に驚きを隠さなかった。

日下氏の模写図によれば、黒の楕円形に添って赤い線が巡り、その内側には黒の放射状図文が上に開く。それは奥壁壁画に描かれる翳にみる扇骨の表現と同じだ。扇骨の両縁を縁取る赤い線表現も共通した描法である。楕円図文は翳の団扇部とみるべきだろう。かつて若宮町（現在の宮若市）の町史編纂（へんさん）に携わった牛嶋英俊氏は、奥壁壁画にみる左右の団扇外縁線と左袖壁画の楕円文がほぼ同形で、そこに型紙の使用（反転を含む）を考えた（牛嶋、二〇〇六）。左袖壁画に翳を描くという描き手の造形心意がたしかめられるではないか。

また当該の楕円文を玄武とみなした場合、その比定要因となった右袖の瑞鳥を朱雀と考える視点に立つと、左右の袖に描かれる図柄の割り付けが不均衡で、団扇に比定される楕円文が壁画の上位に偏（かたよ）りすぎる点も玄武説に疑問を抱かせる。

日下氏の壁画模写図には、団扇図文の上に添うかのような波線が確認できる。森氏が黒と赤からなる曲線文とみた図文だ。黒とそれを挟む赤からなる三本の線が束となって一本の波文が構成される。しかも赤い線には、外側に向かって左方向に飛び出すいくつもの棘毛が確認できる。

棘毛は奥室の馬1・馬2と右袖の雄鶏に限って描出され、当該モチーフの霊性を表現する我が国の古墳壁画では、竹原壁画に特徴的な意匠。高句麗の古墳壁画に散見される瑞獣や瑞禽の生命力や霊性を表現する描法とみてよく、それはくだんの波線の絵解きにも敷延（ふえん）されなければならない。ならば波文は体をくねらせる蛇に比定できそうだ。棘毛がなびく向きからみて、蛇は右方向にくねり進むように描かれる。蛇とすれば玄武説に再考の余地ができる。しかし主文となる楕円文が、翳の団扇を描いた点は揺るがない。

右袖の雄鶏に高句麗古墳壁画の瑞鳥を表す巧みな描法をもって描いた描き手が、後室に描いた団扇と同じ図文を玄武図の核として採用したとみるのは無理がある。団扇に付随する装飾として蛇を描いたとみておくべきだろう。そこから翳形埴輪に散見される団扇の縁端を巡る連続三角文との関係を探るのも意味があると思われる。楕円文の下は、黒と赤の顔料がわずかに残る。翳を装飾する図柄が描かれたと推察される。はるかに装飾性に富む翳を左袖に描くことで、被葬者（貴人）を象徴したのであろう。

他界の表徴

これまで竹原壁画を、いささかの解釈を加えつつも、抑制的に観察してきた。また両袖石の壁画については私見を提示した。本項では後室奥壁壁画の主題を、それぞれのモチーフの心意とあわせ考えてみたい。

まず、壁画の左右に立つ一対の翳。翳が貴人の存在を象徴する器財であることは申すまでもない。駒井和愛（こまいかずちか）氏は古代中国で翳が葬具としても使用されたと説き、竹原壁画にあって翳は「棺をおおっているような風」に描かれ、壁画の中央に「雲の上」の被葬者を連想させようとしたと説いた（駒井、一九六九）。

「雲の上」とは、かねて駒井氏が蕨手文を仙人が乗る雲気に由来する文様と解釈し（駒井、一九三七）、それを竹原壁画の蕨手文に敷延させたことに拠っている。そこは神仙世界、すなわち他界と換言してよかろう。翳に覆われた棺、そこに眠る被葬者の他界世界を観想して壁画が描かれた、と駒井氏は理解したのだろう。

一方、竹原古墳の後室壁画の考察をつづけた森氏は、駒井氏の説が発表される前年、蕨手文帯を「立波形図文」と呼びつつも、それを波濤の表現とするに否定的で、「神仙思想にもとづく大陸的なものであり、現世を離れた神秘な長生不死の世界の存在を標識する（中略）須弥壇と同じ意味をもつもので（中略）この壁画のすべては、神霊の世界での状態をあらわす」という見解にいたる（森、一九六八）。

森氏と駒井氏は、ほぼ共通した理解をもつことになる。この森・駒井両氏の蕨手文帯に関する認識は、竹原古墳の後室壁画が被葬者への手向けとして描かれたと考える私説の導きとなる。

なお、日下氏は蕨手文を「波頭文」と呼び、船1との関連から波を意匠化した図案とみる（日下、一九六七）。しかし東アジアの古墳壁画に、波をモチーフとした確かな事例をほかに認めることができず、その比定は難しい。ほかに、この図文を「唐草文」と理解する斎藤忠氏の説がある（斎藤、一九八三）。

他界へ翔る船と馬

壁画の主題にかかわるモチーフ群をみてゆこう。まず船1から。

壁画の下縁をなす蕨手文帯は、壁画のすぐ手前に横たえられた被葬者の棺蓋の高さあたりに描かれる。船1はそのすぐ上に位置する。まさに被葬者の霊魂の乗り物として描出された図柄であることを主張するだけでなく、そこに旅立つ被葬者が観想されるではないか。

船は我が国の古墳壁画に特有の図柄である。その基層に弥生時代に遡る舟葬の観念があることには注視しておかなければ、竹原壁画の本質を見誤る（辰巳、一九九二・二〇一一）。あの「獲加多支鹵大王」銘をもつ金象嵌鉄剣を副葬した埼玉稲荷山古墳（埼玉県行田市）の埋葬施設も、尖った舳先をもつ丸木舟形の木棺だったではないか。それはやがて横穴系墓室の発展とともに壁画として展開する。すでに本章でも高井田Ⅲ—五号横穴（「人物の窟」）や五郎山古墳の壁画で読み解いてきたところである。

さらに横穴系墓室では、壁画のほかにも船が表出される。石貫穴観音三号横穴（熊本県玉名市）では、屍床をゴンドラ形に削り出し（左の写真）、被葬者はそこに納められる。また岩原Ⅰ—一四号横穴（熊本県山鹿市）では、ゴンドラ形屍床の仕切り上縁に二つの瘤状突起を削り出す。船の推進具である櫂を操作する際の支点となる櫂座にあたる。死者を屍床に収めたあと、櫂座に木製の櫂が添えられたことは容易に想像できる。

竹原壁画の船画に話を戻そう。よく見ると船1は船体を舳艫方向にいささか傾斜させて描かれ、さも外洋を航行するかのよう。作画の過程で、先に描かれていた蕨手文帯を波に見立てた可能性

ゴンドラ形の屍床をもつ石貫穴観音3号横穴　横穴の玄室には奥壁と左右側壁に沿って、ゴンドラ形の仕切りをもつ屍床が削り出される。他界へ渡る死者の船である。

をわたしは捨てきれないでいる。船のわずかな傾きに描き手のくふうが見てとれる。ここにも他界へ渡る船が描かれた。

そうした筆法が馬１の描写に現れていることは先述した。なびく鬣と、胴体のところどころにみえる赤い斑文に、馬の精気が感じられる。駿馬（しゅんめ）をうかがわせる表現だ。くわえて一本の黒線で描出した尾から派生するいくつかの棘の表現は類いなく、それがただの駿馬でないことを示唆している。

馬１の口をとる人物は、馬１と船１の、モチーフ二つの左に大きく描かれる。それは一対の翳と蕨手文帯に区切られた空間いっぱいに、船１・馬１とその口取り・旗のモチーフそれぞれを大きな蕨手の図案と関連させてレイアウトした結果に過ぎず、モチーフ相互の不均衡にこだわる必要はない。

口取りの頭に乗る帽は背高に立ち上がり、先近くで一方に曲がった尖り帽で、口取りとしての職分の理解にはむしろ障害となる被り物に思える。また、足先に履く、靴先を反(そ)らせた乗馬用の靴とおぼしき表現も口取りには不調和だ。

わたしには、ただの口取り（馬牽(ひ)き）とする従来の理解には従えない。むしろ他界へ旅立つ貴人（被葬者）を描いたとみるのが適当ではなかろうか。

ここで船1と馬1が同じ画面を構成する点について、その背景を考えておこう。五郎山古墳の奥壁壁画での考察（244ページ）を思い出していただきたい。

壁画最下段の中央に赤い霊船が、また最上段のモチーフ群の中心に騎射人物像が描かれていた。さらに騎射人物像の真上には大きな「青旗」がなびく。そして赤船から青旗へと視線を導くように落とされる黒い連珠が、あたかも霊魂の転生を語りかけ、大きくなびく青旗をいただく騎射人物像こそが、転生した被葬者と解き合わせることができた。竹原壁画の船1と馬1の定置から、竹原壁画に五郎山壁画と基層を同じくする描画の心意がみてとれる。

船と馬のモチーフを組み合わせた壁画といえば、弁慶ガ穴(べんけいがあな)古墳（熊本県山鹿市）が著名である。そこでは「船に乗る馬」の図柄が前室や羨道壁面に赤で描かれる。なかには船上に棺とおぼ

弁慶ガ穴古墳の壁画にみる船と馬の集成

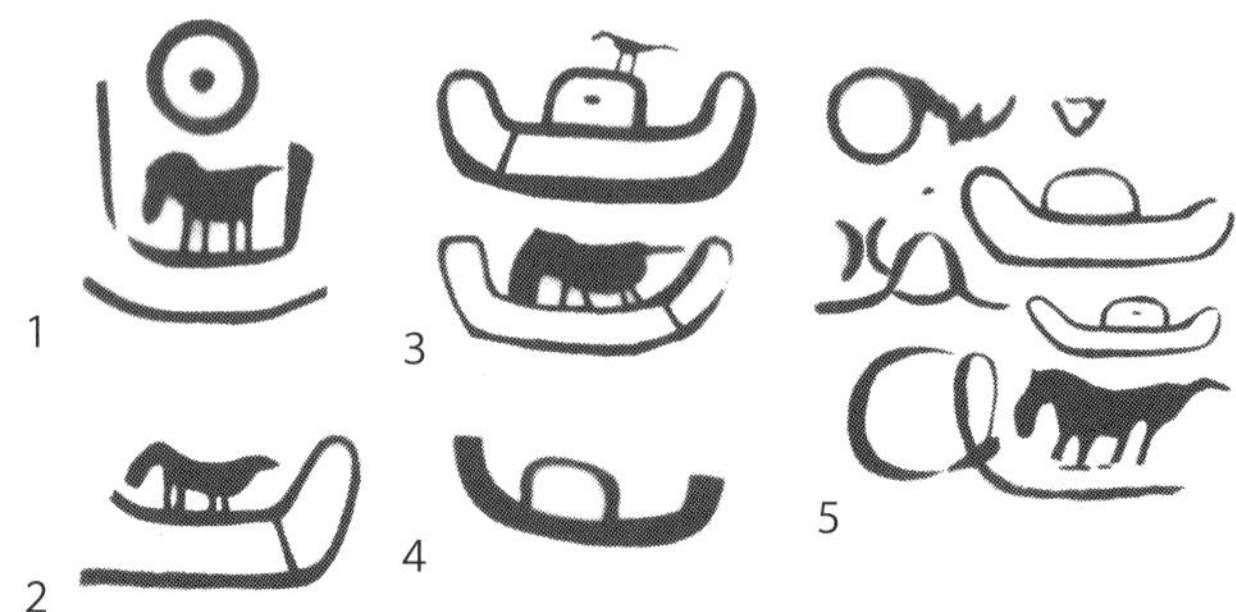

馬が乗る船のモチーフが集中的に描かれる。1は「太陽の船」で、船上の馬は被葬者の表徴。船上に積む荷物表現は馬と置換されるモチーフ。

しき箱形とその上に止まる鳥のモチーフが確認される。船上の馬が棺と置換される存在と認識されたことがうかがえる。さらに田代太田古墳（佐賀県鳥栖市）の奥壁壁画でも、船と、馬上に弓を執る人物像が壁画を構成する。馬の尻からは旗指し物が伸び上がる。それは五郎山壁画の青旗をなびかせた騎射人物像を彷彿させずにおかない。

ここにいたり、船1と馬1の左に描かれる、風にしなるかのような赤と黒の三角旗を連ねたモチーフを描く心意がみえてくるではないか。酒巻一四号墳（埼玉県行田市）から出土した馬形埴輪の尻には、三角形の旗を連ねた指し物が組み合わされていた。五郎山壁画や田代太田壁画にみる馬の尻から立ち上がる旗指し物にとどまらず、その旗指し物のみを描いた高井田Ⅱ—二三号横穴（大阪府柏原市）の事例も、旗とそのなびきが霊魂の他界への渡りを象徴するモチーフと理解される（辰巳、二〇一九）。竹原壁画の中核に描かれる船・馬・旗。それらのモチーフは被葬者の他界への旅立ち（転生）という主題のもと、ひとつの画面を構成する図柄にほかならない。

変化する瑞獣

貴人が口を取る駿馬（馬１）のすぐ上、二つの団扇に挟まれて大きく躍動する四足動物が描かれる。先にわたしは、それをいっそうの精気みなぎる瑞獣に変化（へんげ）した新たな馬の姿（馬２）と理解した。

すでに馬１には、黒い体軀に描き込まれた赤い斑文、威勢よくなびく鬣、長く垂れ下がる尾から分枝する棘毛など、在来の馬を超える活力がうかがえる。その馬１に倍する大きな馬２の堂々たる体軀は、躍り上がらんばかり。峙（そばだ）つ耳、聳立（しょうりつ）し先端を巻く鞭のような尾、全身に及ぶ大きな多数の赤い斑文。くわえて背や尾には黒い棘毛が、四肢の赤い棘毛とともに足先の鋭い鉤爪。さらに、やや開いた口からくねるように長く伸びる赤い舌。馬１から桁違いに増殖した新たな精気の漲（みなぎ）りが随所に描写される。

なかで高々と反り返る尾や吐舌、さらに鋭い鉤爪などの描写に、高句麗古墳壁画などの大陸壁画にみる青龍図をはじめとする瑞獣につながる描法の影響が指摘される。龍のごとく空翔ける天馬を描こうとしたか。

先に指摘したことだが、左右の翳と蕨手文帯に縁取られた壁画の核心部分から飛び出すかのように描かれる馬2の位置は、右側団扇に近接し、左側の団扇とのあいだにいささかの空間がとられている。それは馬の眼前に船2を描くためで、船2が馬2と対になるモチーフとして必須の図柄だったことを物語る。

船と馬。瑞獣の兆しをみせる馬1が、ゴンドラ型をした船1の真上に位置を占める構図上の配意を考えるなら、船2と馬2にも同じ視点を注ぐべきだろう。瑞獣に変化する馬2を他界へ導いた船、それが馬の眼前に描かれたとみたい。船2が船1と逆の色使いを採るのも、それが他界の船の表徴であることを語っている。馬1の口を取った被葬者は、それを駆して他界に転生し、瑞獣（馬2）へと変化した。

後室壁画の主題

わたしはかねて、古墳が此界に創出された他界空間であることを揚言してきた（辰巳、二〇〇二・二〇〇六）。横穴系墓室は他界空間（古墳）の核をなす施設であり、そこに表出された壁画が往時の他界観に基づくことは言うまでもない。しかも壁画が描かれた奥壁に添って、被葬者の永久(とわ)の床が設けられていた事実は、壁画が被葬者への手向けとして描かれた蓋然性がきわめて高いことを語っている。

壁画の直下に横たわる被葬者の霊魂が船と馬に乗り、他界に導かれ転生するさまを描いた竹原壁画。馬2（瑞獣）と眼前の船2は、蕨手文と翳で縁取られた壁画の中核から他界に放たれ転生した存在と理解される。

竹原壁画余論

わたしは、後室の壁画が、被葬者への手向けとして棺の座に並接する奥壁に描かれた他界転生図であると考えてきた。ここで壁画を分析する過程で、あえて触れずにいた先学の研究について私見を述べておくべきと考える。ひとつは人類学・民族学の金関丈夫氏による、当壁画の主題を東アジアに拡がる龍媒(りようばい)伝説にあるとする考え（金関、一九六九）。もうひとつは森報告で指摘された、四神図文の認識に関する問題である。

龍媒伝説は描かれたか

金関丈夫氏は、竹原壁画に芸術作品としての賛辞を惜しまない。すなわち水中出現の龍を期待してその種を得るため、旗と翳を立てた水際の斎場に馬司（うまづかさ）が主君の牝馬を船で牽きだし、水中から躍り出た龍が牝馬にのりかからんとする場面を描いたとする読み解きである。

しかしそれは、死者を葬る墓室空間に描かれ、他界観念を基層とした宗教的、精神的な営みを基層とした絵画という古墳壁画の本質を看過した解釈といわざるをえない。また描かれた船のモチーフは、大陸壁画にはみえない倭独自の表現であり、馬や旗もまた古墳壁画に散見され、それらもまた往時の他界観念で読み解くべきことは言を要しない。

四神図文は描かれたか

つぎに、竹原壁画に大陸の四神思想が指摘されるか否かに話題を移そう。それは森報告が、右袖石に描かれた鳥の絵を「高句麗壁畫古墳に見える朱雀と同じ図像」と指摘したことにはじまる。森氏は具体的に高句麗壁画古墳の具体例をあげることはなかったが、一九一二年（大正元）に発掘と壁画の模写が行われた江西大墓（こうせいたいぼ）（平安南道南浦市）や江西中墓（同）の朱雀図などがそれと思われる。

右袖石に朱雀図の存在を見た森氏は、左袖石の絵を「不明図文」としつつも「前室通路の入口の左側の朱雀と相対する位置から見て、これが玄武の図像であろうと推定」した。ただ後室の壁画にみえる馬2については、「馬に似た龍のような怪獣」とするにとどまった。

しかしその後、森氏は、「前室から奥室への入口の左右の壁の鳥、怪獣は、墓室の四壁を守る四神（青龍、白虎、朱雀、玄武）の考え方からでたものと見られ、大陸文化の強い影響をしめすもの」と書き、「怪獣」を青龍の図文と認識していたことがわかる（平凡社、一九六四）。

さらに装飾古墳研究を牽引した斎藤忠氏は、竹原壁画を「高句麗図文からの影響にもとづく日本人的な着想」ととらえ、両袖石の壁画を朱雀と玄武と認識したうえ、後室壁画の「怪獣」を龍とも似ない獣体に表現したことに「青龍と白虎とを合体させた巧みな日本的な表現」をみた（斎藤、一九八九）。

その後、国立歴史民俗博物館開館一〇周年記念「装飾古墳の世界」展を主導した白石太一郎氏は、南西方向に開口する石室をほぼ西向きとみなし、左袖石・右袖石・奥壁にそれぞれ玄武・朱雀・青龍が描かれ、またすでに失われた閉塞部に白虎が描かれたと推察、方位に合致する四神表現が存在したと説き、四神図を九州地方在来の伝統的来世観のうえに朝鮮半島からの影響のもとに生まれた墓室装飾のひとつと考えた（白石、一九九九）。

竹原古墳の後室壁画に描かれた怪獣図の読み解きについて、龍媒伝説と四神図文説のそれぞれを簡略に検討した。四神図文が描かれたとする視点からは金関説の成立する余地はなく、さらに多数の古墳壁画のなかで竹原壁画だけに特殊な主題が採用されたとする視点にも従えない。

一方、四神図文を描いたとすれば、青龍とみなす怪獣を二つの団扇間の真ん中に描かなければきわめて不均衡な構図となり、なにより怪獣の眼前に描かれた船2がまったく意味のない図柄となってしまう。右袖には雄鶏が、左袖には飾り立てられた翳が描かれ、そもそも朱雀・玄武は描かれなかったことは上述した。

龍媒伝説、四神図文説、わたしはいずれの考えにも与することはできない。

終章

「他界の王宮」創造

古墳と埴輪

“埴輪祭祀”は存在するか？

古墳は死者を葬るための装置にほかならない。それは、時の流れや地域性、また被葬者の社会的位置付けなどによる差異はあるものの、死者を納める棺を主体として、槨室・封土・葺石・濠などの構築物や、副葬品や墳丘に立てられる埴輪のほか、葬送に使用された器物など、さまざまな考古事象から構成される。個々の事象研究が行きつく先は、それを生み出した社会と文化の解明ということになろうか。

しかし、個々の事象は、あくまでも墓の基層となる他界観に規制されるのであって、それを踏まえた考古学的研究がなされなければならない。前章で論じた古墳壁画もそのうえに成立する研究であることは、すでにご理解いただけたことと思う。

古墳研究の世界では、しばしば「埴輪祭祀」や、「埴輪のまつり」という用語を見聞する。この用語を直截（素直）に解釈すれば、「さまざまな埴輪を立て並べる行為をもって実修される祭祀行為」とか、「立て並べた埴輪を、祭祀の対象としてまつる行為」という意味に理解される。

とりわけこの用語は人物埴輪出現以降の段階での埴輪研究で頻繁に使用され、そこでは「人物埴輪を中心とした形象埴輪群に表現される往時の儀式」や、「埴輪を立てた際に、其処で行われた儀式」といった概念で使用されるのが実態である。研究者の概念と用語のうえに隔たりが存在するように思うのは、わたしだけであろうか。

「祭祀」とは?

そもそも「祭祀」とは、己や己が所属する集団の意志や力のみでは達成が困難と思われる事態を克服し、解決するため、「人知を超越した霊力をもつ隠れたモノ」＝「神」の存在を信じ、その霊威に働きかける行為をいい、神が顕現すると思念される場を同じくして反復される行為（その時間的な間隔はさまざま）をいう。

民俗用語に「祖先祭祀」という言葉がある。これも繰り返される祭儀行為であることは言を俟たない。しかし被葬者を埋葬し、古墳が完成したあと、その古墳に対する祭祀が「長期」にわたり「定期的」に繰り返し実修された具体的な考古学上の事例を挙げることは困難。わたしは「古墳祭祀」は存在しないと考える。

古墳の築造にかかわって「祭祀」という言葉を用いる研究者は、そこにみる「祭祀」という言葉と、民俗事象一般がもつ「祭祀」の語との異同を明確にすべきではないか。さまざまの学問領域において、使われる言葉は共通した認識のもとに使用されるべきであることは言うまでもない。考古学もまたしかり。

たとえば前期古墳にあって、竪穴式石室や粘土槨(ねんどかく)を構築する過程、および槨室を封土内に埋め込む過程における赤色顔料の散布行為や、壺形土器の破砕行為など、個々の呪術的な儀礼(それは墓としての古墳を築くひとつの工程です)を「祭祀」と規定する研究にしばしば出会う。わたしたちは「祭祀」という語を安易に、また恣意的に使ってはいないか。

象徴と結界

埴輪垣の諸相

古墳に埴輪を立てる行為は、弥生後期の墳丘墓上に底部を穿孔した二重口縁壺や加飾壺、また加飾器台などを据えるところに淵源し、段階を追って個々の形象と配置にデフォルメと誇張、また儀式の場面を象徴する新たな造形が加えられる。

したがって初期古墳の段階では、壺と器台に起源する〝かたち〟をもった土製品が主流を占め、それが墳丘上や墳丘裾、段築をもつ墳丘にあっては各テラス面を囲繞する情景を出現させる。壺形や円筒、さらには両者を合体させた朝顔形が大半で、円筒埴輪や朝顔形埴輪の体部には鰭が付けられ、隙間なく墳丘を巡る事例もみられ、そこに墳丘への侵入を拒み、墳丘を外なる世界から結界しようとする強い意志の反映が認識できる。そうした思惟は、その埴輪列に盾形埴輪を加え、外なる世界（現世）から内なる世界（他界＝古墳）を守護し、いっそう強固な意志を顕現させることになる。

五色塚古墳（全長一九四メートルの壺形墳、兵庫県神戸市）では、四～一一本の鰭付円筒埴輪をあいだに鰭付朝顔形埴輪が立てられる。そこでは隣り合う埴輪の鰭と鰭が接するように隙間なく並べ立てられ、内なる世界を三重に仕切る（左図1）。そのさまに、

八雲立つ　出雲八重垣　妻隠みに　八重垣作る　その八重垣を

という記紀歌謡が想起される。

また、黄金塚二号墳（京都市）では、大型の盾形埴輪と朝顔形埴輪が四本の円筒埴輪をあいだにして交互に立てられる（左図2）。くわえて盾形埴輪のひとつには、邪霊退散の意味をもって力足（反閇）の呪作をなす人物像が描かれ（53ページの図1）、埴輪列がもつ結界の思想を重ねて主張する。さらに宝塚一号墳（三重県松阪市）で、墳丘裾のくびれ部屈曲点や、造出しを巡る埴輪列の中央など、墳丘平面の要所と認識される地点に盾形埴輪が立てられる点にも同じ意味がある。

五色塚古墳において壺形の墳丘を三重に巡る埴輪垣の最上段は、主丘部（後円部）墳頂を円形に巡っていた。それが主丘部の封土内に営まれた埋葬施設の位置を明示し、結界する意図の反映であることは間違いない。石山古墳（三重県伊賀市）では、円形の主丘頂に、主軸に沿う方向に

他界空間(古墳)を結界する

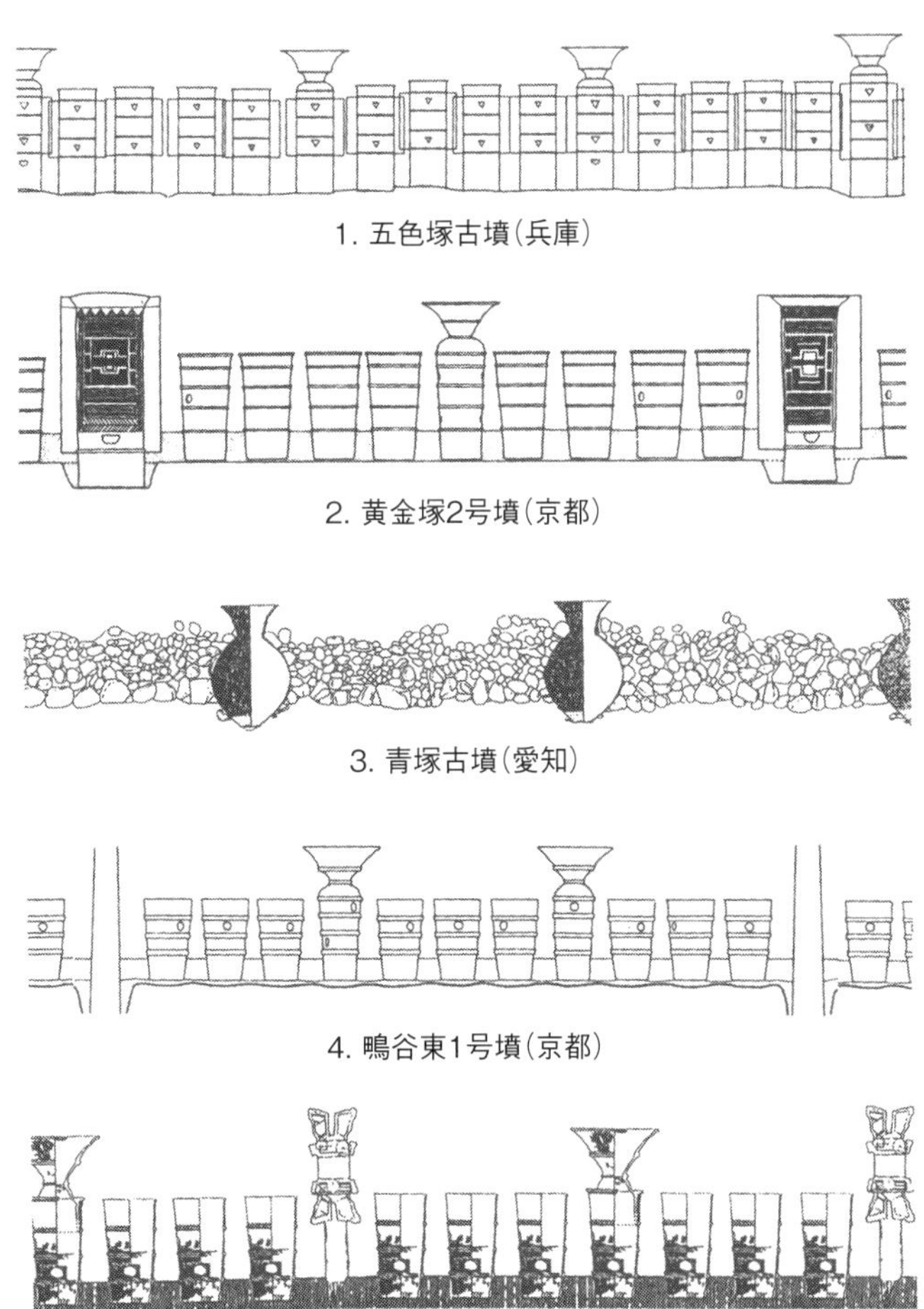

1. 五色塚古墳(兵庫)

2. 黄金塚2号墳(京都)

3. 青塚古墳(愛知)

4. 鴫谷東1号墳(京都)

5. 小立古墳(奈良)

墳丘を結界する埴輪垣の諸例。壺形埴輪や朝顔形埴輪が内なる世界を表徴する〝かたち〟と理解される。そこが壺の世界=他界空間であることを提言するかのよう。

五色塚古墳主丘頂の埴輪垣(復元整備後)　全長194mの壺形墳、五色塚古墳は三段に築かれ、墳頂と上・中段テラスを埴輪垣がめぐり、徹底して他界空間を遮蔽・守護する。

建物を観想させる円筒埴輪の配置　初期ヤマト王権の巨大王墓のひとつ、メスリ山古墳の主丘頂に大型円筒埴輪を用いて観想された棟持柱をもつ他界の高殿。

長辺をもつ矩形の壇があって、四周を一九～二二本の鰭付円筒埴輪が近接して立て巡らされていた。円筒埴輪には小型の衣笠埴輪が載せられていたらしく、貴人の在所であることが言挙げされたと理解される点も無視するべきではなかろう。

ヤマト王権の成立に関係する磐余の王墓として知られるメスリ山古墳（全長約二三五メートル、奈良県桜井市）では、壺形墳丘の主丘頂、被葬者を納めた竪穴式石室上を巨大円筒埴輪が隙間なく矩形平面に、かつ二重に立て巡らされていた（右下図）。

内側埴輪列のうち、短辺中央の円筒埴輪は直径が約九〇センチ、高さが二四〇センチ余という大きさだった。ともに並ぶ円筒埴輪の直径が四五～六〇センチであるのとくらべ、その巨大さは群を抜く。二重の円筒埴輪列のあいだには、長辺に等間隔で直径が八〇センチ弱、高さ二メートル余という、巨大な円筒埴輪がそれぞれ五本ずつ立てられる。短辺中央の巨大円筒埴輪を棟持柱とし、大型円筒埴輪の列を側柱に見立てた墓上の建物が観念されたとみられる。被葬者のための建物を企図した埴輪配置である。

なお、これら大型円筒埴輪を立てる前、埋葬施設が構築されたあとの墳頂部に、埋葬施設の存在を明示するかのように矩形の壇状施設が築かれたようで、上述した二重の大型円筒埴輪列は、その壇状施設を囲繞していた。壇状施設は大型円筒埴輪列に結界され、外部からは見えることがなかった点に留意しておきたい。

「壺形埴輪」と壺形墳

また、メスリ山古墳に先行して磐余に築かれた桜井茶臼山古墳（全長約二〇〇メートルの壺形墳、奈良県桜井市）でも、竪穴式石室を構築した主丘頂に壇状施設が築かれていた。壇の縁辺には東西一〇メートル余、南北一三メートル前後の矩形に、二重口縁壺を形象した壺形埴輪（従来は「壺形土器」と呼ばれてきたが、当該の壺形品は焼成前に底部への穿孔が行われ、当初から墳丘に配置されるために製作されたものである点を重視すれば、これも「埴輪」の範疇（はんちゅう）で理解するべきだろう）が隙間なく並べられる。矩形の短辺（北辺）で二四～二五個、長辺（南辺）で二九～三〇個、総数一一〇個余の数が推定された。

二〇〇九年、桜井茶臼山古墳では主丘頂部の再発掘が行われ、壺形埴輪を巡らせた壇状施設の外周を高さ二メートル余の丸太を用いた垣根の巡っていたことは第一章（99ページ）で紹介した。それはメスリ山古墳の巨大円筒埴輪に先行するもので、壇状施設の結界を目的とする施設の存在が明らかとなった。メスリ山古墳の巨大埴輪配置のような、被葬者のための宮殿が創出される前段階のことである。

桜井茶臼山古墳の丸太垣遺構については、のちに再述することとして、ここでは丸太垣が障壁となって、壇状施設とその縁端部に並べられた壺形埴輪が外界から見えなくなる点に注視しておきたい。それは壺の〝かたち〟と被葬者の眠る場が密接に関連し合う事実を証明している。

壺の〝かたち〟と古墳（他界空間）の密接な関連をいま少し例示しておこう。

四世紀末～五世紀初頭の壺形墳老司（ろうじ）古墳（福岡）では、中心の埋葬施設である三号石室（竪穴系横穴式石室）の墓道先端に当たる主丘部二段目の裾を周回するように、直口縁や二重口縁の壺形埴輪を隙間なく立てめぐらせる。他界空間を壺形埴輪をもって結界・象徴することへの古墳時代人の執拗なこだわりが看取される。

同様の事例は、壺井御旅山（つぼいおたびやま）古墳（大阪府羽曳野市、次ページの図）・青塚（あおつか）古墳（愛知県犬山市）・尾ノ上古墳（広島県福山市）など数多い。全長が一二三メートルの壺形墳青塚古墳でも、一段目と二段目のテラスに、約二メートル間隔で壺形埴輪が配置され（277ページの図3）、壺形の墳丘を結界し、加飾・象徴する道具立てと認識される。

他界の王宮

さらに二五点あまりの壺形埴輪を出土した、一辺が七メートルに過ぎない小方墳の美園古墳（大阪府八尾市）では、せいぜい四メートル弱の墳丘上面の縁辺に沿って、各辺七、八個の壺形埴輪が垣のように隙間なく立ち並び、壺形埴輪列に囲まれた中に高殿を表出した高床式家形埴輪（293ページの図2）が置かれた情景が復元される（293ページの図1）。

それは桜井茶臼山古墳やメスリ山古墳で考えた、「他界空間の〃かたち〃」とそこに観念される「被葬者のための家（わたしはそれを「他界の王宮」と呼ぶ）」が創出される背景を考えるうえで好個の事例だ。壺形をなす墳丘（前方後円）は、その極まりに顕現する造形と認識される。

壺形墳を囲繞する壺形埴輪

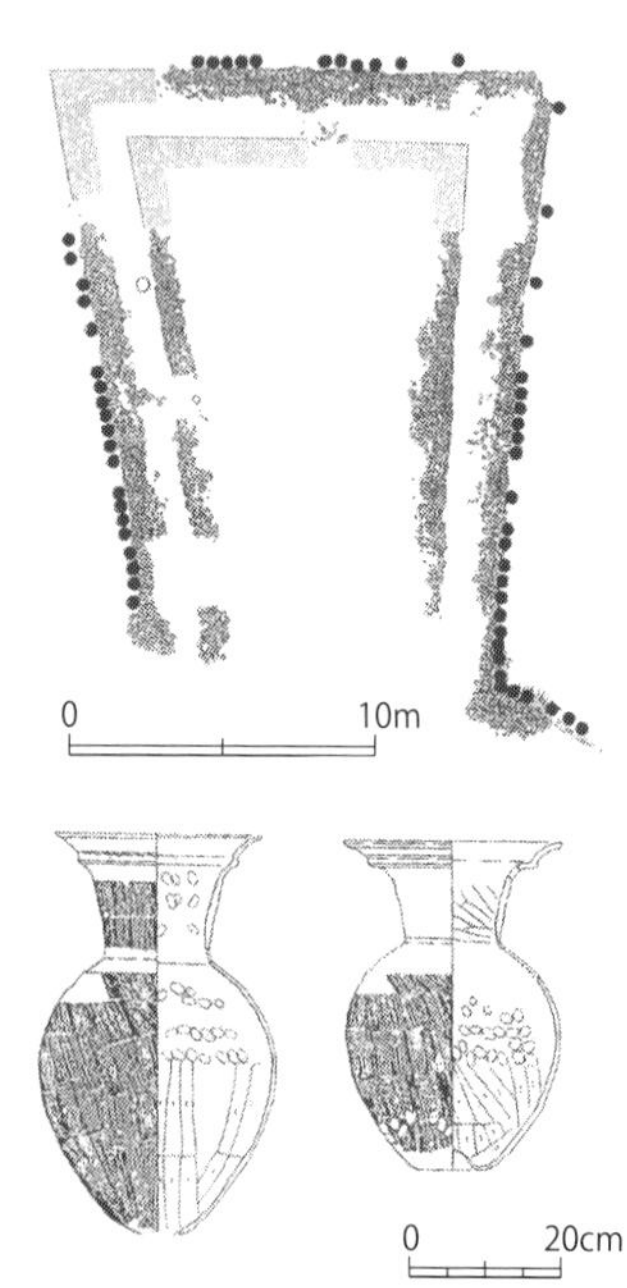

壺井御旅山古墳（壺形墳）の突出部裾をめぐる壺形埴輪（黒点）の列と壺形埴輪。壺形埴輪は墳丘を全周していたとみられる。

失われた〝かたち〟

「木の埴輪」の風景

鳴谷東一号墳（京都府与謝野町）は直径約五四メートルの円墳で、墳丘を三段に巡る円筒埴輪列によって結界される。なかで中段と下段の円筒埴輪列には、一定の間隔で朝顔形埴輪とともに木柱が立てられたとみなせる柱穴が検出された（277ページの図4）。柱の上にいかなる造形（衣笠形や鳥形などの木製品）が組み合わされていたのか不明だが、墳丘を巡る仕掛けが埴輪列だけでなかったことが了解される事例である。また五色塚古墳でも、隙間なく並ぶ中段埴輪列の外側に近接して、一定の間隔で柱穴が検出されたのも同様に注目される。

さらに小立古墳（奈良県桜井市）では、円筒埴輪、壺形埴輪を載せた円筒埴輪とともに、「王の杖」をデフォルメした聖標形（従来は「石見型」と呼称されてきた〝かたち〟、188〜192ページ）や靫形・盾形・大刀形をそれぞれ一木からつくり出した木製品が壺形墳丘の外周から発掘された（289ページの図2〜4）。近年、「木の埴輪」と名付けがなされる資料だ。そもそも「埴輪」の用語は、『日本書紀』垂仁三十二年条に野見宿禰が、

> 則ち使者を遣して、出雲国の土部壱佰人を喚し上げて、自ら土部等を領ひて、埴を取りて人・馬及び種種の物の形を造作りて、天皇に献りて曰さく、「今より以後、是の土物を以て生人に更易へて、陵墓に樹てて、後葉の法則とせむ」とまうす。天皇、是に、大きに喜びたまひて、野見宿禰に詔して曰はく、「汝が便議、寔に朕が心に洽へり」とのたまふ。則ち其の土物を、始めて日葉酢媛命の墓に立つ。仍りて是の土物を号けて埴輪と謂ふ。亦は立物と名く。

というくだりに由来する名称である点から、いずれ「木の埴輪」という名付けは改められるべきことはいうまでもない。その一方で、小立古墳からは家・衣笠・船・鶏・馬・盾・甲冑などを形象した埴輪も出土する。埴（土）製と木製、その素材差にどんな意図があったのか分析がなされなければならない。

埴輪と同じ心意をもって墳丘に木柱を立て巡らす実例は、今里車塚古墳（京都府長岡京市）の発掘調査で明らかにされて以来（高橋、一九八八）、いまや各地で報告される。今里車塚古墳では大小二種の木柱が交互に立てられ、その上部に笠形木製品が組み合わされることが明らかだった。

一方、白米山古墳（京都府与謝野町）では、主丘頂の外縁を約一・五メートルの間隔で円形（直径約二〇メートル）に巡る柱穴列が発掘された。発掘から明らかになった柱の直径は一〇センチ程度。円筒埴輪を一定の間隔で立て巡らせた古墳の発掘事例が数多ある点を考えれば、白米山古墳での墳頂を巡る柱の並びを円筒埴輪列と同じ結界の仕掛けとみなせる。木材や織物など、腐朽し去る素材のみを用いて墳丘を結界・荘厳する事例があることも認識しておかねばならない。

古市古墳群成立の初期、四世紀後葉に築かれた津堂城山古墳（大阪府藤井寺市、全長二一〇メートル）では、壺形の墳丘外域に二重の周濠と大規模な周堤を巡らせて、墳丘の結界と荘厳が図られる。しかも内濠中に方形の島状遺構が築かれ、その一画から三体の水鳥形埴輪が発掘されたことはよく知られている。

くわえて、その島状遺構の周辺から小規模な切妻建物の建築部材（大棟上の飾り板や千木など）とみられる複数の木製品が出土（次ページの図）。その大半がもっぱら葬具に利用されるコウヤマキ材製だったことは、古墳（他界空間）にかかわる小さな木造建物が島状遺構上に据えられたことを推察させた。それは飛来した水鳥の霊の坐処とも観念される建物だったのではと想像される。かような小型の木造建物が墳丘に据え置かれる事例も考慮されるべきだろう。それが埴製ではなかった点にも考察の余地がありそうだ。

津堂城山古墳の事例からもうひとつ。主丘部（後円部）側の内堤に立てられていたと推定され

津堂城山古墳出土の小型木造建築部材

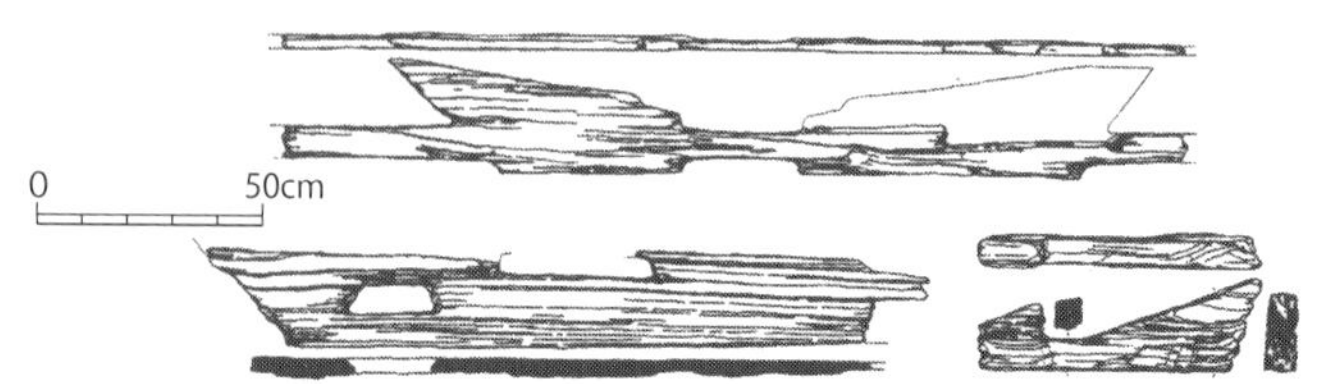

内濠に築かれた島状遺構に置かれたとみられる小規模な建物の部材。コウヤマキ材を利用した大棟や千木と想定される。

る総高二メートルに及ぶ翳形（さしばがた）埴輪である。高さ一三四センチもの大型円筒埴輪の上に、幅一三〇センチ余のハート形をした板状形象（左図2）が組み合わさる埴輪で、大阪府立近つ飛鳥博物館に常設展示されている。その巨大さに驚かれた方も多いことだろう。この翳形埴輪と極似した木製翳形の形象が、今里車塚古墳からも出土している(左図1)。ヒノキでつくられたそのハート形遺物は、復元された最大幅が一六五センチにもなり、津堂城山古墳の翳形埴輪よりさらに大きい。

翳形を形象するハートの〝かたち〟は、赤堀茶臼山（あかぼりちゃうすやま）古墳（群馬県伊勢崎市）出土の椅子形埴輪の背もたれにも造形され（左図3）、おじょか古墳（三重県志摩市）出土の埴製葬枕（そうちん）では、仰臥（ぎょうが）する被葬者の枕の背に衝立のように造形される（左図4）。他界の主を象徴する〝かたち〟に違いない。

権威を象徴する〝かたち〟

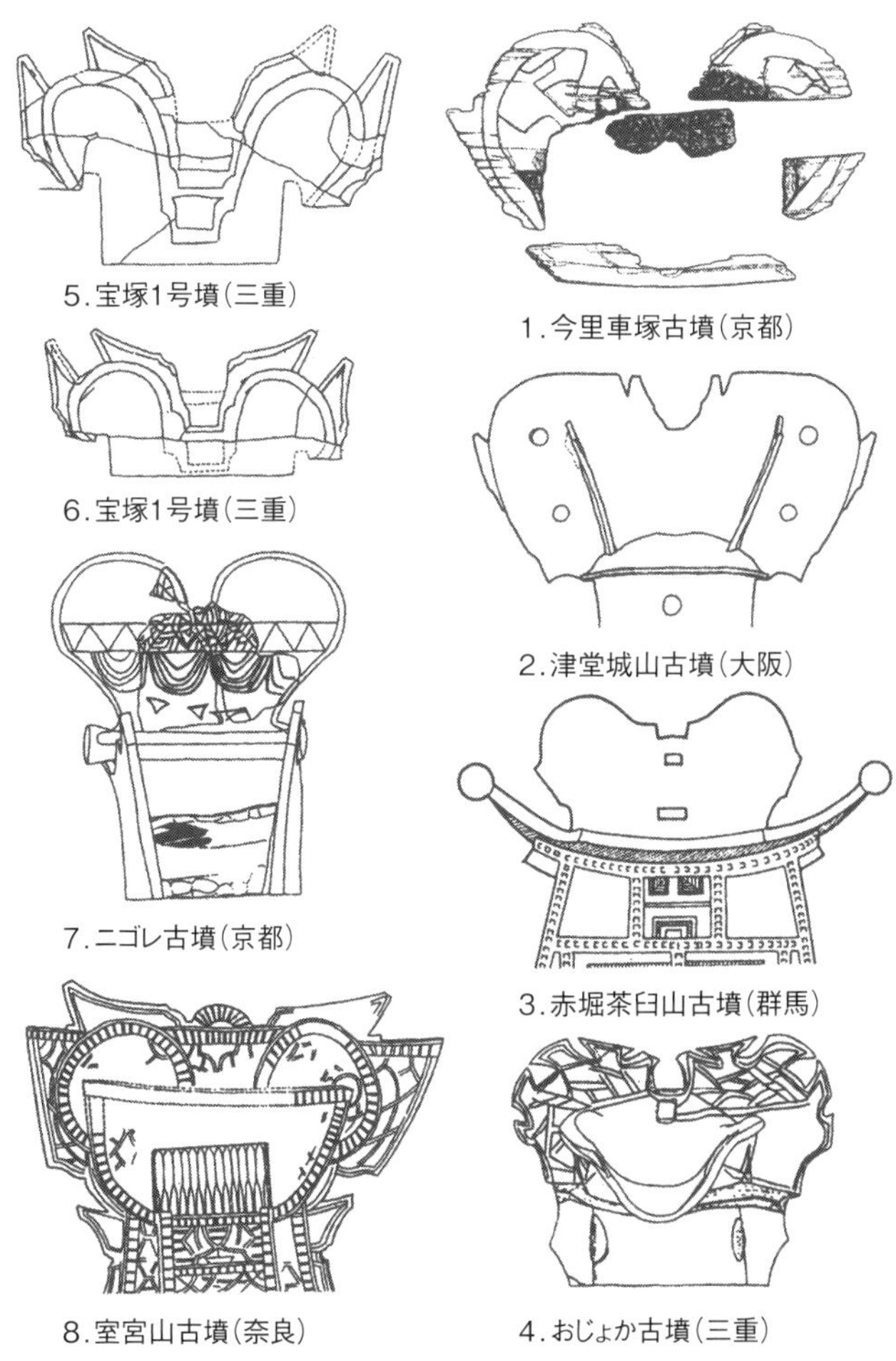

1・2 翳　3・7 椅子　4 枕飾り　5・6 葬送船　8 靫。古墳から出土する考古資料の随所に現れるハート形は、他界の主を象徴する〝かたち〟。

埴・木、そして石

どうやらさまざまな形象埴輪と同様、同じ心意に基づいた木製の〝かたち〟が古墳上に配り置かれていたようだ。土製や木製という素材の相違の根源がいずこに存するかについては、将来のさらなる事例の増加による考究が楽しみである。それはおもに北・中九州地方の古墳から出土する石製の形象（「石人石馬」とか「石製表飾」などと呼称される）にも敷延されるべき視点でもある。

注目されるのは、奈良市街を見下ろす若草山頂に築かれた鶯塚古墳（全長約一〇〇メートルの壺形墳）から、一九三〇年代に採集された船形石製品の残片（舳先部分）が、明らかに船形埴輪と同形である事実だ。復元される全長も船形埴輪の大きさと比べ遜色がない。奈良県でも石製の形象が存在した。ほかに、鳥取県米子市所在の石馬谷古墳出土とされる石製馬の存在も無視できない。石製と木製、そして埴製と、さまざまな素材があったことを念頭に、墳丘上を結界・荘厳する資料に関する研究を進めるべきだろう。

埴輪などに取り付けられた貝

先の小立古墳では、聖標形木製品のほか、靫・盾などの武具を形象した木製品が墳丘外周から出土したが、それらには随所に円形の品を取り付けた痕跡と、それを取り付けるための釘穴が認

月日貝の装着をうかがわせる考古資料

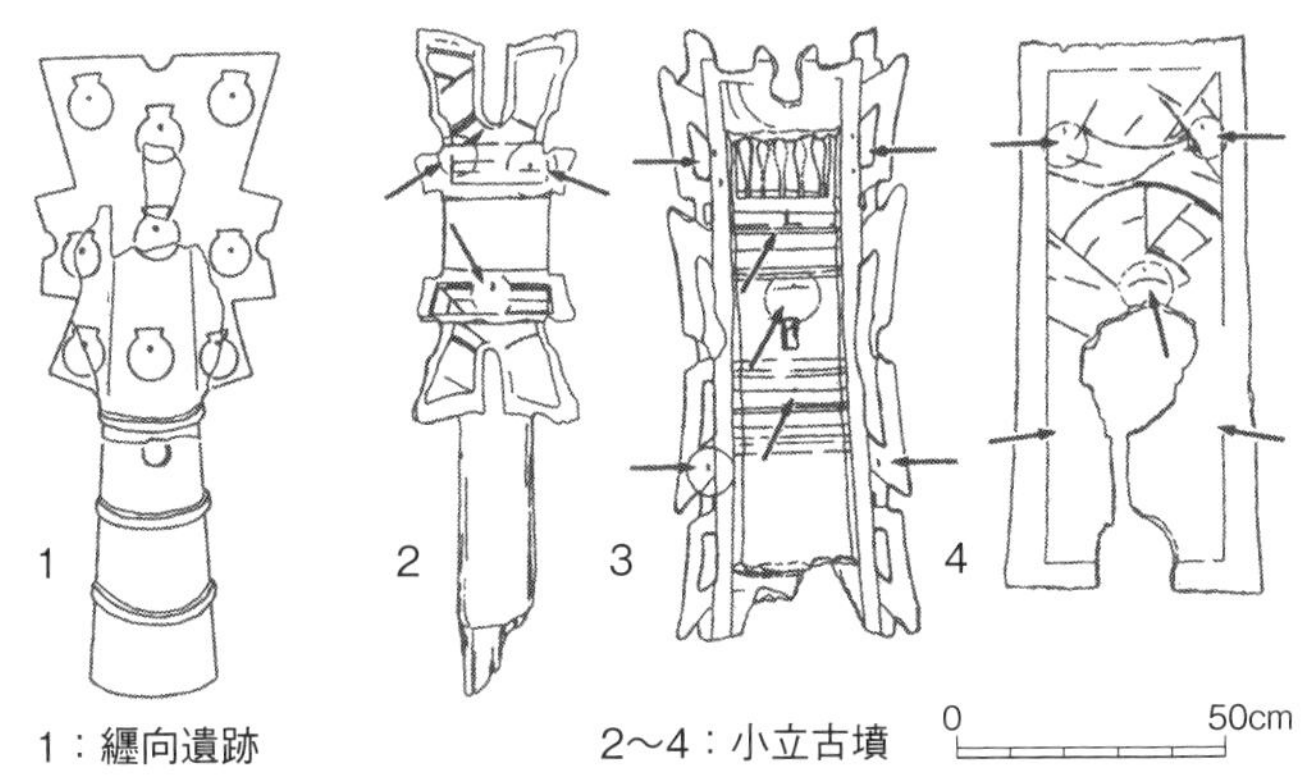

1. 月日貝とみられる線刻図文で装飾された聖標形埴輪。　2〜4. 月日貝を装着した痕跡(矢印)が遺る、古墳に立てられた木製品。

められた（上図2〜4の矢印）。表面に取り付けられた品はすでに腐朽して遺存しないものの、その実態が纒向遺跡（奈良県桜井市）出土の聖標形埴輪にうかがえる。表面には月日貝と思われる〝かたち〟がいくつも線刻され、その内側に小さな穴が刻まれる（上図1）。同じ形状の石製品は三池平古墳（静岡市）などからも出土し、中央に小さな穿孔があって、何かに取り付けられたものであったことがわかる。

鶴山古墳（群馬県太田市）からは黒漆塗りの革製盾に取り付けられたとみられる月日貝が八枚出土している。この盾の四隅を補強する鉄製金具が出土していて、月日貝は左右四段で盾面に綴じ付けられたと想定された（右島、一九九〇）。

かような考古情報は、盾や靫などの武具に月日貝などの貝を取り付け、装飾や辟邪の効果を期待したことをうかがわせる。小立古墳例の武具形木製品にあって、貝の実物を密着して取り付けたがゆえに、その表面に風化の違いに由来する円形の痕跡となって残っていたのである。

盾形埴輪や靫形埴輪、また家形埴輪などには、しばしば表面に小孔が穿たれる例がみられるが、それが辟邪の目的をもつ呪物を取りつけるための細工である可能性を視野に入れておくべきだろう。それは金蔵山古墳（岡山市）や保津・宮古遺跡（奈良県田原本町）出土の盾形埴輪に線刻された、スイジガイをデフォルメした図文を理解するうえでの参考ともなる。西南諸島産の大型巻貝であるスイジガイは、その長く鉤形に屈曲する六本の鋭い管状突起の突刺性が、外来の病魔・悪霊を除ける力を発揮すると信じられ、現在でも西南諸島では、玄関や軒にこれを吊るす（野本、一九八九）。

遠江地方を代表する前期古墳の松林山古墳（全長一一〇メートルの壺形墳）では、南北軸に構築された竪穴式石室の北東隅に、スイジガイ製釧三点が副葬されていた。発掘を指導した後藤守一氏は、これを鬼門除けの呪物であると見通した（後藤ほか、一九三九）のも、スイジガイの形に由来する辟邪の意味を見いだしていた表れにほかならず、埴輪に刻まれたその図文の背景が明らかとなる。おそらく実物の盾にもスイジ貝の文様が描かれたり、刺し縫いで表現された可能性が高い。

ほかにスイジガイの線刻文様を描く埴輪の事例として、蟻無山一号墳（兵庫県赤穂市）や亀塚古墳（大分市）では船形埴輪が、生目五号墳（宮崎市）や仲ツ山古墳（大阪府藤井寺市）外周では円筒埴輪資料がある。

埴輪に取り付けられた木製などの部品

貝のほか、埴土以外の素材でつくられた部品を装着した可能性を考えさせる形象埴輪を検討しておこう。第三章で紹介した宝塚一号墳出土の船形埴輪から。

ほぼ完全に近く復元できた船形埴輪にあって、ただひとつ船底の中央に開けられた穴に挿入されていたはずのパーツが見つからなかった。出土状況から、それが腐朽し去った有機質の素材で製作されていたがゆえと考えるほかなく、わたしはそこに、旗を翻した木または竹で造作された旗竿が差し込まれていたことを主張してきた（辰巳、二〇〇二・二〇一一）。

さらに舷側上縁には、左右それぞれ三本ずつ、櫂を挿し込む穴（ローロック）が斜め外方向から開けられていた。穴は一センチ近い直径で、そこに木製の櫂のミニチュアが挿し込まれていたことは間違いない。190ページ下の図に加筆した矢印がそれ。東殿塚古墳（奈良県天理市）の鰭付円筒埴輪に描かれた船画がそれを傍証してくれる（309ページの図1・2）。埴土を素材に製作された埴輪ではあるが、そこにはほかの素材でつくられた部品が組み合わされている可能性を考慮して観察することが肝要である。

すでに全国で八〇例近い出土例を数える船形埴輪の舷側上縁には、櫂座がつくり出される例が多い。船形埴輪が古墳に置かれた時点で、櫂座に木製の櫂が装置されたとみて間違いない。それは殿村遺跡（長野県飯田市）出土の船形埴輪（309ページの図4）で、櫂座から船腹にかけて、粘土紐を貼り付けて左右三本ずつの櫂が造形されていた事実からも証明される。

埴輪に木製の付属品が取り付けられた可能性の高いもうひとつの資料が、美園古墳（大阪府八尾市）の高殿形埴輪である（左図2）。入母屋の高床建物を形象した当該の資料は、床下部と高床部を境する部分を巡る小屋根状突帯の一か所に小孔が貫通する。佐味田宝塚古墳（奈良県河合町）出土の家屋文鏡に鋳出された同じ建築様式の建物に差し掛けられた衣笠を思い出せば、美園古墳の高殿形埴輪の小穴にも、布帛と木や竹で製作された衣笠のミニチュア品を取り付けるためという役割が付与できる。

「高殿」の〝かたち〟

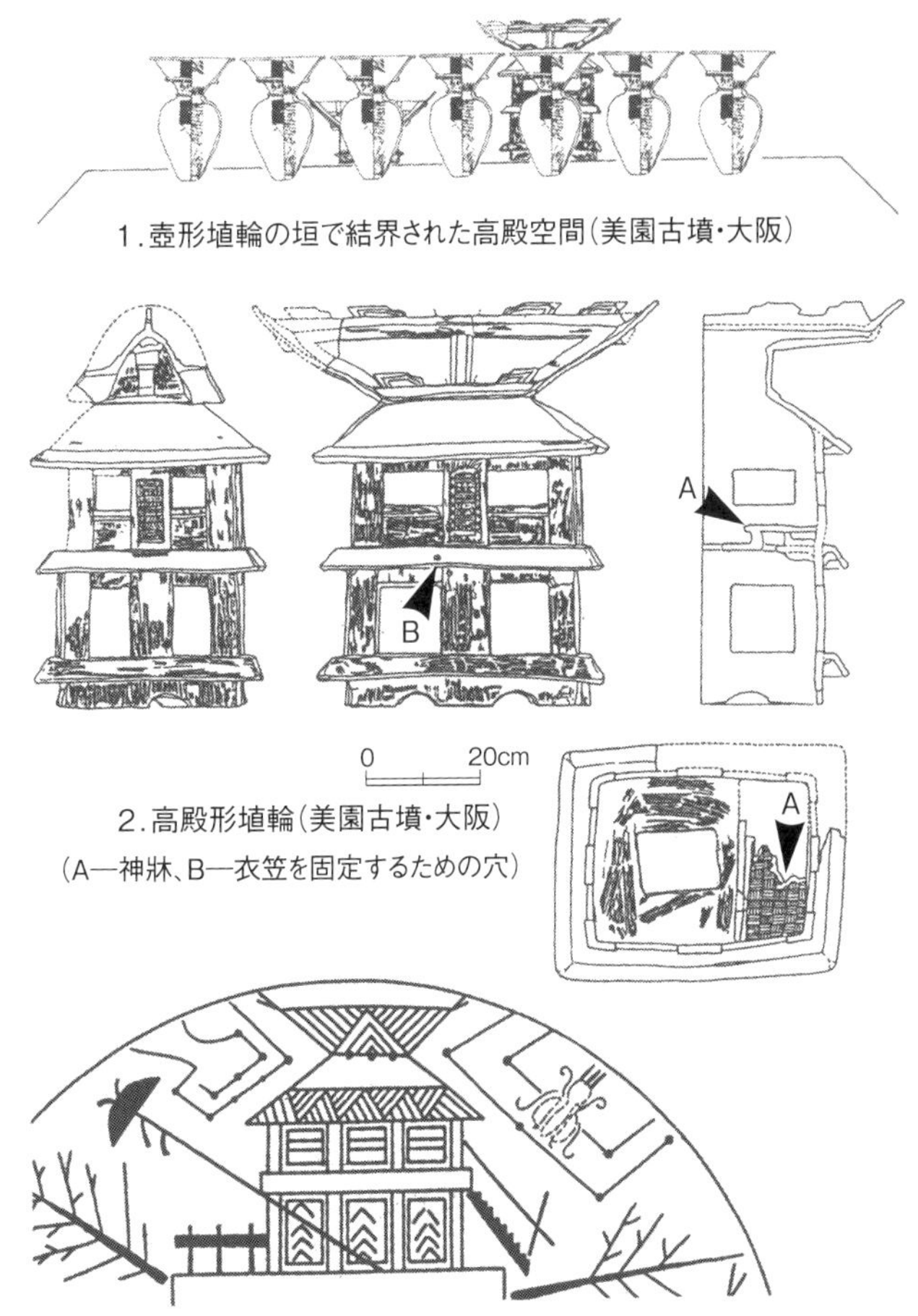

1.壺形埴輪の垣で結界された高殿空間(美園古墳・大阪)

2.高殿形埴輪(美園古墳・大阪)
(A―神牀、B―衣笠を固定するための穴)

3.衣笠を掲げる高殿(家屋文鏡、佐味田宝塚古墳・奈良)

祭儀用の高床建物(高殿)は、唐古・鍵遺跡出土の弥生土器絵画(166ページ)にまで遡る。3には雷電とともに神託が齎されるとする観念がうかがえる。

見えない〝かたち〟

いささか視点を変えて形象埴輪を分析しよう。美園古墳の高殿形埴輪では、高床部分に床が張られ、屋内には一方の妻側壁に沿って網代文様を刻んだ牀がつくられていた。牀のある屋内は赤彩され、そこが聖処であることを主張するかのよう。わたしはかねてから、この牀を『古事記』崇神段にみえる、貴人が神の降臨に臨む場である「神牀」を造形したと主張してきた（辰巳、一九九〇）。そこは首長が神託をうかがう場と考えられる。

注意したいのは、埴輪の窓に顔を寄せ付けない限り、屋内の「神牀」を視認することができないという事実である。この家形埴輪は、墳頂縁辺を囲繞する壺形埴輪列の中央に置かれていたと推察され、周濠を隔てた墳丘外から、屋内にある牀の存在を確かめることは不可能。「見えない〝かたち〟」ということになる。それは被葬者のための仕掛けにほかならず、埴輪の属性をよく語る事実というほかない。

ところで美園古墳は一辺七・二メートルの方墳という小規模な墳丘で、被葬者がその地域でさほどの社会的・政治的な力をもたず、むしろ古墳を築くことができる階層のなかでは下位に位置する人物であったことをうかがわせる。墳丘を盛り上げ、墳頂の縁に沿って大きく口を開く壺形埴輪が並ぶから、墳頂部はいっそう狭い空間となる（前ページの図1）。そこに据えられた、神牀を設け、衣笠を差しかける高殿形埴輪。高殿は首長の地域支配を象徴する建物。小さな墳丘と高殿形埴輪の間にあるギャップをいかに考えればよいのか。

古墳は他界空間。被葬者は他界（来世）において、神牀で託宣を受けそれにより地域を支配できる首長として新たな生を得たいという願いがあったから、そうしたアンバランスが生まれたとわたしは考える。墳丘上の埴輪世界が、生前の被葬者の業績や職掌を顕示するものではなさそうだ。墳丘の占地、その形や規模などは、被葬者や後継者の現世での政治的・社会的な位置に縛られる。他方、周濠や円筒埴輪列などで結界された墳丘側は、現世の秩序から解き放たれた来世の空間と認識されていたのではないか。もとより大型の壺形墳では、被葬者の死後の安寧を願い、豪壮な構えの家形埴輪群が並べられたことは言を俟たない。

宝塚一号墳の囲形（かこいがた）埴輪内に置かれた家形埴輪にも「見えない〝かたち〟」が指摘できる（297ページの図5）。切妻平屋建物を形象した当該埴輪の屋内には床が張られ、そこに槽と樋（ひ）をつないだ、いわゆる浄水施設が造り出されていた。両方の妻壁には穴が開けられ、外側の一方には流水を受ける槽が、他方には排水の仕掛けである樋が造形され、樋が屋内を貫くなか、樋の上流側の屋内にもうひとつの槽が造形されていた。その形はまるで南郷大東（なんごうおおひがし）遺跡（奈良県御所市）で発掘された水の祭場をそっくり形象埴輪としてミニチュア化したものだった。

注目されるのは、囲形埴輪のなかに据えられた家形埴輪の屋内に造形された浄水施設の仕掛けを外部から視認することは難しいという事実である。「形あるものは見られることを意識してつくられる」というのが、現代人の思惟（しい）である。しかし古代人の造形感覚は違う。当該の家形埴輪の中には浄水の装置がなければならなかった。人に見せる目的ではなく、被葬者のために存在する装置の〝かたち〟だった。

浄水祭祀施設を設けた形象埴輪は、心合寺山（しおんじやま）古墳（大阪府八尾市）のくびれ部にも置かれていた。囲形と家形が一枚の粘土板の上に一体で造形されたその埴輪には、建物の両妻壁の下に開けられた小さな穴と塀側に開けられた穴がつながるように溝（樋）が造形されていた。外観はまったく宝塚一号墳のそれと同じだ。家形埴輪の屋内にも、宝塚一号墳例同様に床が張ってあった。ところが床の中央、妻側の両壁に開けられた穴をつなぐ部分のみ溝の造形が欠落し、その部分の床が切り抜かれ、長方形の穴が開いている状態だった（左図4）。文字どおり、形がないのである。妻側の両壁に開けられた穴をつなぐ浄水施設の〝かたち〟が存在しなかった。

当該の埴輪発掘に立ち会ったわたしの脳裏に、野毛大塚（のげおおつか）古墳（東京都世田谷区）主丘部の石棺から一八九七年（明治三〇）に発掘された石製模造品のひとつが浮かんだ。それは縦一三・五センチ、横五・五センチ前後、厚さ二・七センチの濃緑色をした滑石製品。縦方向の中軸上を浅い

「水の祭場」とその"かたち"

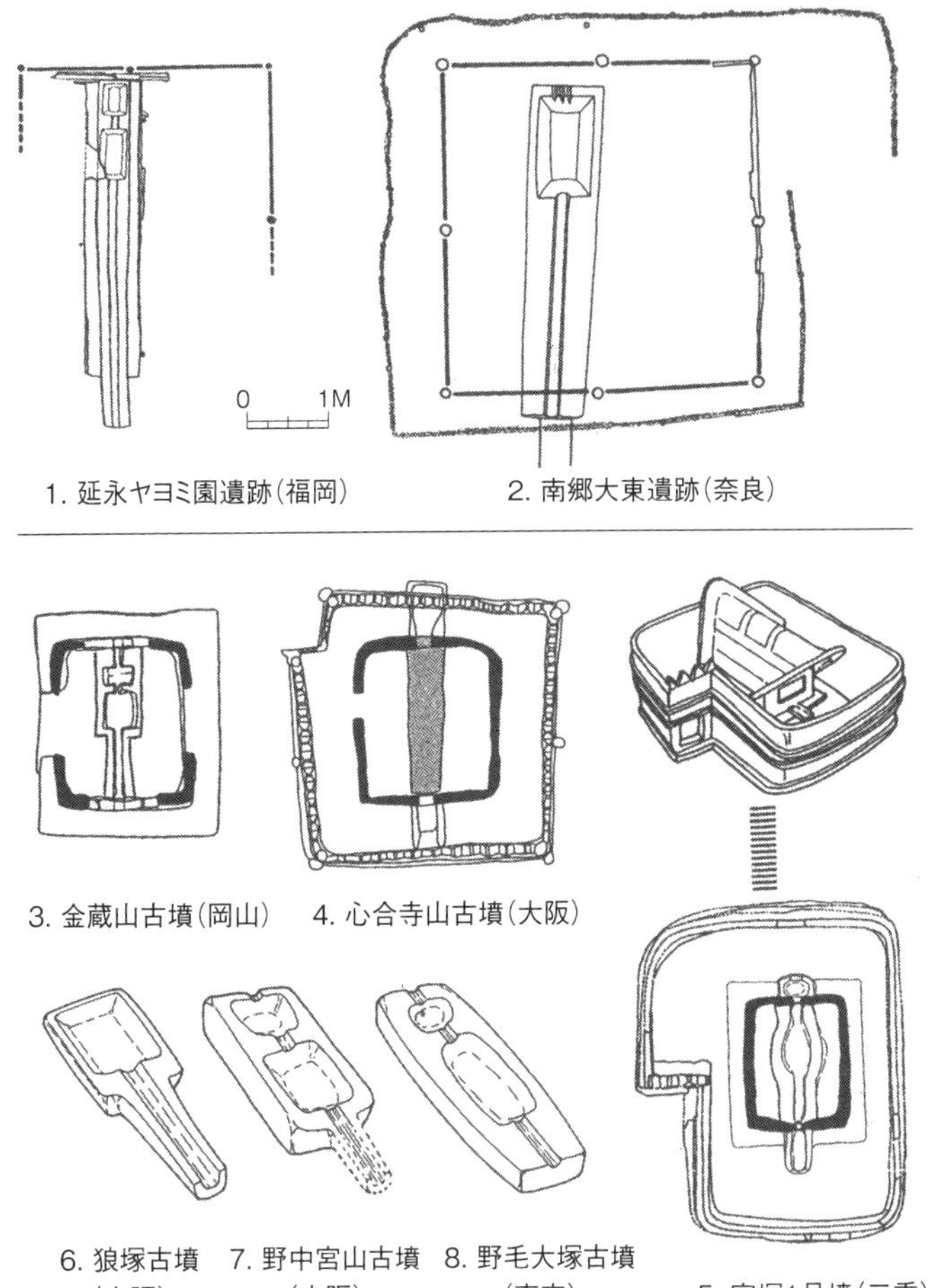

1. 延永ヤヨミ園遺跡(福岡)　2. 南郷大東遺跡(奈良)

3. 金蔵山古墳(岡山)　4. 心合寺山古墳(大阪)

6. 狼塚古墳(大阪)　7. 野中宮山古墳(大阪)　8. 野毛大塚古墳(東京)　5. 宝塚1号墳(三重)

(上段) 1・2 屋内に浄水施設を据えた祭場遺構

(下段) 3～5 浄水祭場の埴輪　6・7 浄水施設の埴輪　8 浄水施設の石製品

溝（樋）が貫き、溝の中間に流水を受ける楕円形の槽と、そこからの上澄みの浄水を受ける隅丸矩形の窪み（槽）が重ね彫られたもの（前ページの図8）。宝塚一号墳出土の囲形埴輪内に置かれた家形埴輪では、屋内に張られた床に造形された浄水祭祀施設の表現そのものだった。

そこに、心合寺山古墳出土埴輪の屋内床に開けられた長方形の穴には、野毛大塚古墳に副葬されていた滑石製品を木に写した浄水施設の〝かたち〟がはめ込まれていたという推察が。その〝かたち〟こそ、「稲の王」として、豊饒の浄水祭祀を実修する古墳時代首長の象徴だったのではないか。

いまひとつ、浄水祭祀場を造形したと推察される新たな事例がある。

古市古墳群、巨大な誉田御廟山古墳（応神陵古墳、大阪府羽曳野市）の北に近接する狼塚古墳では、八個の狭長な箱形をした埴輪を一辺に二個ずつ並べ、内側に八〇センチ×九〇センチばかりの方形の空間を生みだし、なかに槽と樋を造形した埴製の浄水施設（前ページの図6）が置かれていた。箱形埴輪は、上縁を連続三角形に造形した、囲形埴輪をイメージさせる造作だ。内側空間には玉石が敷かれ、浄水施設は樋の向きを方形空間の一辺に平行させ、空間の中央軸線上に樋がのるよう配慮されたかのごとく出土した。浄水施設の大きさは全長二八センチ余、幅は一〇センチばかり。樋部は区画の一辺に近く口をあけるよう置かれていたので、まわりは玉石敷が広がるだけ。何かが足りない。

わたしは津堂城山古墳の島状遺構から出土した小規模な木造建物の部材を思い出した（286ページ）。狼塚古墳での箱形の埴輪群で構えられた囲みの内側には、木造の小さな建物が構えられ、その屋内に浄水施設が置かれていたのではないだろうか。

こうした水の祭場を象った形象埴輪は、被葬者が来世においても、首長としての祭儀を実修できることを願って造形された〝かたち〟と考えられる。それは形象埴輪に表出される世界が何をイメージしているかを強く訴えかける。最近では岡山市の金蔵山古墳からも、屋内に二つの槽を連ねた浄水施設（297ページの図3）を付設した家形埴輪が囲形埴輪とともに出土した事例が報告されている。

壺の世界

わたしは前節「象徴と結界」において、古代人が壺の〝かたち〟に思念した他界観を考古学情報から考えた。そこで分析対象のひとつとした桜井茶臼山古墳に関する新しい調査成果をもとに、さらに一歩、考えをすすめよう。

調査は、主丘部に築かれた竪穴式石室の構造と納められた木棺の再発掘、さらに埋葬施設構築後の墳頂に築かれた方形壇の構造解明などを課題に実施された。わたしは後者の方形壇調査で明らかになった発掘成果に注視したい。

壇状施設は約七五センチ＋α程度の高さで、その上面を小礫（しょうれき）や板石で化粧し、壇の上縁に二重口縁壺を形象した壺形埴輪が並べ巡らされていた。今回の発掘で、その壇状施設の外周から、直径三〇～三五センチの白木の丸柱を隙間なく立て並べたことを示す溝状の布掘り遺構が明らかにされた。南北約一三メートル×東西一〇・五メートルの矩形に巡る丸柱の総数は一三〇～一五〇本。遺構の掘り方が一メートル前後の深さを測る事実から、それを倍する地上高の「丸太垣」が存在したと想定された。

隙間なく立てられた丸太垣は、被葬者が眠る石室の上に築かれた方形壇をまったく隠してしまう。太い丸柱で構えられた垣の上縁が連続三角形に造作されたであろうことは、序章の冒頭「聖域結界」や、水の祭場を囲繞する囲形埴輪の事例から見当がつく。報告者は、直径が三〇センチを超える太い円柱の頭を円錐形に削り出したとみているようだ。それも三角形の連続とみえる。

主丘部上の方形壇と壇の上縁部を巡る壺形埴輪の連なりは墳丘外（此界）からはまったくみえない。丸太垣の空間は完結した世界。壺形埴輪はそこを象徴し、装飾する〝かたち〟。丸太垣の内側はまさに「一壺天」といえよう。

〝かたち〟から〝古墳〟を思索する

他界の王宮

前方後円形（壺形）をとる大きな墓だけが壺の世界を表徴しているかというと、決してそうではない。たとえば大阪市の南部に、総数二〇〇基を超える一辺が一〇メートル以下の小方墳が大半を占める五世紀の長原古墳群がある。

古墳群の初期、五世紀初頭に築かれた高廻り二号墳（径二〇メートルの円墳、大阪市平野区）は約三メートルの濠を巡らせて、二段に築かれた墳丘二段目の裾に壺形埴輪を巡らせる。墳頂には一一個体を超える家形埴輪のほか、一、二個体の衣笠・靫・盾・甲の形象埴輪が配置されたとみられた。墳頂が形象埴輪の密集した情景と推察される。多数の家形埴輪の数からみて、被葬者が来世に住む王宮（居館）を表出したとみられる。他の埴輪は被葬者が貴人であることを象徴する衣笠形と、他界世界の守護を主張する武具の形象。墳丘は周濠と壺形埴輪列をもって二重に結界される。他界と此界を区別する仕掛けである。

ところがその周濠の底に、準構造船を形象した船形埴輪が据えられていた。被葬者の霊魂を壺

高廻り2号墳と出土の埴輪

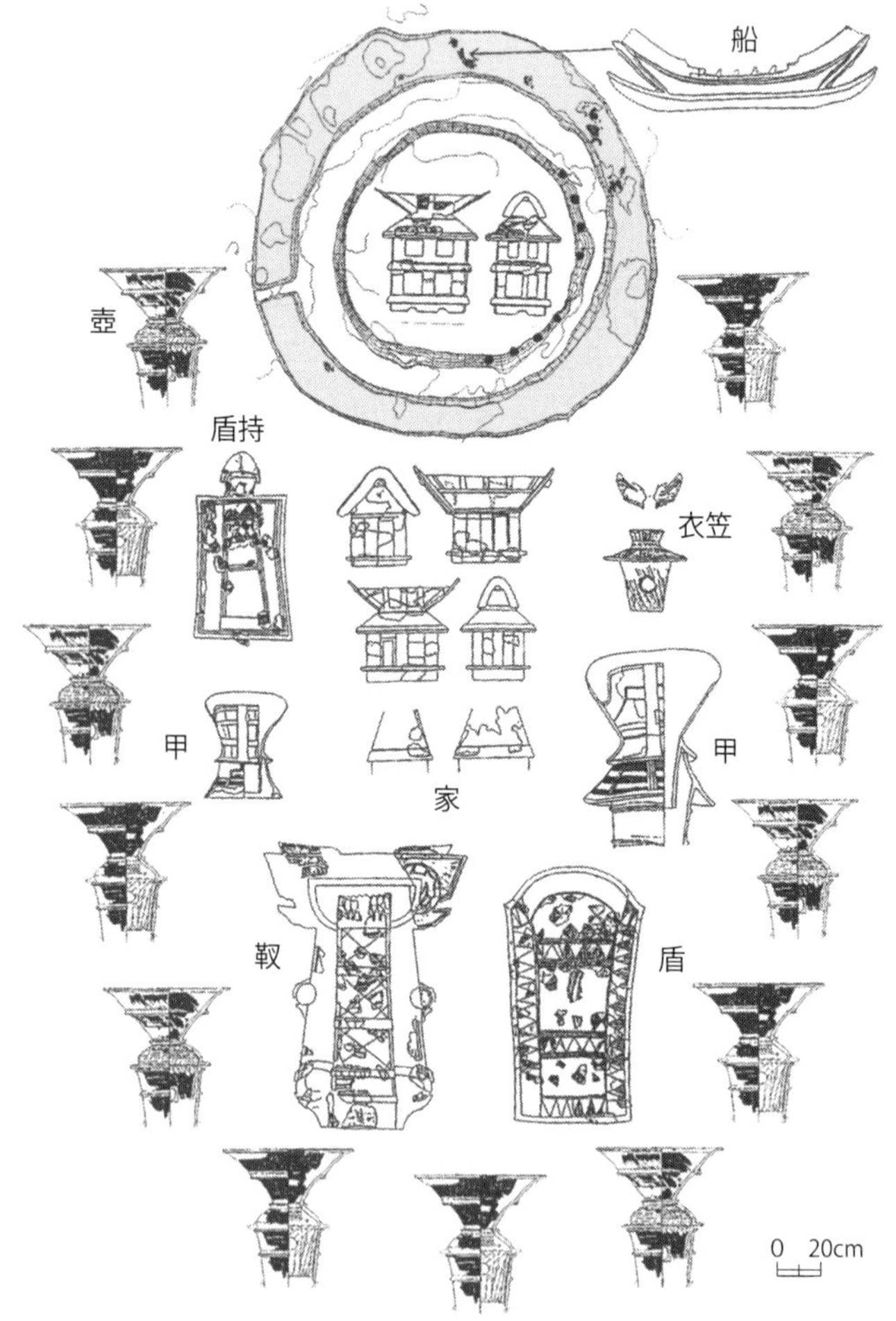

黒丸は遺存した壺形埴輪。形象埴輪の大半は壺形埴輪に囲まれる墳頂に配置される。船形埴輪のみが周濠底に据え置かれ、他界へ渡る霊船と認識されたのだろう。

形埴輪を巡らせた他界空間へと導く乗り物と理解するほかはない。他界空間と認識された墳丘上に並ぶ多数の家形埴輪からなる情景に、「他界の王宮」が観念されたのである。

高廻り二号墳にみる埴輪配置の思惟は、メスリ山古墳における巨大円筒埴輪を家形に配列した墳頂の姿にまで遡ることができよう。各地の前中期古墳の墳頂で、家形埴輪の配置が認められるのも共通した認識が背後に認められる。それだけではない、近年、京都盆地西部の向日丘陵上にある古式古墳、元稲荷古墳（全長九四メートルの前方後方墳、京都府向日市）の狭長な竪穴式石室が家形をイメージして築かれたのではないかとする見解が提示され、わたしをうなずかせた。

後期古墳の埋葬施設である横穴は、明らかにその墓室空間を家形に造形している。とくに横穴では、まっすぐ立ち上がる壁面から天井との連接部に軒を表現する事例は各地に散見され、棟木や垂木（たるき）、さらに棟木を支える束柱（つかばしら）まで表出する例も指摘される。

さらに出雲地方の横穴や石室では、閂（かんぬき）を通した扉を陽刻する閉塞石まで出現。それは横穴式石室もまた、家形の墓室を指向した造形であることをうかがわせる。また鴨籠（かもご）古墳（熊本県宇城市）の家形石棺の蓋が、大棟や棟押さえ、さらには軒を造形し、家形の造形である点にも目が注がれるべきであろう（28ページの図5）。

建物の図形は銅鏡にも鋳出される。佐味田宝塚（さみたたからづか）古墳に副葬された銅鏡群のひとつ、家屋文鏡で

家屋文鏡にみる家屋図

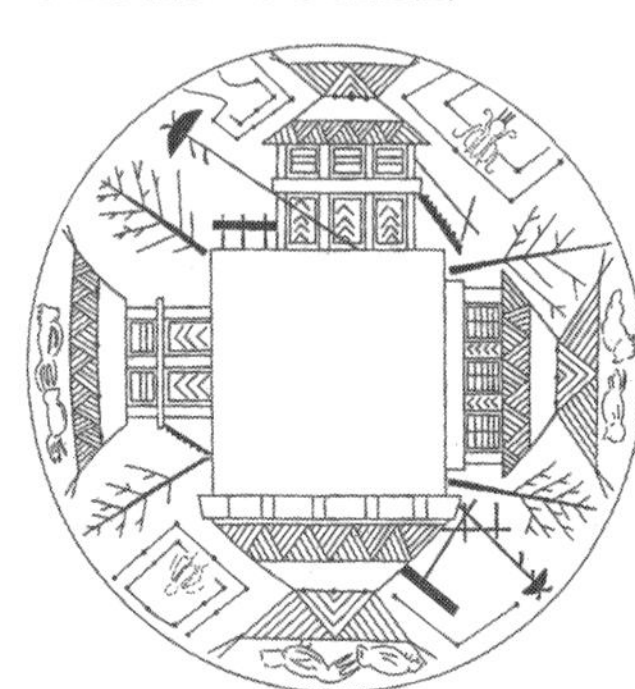

副葬鏡にデザインされた王の居館＝他界の王宮。家形埴輪や家形石棺の造形心意に繋がる。

は、神獣を表出する内区の文様に代えて、建築様式を異にする四棟の建物が鋳出された（上図）。神仙界の図文に代えて表出された建物群に、被葬者が住む神仙界（他界）が観念されたのではないか。

家屋文鏡の図文は、主丘上に配置される家形埴輪群の風景、すなわち「他界の王宮」にほかならない。

他界へ翔る船

一方、高廻り二号墳の濠底に置かれていた船形埴輪は、大寺山洞穴（千葉県館山市）での丸木舟形木棺（五～七世紀前半）の出土状況に目を向けさせる。そこでは出土木棺一二隻すべてが舳先を洞穴の口、すなわち海に向けて置かれていた。もちろん封土はなく、巨大な洞穴が葬送空間だった。死者を乗せた船は、海の彼方へ漕ぎ出して行くと念じられたことだろう。その彼方に他界があると信じた人びとがいた（辰巳、一九九六）。

丸木舟形木棺は、すでに埼玉稲荷山古墳（埼玉県行田市）をはじめ若王子一二号墳・一九号墳（静岡県藤枝市）・森北一号墳（福島県会津坂下町）・新宮東山二号墳（兵庫県たつの市）・塩津山

古墳時代の船形木棺遺構

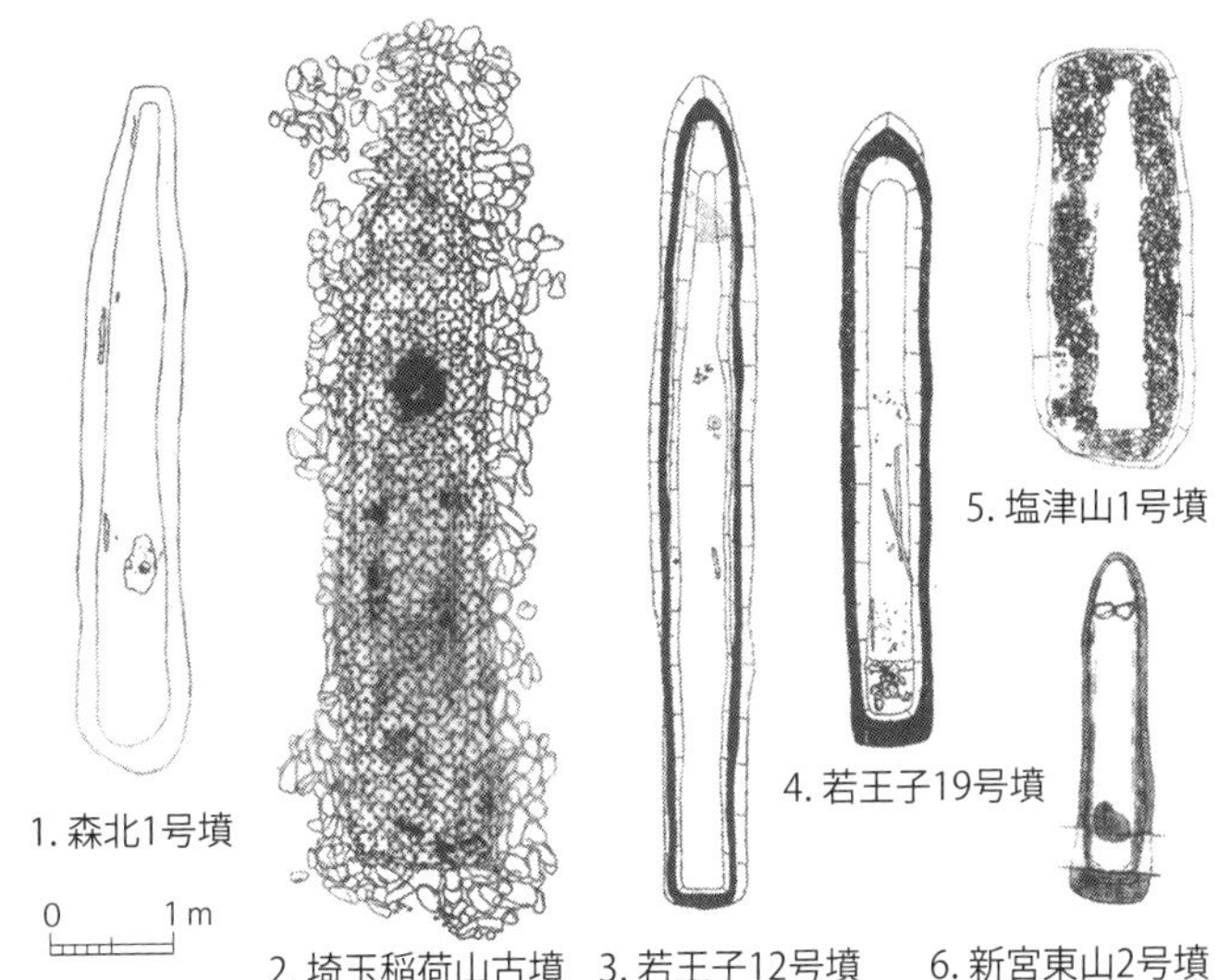

埼玉稲荷山古墳や若王子古墳群での船形木棺遺構の事例は、“舟葬”観念を認識させる出発点となった。石棺や埴輪・壁画など、船が提示する古代の心意は重い。

一号墳（島根県安来市）など（上図）、類例が増加しつつある（辰巳、二〇一一）。

また熊本地方の横穴に造り出された船形屍床（ししょう）は、死者を乗せる船を観念したところに生み出された造形に違いなく、既上の丸木舟形木棺の系譜上にある。なかでも岩原I―一四号横穴（熊本県山鹿市）の船形屍床に造り出された櫂座（ローロック）は、そこに木製の櫂が添えられたことを語りかけている（上図2）。ここにも「失われた〝かたち〟」があることを見逃すべきではない。

家形の墓室内に設けられた船形の屍床

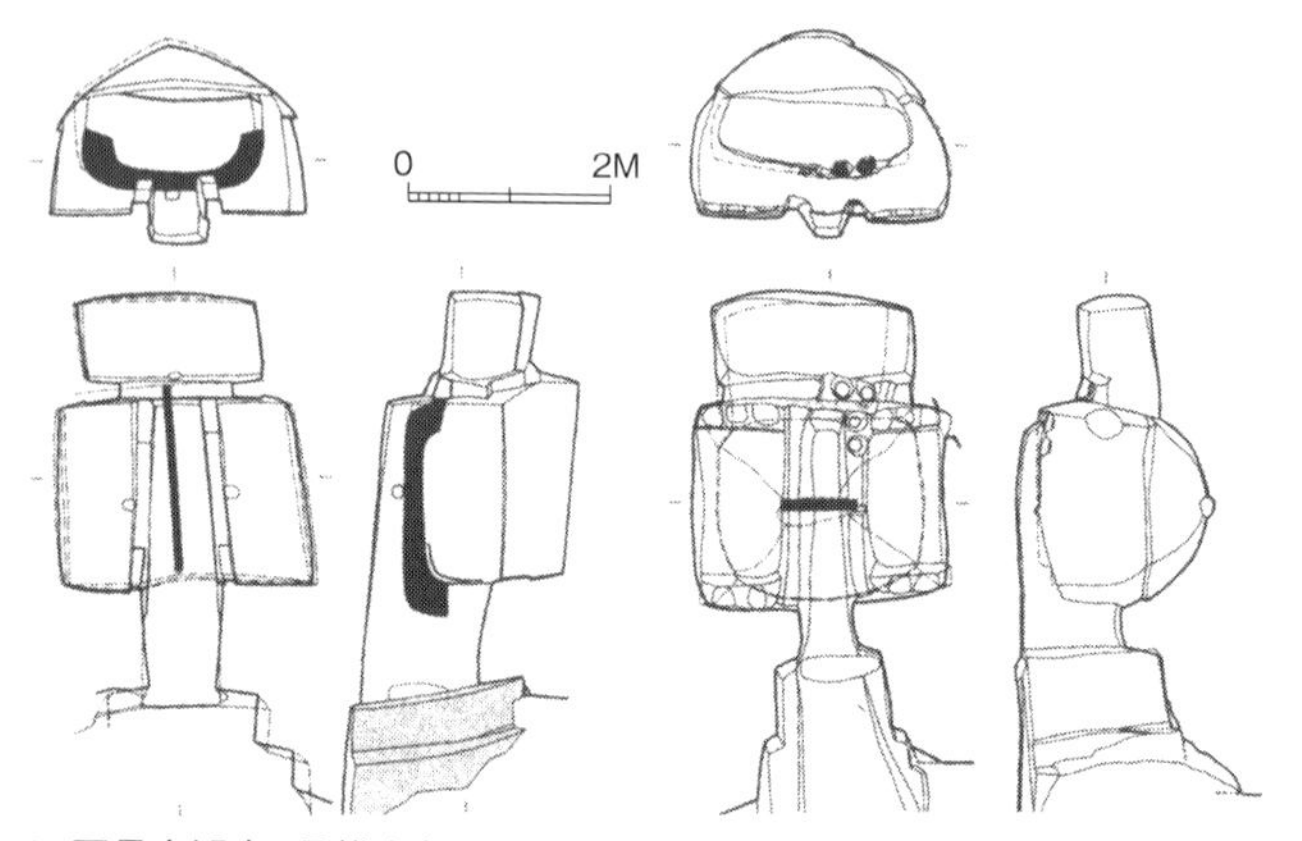

1. 石貫穴観音3号横穴（切妻型、熊本）　2. 岩原Ⅰ—14号横穴（寄棟型、熊本）

被葬者が船で渡りゆく先に、新たな生を得る場としての建物＝王宮が思念された。墓室天井部の形態に切妻型や寄棟型・穹窿型があり、軒や垂木・棟木まで表現する例もある。

櫂を添えた船形屍床の存在は、鳥船塚（とりふねづか）古墳（福岡県うきは市）・珍敷塚（めずらしづか）古墳（同）や、「人物の窟（いわや）」（大阪府柏原市）などの壁画に描かれた、船を操る人物の姿を連想させる（213・245ページ）。その人物像に、船を操って他界への路をたどる被葬者が観想された。

前二者の壁画が、舳や艫（とも）に鳥がとまる点にも注目しておこう。その造形思惟は、林遺跡（大阪府藤井寺市）出土の、カラスとおぼしき鳥を舳先にとまらせた船形埴輪（309ページの図3）に遡るし、殿村遺跡（長野県飯田市）出土の船を操る人物を乗せた船形埴輪（309ページの図4）につながる。高廻り二号墳や宝塚一号墳の船形埴輪に木製櫂のミニチュアが取り付けられたことはすでに論じた。殿村遺跡の船形埴輪で櫂が埴製で造り出されていた事実は、木製櫂が船形埴輪にも添えられたことを証明している。

「〝舟葬〟と〝家葬〟」論は成り立つか?

古墳を場として創出された船にかかわる造形は、被葬者の魂の乗り物として、当時にあってもっとも足の長い船が観念されたところに創出されたものである。目的地はもちろん他界（常世）ということになる。古代人は他界を海の彼方にだけ見たわけではない。いかなる距離を往けばよいのか不確定な、模糊とした彼方に観想される他界へたどり着くために、遠くまで渡り行く乗り物として船が考えられたのである。五郎山古墳（福岡県筑紫野市）の壁画にみる、棺を乗せた船が星空を他界へと渡り往く情景は、船にみる〝かたち〟の〝こころ〟をよく語っている。そうした他界観は「舟葬」と呼ばれてきた。

そして船に乗る魂が渡り往く他界に、死者の魂が新たな生を得る場としての建物＝王宮が思念され、そこに家形の葬送空間（他界の王宮）としての棺・槨室・埴輪などの〝かたち〟が創出された。その建物は他界を象徴する〝かたち〟とみなすべきである。従来、古墳時代の後半期に家形石棺が盛行することから、「舟葬」に対する「家葬」観念の存在がしばしば論じられるが、「舟葬」と「家葬」は対比される観念ではない。

先に岩原I―一四号横穴が櫂座を削り出した船形屍床をもつことを紹介したが、この横穴の玄室が寄せ棟屋根をもつ家形の空間に造形される点を見落とすべきではない。一方、船形屍床をもつ石貫穴観音三号横穴（熊本県玉名市）でも、玄室が切妻屋根の家形に造形される（306ページの図）。前章で壁画のもつ思想的背景（舟葬）を分析した「人物の窟」がある高井田横穴群でも、大半の横穴には軒が表現され、天井は丸みをもった屋根をイメージさせる。それは高廻り二号墳にみるような、家（家形埴輪）と船（船形埴輪）を、横穴という墓室空間に取り込んだところに創出された〝かたち〟と理解される。

本節では、「家」と「船」という〝かたち〟に焦点をあてて、古墳という場を同じくしてさまざまな造形が出現する思惟を論じてきた。かつて小林行雄氏は「舟葬」の存在を否定し、家形石棺の出現に「家葬」の風習が指摘されることを強く論じた（小林、一九四四・一九五一）。しかしその後に各地で検出された丸木舟形木棺やその遺構の事例は、小林説に再検討を迫っている。わたしは本節で、古墳という葬送の装置が誕生の当初から、一貫して同じ他界観念のもとに営まれたことを語ろうとした。棺や槨室の形と構造は時代とともに変化するものの、古墳という墓制の基層にある他界観は変わらなかったことを確認しておきたい。

「舟葬」観念の"かたち"さまざま

1. 東殿塚古墳（埴輪線画、奈良）

2. 東殿塚古墳（埴輪線刻、奈良）

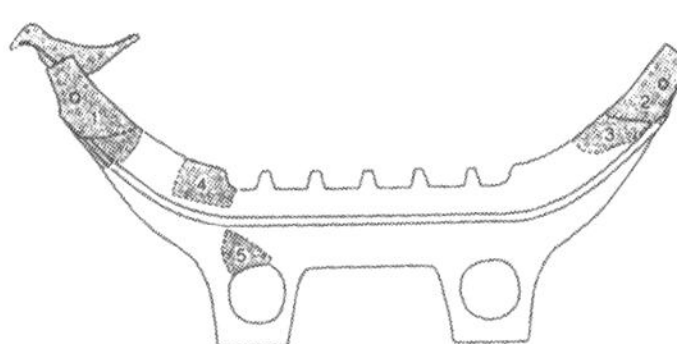

3. 林遺跡（船形埴輪、大阪）

5.「人物の窟」（線刻壁画、大阪）

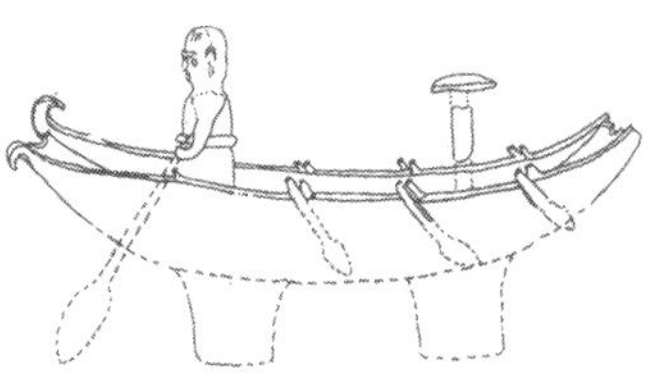

4. 殿村遺跡（船形埴輪、長野）

6. 珍敷塚古墳（彩色壁画、福岡）

7. 弁慶ガ穴古墳（彩色壁画、福岡）

船が、死者の旅立ちの「とき（瞬間）」を表現する"かたち"とする観念があったのではなかろうか。

おわりに

二〇一七年八月二五日。発掘終盤の丹波丸山六号墳（京都府京丹後市）を見学した。古墳時代前期、径二七メートル余の円墳。その中心に丸木舟形の木棺遺構が検出され、舳先（へさき）のかたわらには一本の杭跡が。「これは何？」と問いかける調査員。わたしは「もやい杭の痕跡では」と答えていた。烈日（れつじつ）にさらされる船形木棺遺構を前に、他界に喪舟を繋ぐ「もやい綱」を想見したのである。「人物の窟（いわや）」に描かれた、他界に向かう舟の舳先から碇（いかり）を降ろす船人を思い合わせていた。

この「あとがき」を執筆する直前、わたしの手元に、その発掘調査報告書が届いた。さて調査者はどのような報文を載せているか。熟読玩味し、調査者が見いだしたであろう〝こころ〟と対峙したい衝動に駆られつつも、まずは本跋文を仕上げることとしよう。

本書にかかわる既発表の論考は以下に示すが、本書を成すにあたって随所で大幅な加除を行うとともに、第一～三章に新稿の節を加え、当該章でのさらなる読み取りの深化を試みた。

・序　章：連載「形のこころ　図像考古学の試み一〜六」『考古学ジャーナル』五二八〜五四〇、ニューサイエンス社、二〇〇五〜二〇〇六年。
・第一章：「卑弥呼の鬼道と壺形の宇宙」『女王卑弥呼の祭政空間』恒星出版、二〇〇二年。
・第二章：（第二、三節）「水と井戸のまつり」『弥生時代の考古学』第七巻、同成社、二〇〇八年。（第四節）「ヒサゴのシンボリズムと龍」『倭人が見た龍』大阪府立弥生文化博物館特別展図録、二〇〇九年。
・第三章：「門に立つ杖」『日本基層文化論叢』雄山閣、二〇一〇年。
・第五章：「埴輪の構造と機能」『埴輪の風景』六一書房、二〇〇八年。

筆を擱（お）くにあたり、はやくに頂戴した執筆のお声掛けを果たせぬまま遅延を重ねたにもかかわらず、成稿をお待ちくださり、煩雑な編集の労にあたられた柳町敬直さんに感謝の誠を捧げます。また原稿の整理をお手伝いくださった阿部いづみさん、土屋千春さんにお礼を申しあげる。

二〇一一三年九月

辰巳　和弘

p.146：和泉市教育委員会『史跡 池上曽根遺跡 99』2004
p.149：（上）島根県教育委員会『姫原西遺跡』1999 （下）田原本町教育委員会『唐古・鍵遺跡第 32 次・33 次発掘調査概報』1989
p.153：大阪文化財センター『河内平野遺跡群の動態Ⅱ』1991
p.160：1. 大阪文化財センター『池上遺跡 第 2 分冊 土器編』1979。2. 森浩一「大阪府船橋遺跡の弥生式土器絵画」『古代学研究』45 号、1966。3. 山陽新聞社『吉備の考古学的研究 上』、1992。4. 岡山県教育委員会『百間川原尾島遺跡 1』1980
p.161：岡山県教育委員会『足守川河川改修工事に伴う発掘調査』1995
p.164：田原本町教育委員会『唐古・鍵Ⅰ』2009
p.166 下：末永雅雄・小林行雄・藤岡謙二郎『大和唐古弥生式遺跡の研究』京都帝国大学文学部考古学研究報告第 16 冊、1943

第三章

p.177・179：奈良県立橿原考古学研究所『極楽寺ヒビキ遺跡』2007
p.190 上：〔釜塚古墳〕糸島市教育委員会『釜塚古墳』2020。〔小立古墳〕桜井市文化財協会『磐余遺跡群発掘調査概報 Ⅰ』2002。〔宝塚 1 号墳〕p.17 の 2 に同じ。〔石見 s 遺跡〕末永雅雄「磯城郡三宅村石見出土埴輪報告」『奈良県史蹟名勝天然記念物調査報告』第 13 冊、奈良県、1935
p.190 下：上図の〔宝塚 1 号墳〕
p.192：藤田和尊・木許守「鐶とその表象品」『勝部明生先生喜寿記念論文集』同刊行会、2011
p.193：守山市教育委員会『下長遺跡 Ⅷ』2001
p.195：（上）p.177 に同じ。（下）群馬県教育委員会ほか『三ツ寺Ⅰ遺跡』1988

第四章

p.211, 213, 214：p.28 の 4 に同じ
p.226：p.53 の 4 に同じ
p.236：1. p.226 に同じ。2. p.53 の 2 に同じ。3. 双葉町教育委員会『清戸迫横穴墓群』1985
p.245：春成秀爾『祭りと呪術の考古学』塙書房、2011
p.248・255 上：日下八光『装飾古墳』朝日新聞社、1967、の模写図を基本として、森貞次郎『竹原古墳』中央公論美術出版、1968・佐賀県立博物館『装飾古墳の壁画』1973 などを参考に、部分的な復元・加筆をおこなった
p.255 下：天理市教育委員会『西殿塚古墳　東殿塚古墳』2000
p.264：p.14 の 3 に同じ

終章（第五章）

p.277：1. 神戸市教育委員会『史跡 五色塚古墳 小壺古墳発掘調査・復元整備報告書』2006。2. p.35 の 6 に同じ。3. 犬山市教育委員会『史跡 青塚古墳調査報告書』2001。4. 立命館大学文学部『立命館大学文学部学芸員課程研究報告』第 2 冊、1989。5. 桜井市文化財協会『磐余遺跡群発掘調査概報 Ⅰ』2002
p.278 下：奈良県立橿原考古学研究所附属博物館ほか『大古墳展』図録、2000
p.282：羽曳野市教育委員会『庭鳥塚古墳調査報告書』2010
p.286：藤井寺市教育委員会『津堂城山古墳』2013
p.287：1. 長岡京市埋蔵文化財センター『長岡京市埋蔵文化財センター年報』平成 6 年度、1996。2. p.286 に同じ。3. 水野正好「埴輪の世界」『日本原始美術大系 3. 土偶 埴輪』講談社、1977。4. 阿児町教育委員会『志摩・おじょか古墳発掘調査概要』1968。5・6. 松阪市教育委員会提供。7. 弥栄町教育委員会『ニゴレ古墳』1988。8. 奈良県教育委員会『室大墓』1959
p.289：2 ～ 4. 桜井市文化財協会『磐余遺跡群発掘調査概報 Ⅰ』2002
p.293：1・2. 大阪文化財センター『美園』1985。3. p.45 の 2 に同じ。進村真之ほか「家屋文鏡および直弧文鏡に関する調査報告」『書陵部紀要』第 68 号〔陵墓篇〕2017
p.297：1. 城門義廣「九州における古墳時代導水施設の展開」『考古学は科学か 下』中国書店、2016。2. 奈良県立橿原考古学研究所『南郷遺跡群 Ⅲ』2003。3. 岡山市教育委員会『金蔵山古墳』2019。4. p.17 の 1 に同じ。5. p.17 の 2 に同じ。6・7. 藤井寺市教育委員会『石川流域遺跡群発掘調査報告 XXII』2007。8. 世田谷区教育委員会野毛大塚古墳調査会『野毛大塚古墳』1999
p.302：大阪市文化財協会『長原遺跡発掘調査報告』Ⅳ、1991
p.304：p.293 の 3 に同じ
p.305：辰巳和弘『他界へ翔る船』新泉社 、2011
p.306：1・2. p.14 の 3 に同じ
p.309：1・2. p.255 下に同じ。3. 藤井寺市教育委員会『石川流域遺跡群発掘調査報告 Ⅸ』1994。4. 飯田市教育委員会『家形埴輪・舟形埴輪』（特陳リーフレット）2003。5. p.28 の 4 に同じ。6. 森貞次郎「珍敷塚古墳」『装飾古墳』平凡社、1964。7. p.14 の 3 に同じ

出典一覧

（図挿図は加筆作成。写真トレースを含む。記載のない図は筆者作図）

序章

p.14：1. 勝田市史編さん委員会『虎塚壁画古墳』1978／2. 茨城県『茨城県史料＝考古資料編（古墳時代）』1974／3～8. 熊本県教育委員会『熊本県装飾古墳総合調査報告書』1984／9. 福島雅儀「福島県の装飾古墳」『国立歴史民俗博物館研究報告80集』1999

p.17：1. 八尾市教育委員会『史跡心合寺山古墳発掘調査概要報告書』2001／2・4. 松阪市教育委員会『史跡宝塚古墳』2005／3・6. 加古川市教育委員会『行者塚古墳発掘調査概報』1997／5. 辰巳和弘『高殿の古代学』白水社1990

p.28：1. 奈良県立考古学研究所『黒塚古墳調査概報』学生社1999／2. 梅原末治「備前和気郡鶴山丸山古墳」『近畿地方古墳墓の調査3』日本古文化研究所1938／3. 斎藤優『足羽山の古墳』福井考古学会1985／4. 斎藤忠『日本装飾古墳の研究』講談社1973／5・6. p.14の3に同じ／7. 京都帝国大学考古学研究室『肥後に於ける装飾ある古墳及横穴』1917

p.35：1. 京都大学考古学研究室『紫金山古墳と石山古墳』京都大学文学部博物館1993／2. 峰山町教育委員会『赤坂今井墳丘墓発掘調査報告書』2004／3. 坪井清足・町田章『日本考古美術大系6』講談社1977／4. 香川県教育委員会『快天山古墳発掘調査報告書』1951／5. 細川晋太郎「刳抜式石棺の創出」『香川考古』10号2006／6. 花園大学黄金塚2号墳発掘調査団『黄金塚2号墳の研究』1997

p.45：1. 京都府埋蔵文化財調査研究センター『京都府埋蔵文化財情報』94号1994／2. 辰巳和弘『埴輪と絵画の古代学』白水社1992／3. 鴻巣市教育委員会『鴻巣市遺跡群Ⅱ』1987／4. 坂戸市教育委員会『坂戸市史 古代史料編』1992

p.50：1. 群馬県教育委員会『塚廻り古墳群』1980／2. 群馬町教育委員会『保渡田八幡塚古墳』2000／3. 熊谷市教育委員会『めづか』1983／4. 埼玉県教育委員会『埼玉稲荷山古墳』1980／5. 国立歴史民俗博物館『はにわ―形と心―』2003／6. 田原本町教育委員会『田原本町埋蔵文化財調査年報1997年度』1998

p.53：1. p.35の6に同じ／2・3. 辰巳和弘『古墳の思想』白水社2002／4. 筑紫野市教育委員会『国史跡 五郎山古墳』1998／5. 矢吹町教育委員会『七軒横穴群』1983／6. 双葉町教育委員会『清戸廹横穴群』1985／7. 設楽博己「狩猟文鏡の絵を読む」『歴博』61号 国立歴史民俗博物館1993

第一章

p.68：（上）兵庫県教育委員会『桜ケ丘銅鐸・銅戈調査報告書』1972／（下）『密県画像磚』中国書画社1983

p.76：平川南『墨書土器の研究』吉川弘文館、2000

p.80：七田忠昭「吉野ケ里遺跡の環濠集落と大型建物」『第37回埋蔵文化財集会資料』1997

p.86：滋賀県立安土城考古博物館『弥生の祈り人』1994

p.91：福本明『吉備の弥生大首長墓、楯築弥生墳丘墓』新泉社2007／渡辺貞幸『出雲王と四隅突出型墳丘墓、西谷墳墓群』新泉社、2018／峰山町教育委員会『赤坂今井墳丘墓』2001／桜井市教育委員会『纒向石塚古墳発掘調査報告書』2012

p.95：（左）石野博信『邪馬台国の考古学』吉川弘文館2001／（右）奈良県立橿原考古学研究所『ホケノ山古墳の研究』2008

p.105：宮内庁書陵部『宮内庁陵墓地形測量図集成』学生社1999／春成秀爾「箸墓古墳の埴輪」『祭りと呪術の考古学』塙書房2011（初出1984）／中村一郎・笠野毅「大市墓の出土品」『書陵部紀要』第27号1976

p.108：桜井市教育委員会『纒向遺跡発掘調査概要報告書』2013

第二章

p.117：1. 北島大輔「近畿の櫛描人面文」『日本考古学協会第79回総会研究発表要旨』2013及び京都市埋蔵文化財研究所『水垂遺跡・長岡京左京六・七条三坊』1998。2. 安城市『新編 安城市史 資料編考古』2004。3. 善通寺市文化財保護協会『仙遊遺跡発掘調査報告書』1986。4. 岡山大学埋蔵文化財調査研究センター『鹿田遺跡Ⅰ』1988。5. 総社市『総社市史 考古資料編』1987。6. 向日市埋蔵文化財センター『寺戸大塚古墳の研究 Ⅰ』2001

p.123：1. 同志社大学考古学研究室『井辺八幡山古墳』1972。2. 奈良県立橿原考古学研究所附属博物館『はにわの動物園Ⅱ』1991。3. 奈良県立橿原考古学研究所『石見遺跡資料』1988。4. 大阪市文化財協会『長原・瓜破遺跡発掘調査報告Ⅰ』1989。5. 神戸市教育委員会『住吉宮町遺跡第24次・第32次発掘調査報告書』2001。6. 上田利明・中西克宏「大賀世2号墳・3号墳出土の遺物について」『紀要Ⅰ』東大阪市文化財協会1985

p.127：岡山県文化財保護協会『中国縦貫自動車道建設に伴う発掘調査1』1973

p.130：滋賀県教育委員会ほか『下鈎遺跡』2003

p.135：静岡県『静岡県史 資料編3』1992

p.140：明石市教育委員会『藤江別所遺跡』1996

考古学論叢』慶友社、1974に収載）
・駒井和愛「漢蕨手文瓦當考」『東洋史会紀要』2号、1937（後に同氏『中国考古学論叢』に収載、上掲）
・斎藤忠『装飾古墳・図文からみた日本と大陸文化』日本書籍、1983
・斎藤忠『壁画古墳の系譜』学生社、1989
・志田諄一『日本古代精神文化のルーツ』日本書籍、1984
・白石太一郎「装飾古墳にみる他界観」『国立歴史民俗博物館研究報告』第８０集、1999（後に『古墳と古墳時代の文化』塙書房、2011に収載）
・白川静『初期万葉論』中央公論社、1979
・高橋健自「河内国高井田なる藤田家墓地構内の横穴」『考古学雑誌』第９巻第９号、1919　壁画の拓影は『同』第９巻第２号（1918年）に口絵として掲載。
・辰巳和弘『埴輪と絵画の古代学』白水社、1992
・辰巳和弘『「黄泉の国」の考古学』講談社現代新書、1996
・辰巳和弘『古墳の思想―象徴のアルケオロジー』白水社、2002
・辰巳和弘『新古代学の視点』小学館、2006
・辰巳和弘『他界へ翔る船―「黄泉の国」の考古学』新泉社、2011
・辰巳和弘「古墳時代の『旗』図文考」『古墳と国家形成期の諸問題』山川出版社、2019
・谷川健一『常世論―日本人の魂のゆくえ―』平凡社、1983
・仲松弥秀『神と村』梟社、1990（旧版は1975年刊、伝統と現代社）
・野本寛一『生態民俗学序説』白水社、1987
・野本寛一「生き物の霊性伝承」『ビオストーリー』VOL.20、生き物文化誌学会、2013
・平凡社「特集　日本の原始絵画」『太陽』no. 8の古墳解説、1964
・森貞次郎「福岡縣鞍手郡若宮町竹原古墳の壁畫」『美術研究』194号、1957
・森貞次郎「五郎山古墳」『装飾古墳』平凡社、1964
・森貞次郎『竹原古墳』中央公論美術出版、1968

終章

・石野博信『邪馬台国の考古学』吉川弘文館、2001
・後藤守一ほか『松林山古墳発掘調査報告』静岡県磐田郡御厨村郷土研究会、1939
・小林行雄「日本古代の舟葬説について」『西宮』第３号、西宮史談会、1944（後に「舟葬説批判」と改題、同『古墳文化論考』平凡社、1976に収載）
・小林行雄「家形石棺」『古代学研究』第４・５号、古代学研究会、1951（後に『古墳文化論考』に収載、上掲）
・高橋美久二「『木製の埴輪』再論」『京都考古』第４９号、京都考古刊行会、1988
・辰巳和弘『高殿の古代学―豪族の居館と王権祭儀』白水社、1990
・辰巳和弘『「黄泉の国」の考古学』講談社現代新書、1996
・辰巳和弘『古墳の思想―象徴のアルケオロジー』白水社、2002
・辰巳和弘『新古代学の視点―「かたち」から考える日本の「こころ」』小学館、2006
・辰巳和弘『他界へ翔る船』新泉社、2011
・野本寛一『軒端の民俗学』白水社、1989
・右島和夫「鶴山古墳出土遺物の基礎調査Ⅴ」『群馬県立歴史博物館調査報告書』第６号、1990

・野本寛一『生態と民俗―人と動植物の相渉譜―』講談社学術文庫、2008
・野本寛一『生きもの民俗誌』昭和堂、2019
・春成秀爾『祭りと呪術の考古学』塙書房、2011
・平林章仁『鹿と鳥の文化史』白水社、1992
・福島武雄ほか「八幡塚古墳」『群馬県史蹟名勝天然記念物調査報告』第二輯、群馬県、1932
・益田勝実『記紀歌謡』筑摩書房、1972
・宮本長二郎「唐古・鍵遺跡大型建物跡ＳＢ一一二〇一の建築」『唐古・鍵遺跡Ｉ』田原本町教育委員会、2009
・若狭徹『東国から読み解く古墳時代』吉川弘文館、2015

第三章

・秋本吉郎『風土記』日本古典文学大系二　岩波書店、1958
・加藤謙吉『大和の豪族と渡来人』吉川弘文館、2002
・黒田龍二「極楽寺ヒビキ遺跡大型掘立柱建物（建物一）の復元とその諸問題」『考古学論攷』第29冊　奈良県立橿原考古学研究所、2006。なお、黒田氏が縁束とみる柱穴遺構を庇柱に比定し、当該建物遺構を内部に板柱を用い、棟持柱を持った四面庇付きの入母屋造または寄棟造の桁行五間・梁間五間の建物に復元する山岸常人氏の対案がある（山岸2008）。
・白石太一郎「古墳からみた葛城地域の政治勢力の動向」『ヤマト王権と葛城氏』大阪府立近つ飛鳥博物館（特別展図録）、2014
・辰巳和弘『高殿の古代学―豪族の居館と王権祭儀―』白水社、1990
・辰巳和弘『古墳の思想―象徴のアルケオロジー―』白水社、2002
・辰巳和弘「中央氏族の本拠とその構造―「居館」論を見直す―」『畿内の巨大古墳とその時代』（季刊考古学別冊14）雄山閣、2004
・坂靖『葛城の王都　南郷遺跡群』新泉社、2011
・平林章仁『蘇我氏の実像と葛城氏』白水社、1996
・平林章仁『謎の古代豪族 葛城氏』祥伝社新書、2013
・藤田和尊・木許守「鐎とその表象品」『勝部明生先生喜寿記念論文集』同刊行会、2011
・三浦佑之『口語訳　古事記』文藝春秋、2002
・三品彰英『日本書紀朝鮮関係記事考証』上巻　吉川弘文館、1962
・三品彰英『増補　日鮮神話伝説の研究』三品彰英論文集第五巻　平凡社、1972
・山岸常人「極楽寺ヒビキ遺跡大型掘立柱建物の再検討」『王権と武器と信仰』同成社、2008
・吉田野々「石見型の樹立物の原形について」『龍谷大学考古学論集』Ⅰ　同刊行会、2005

第四章

・牛嶋英俊「古墳壁画の描かれ方―方眼描法と型紙―」『近畿大学産業理工学部かやのもり・研究報告』第3号、2006
・尾崎富義『万葉集の歌と民俗諸相』おうふう、2015
・大日向克己『古代国家と年中行事』吉川弘文館、1993
・金関丈夫「竹原古墳奥室の壁画」『ミュージアム』２１５号、東京国立博物館、1969（後に補筆され『考古と古代―発掘から推理する―』法政大学出版局、1982、『発掘から推理する』岩波現代文庫、2006に収載）
・日下八光『装飾古墳』朝日新聞社、1967
・日下八光『装飾古墳の秘密―壁画文様の謎を解く―』講談社、1978
・小林行雄「高井田横穴群」『装飾古墳』平凡社、1964
・駒井和愛「日本古墳の壁画」『月刊 文化財』２月号、1969（後に同氏『中国

参考文献

序章

・日下八光『装飾古墳』朝日新聞社、1967
・斎藤 忠『日本装飾古墳の研究』講談社、1973
・斎藤 忠『壁画古墳の系譜』学生社、1989
・辰巳和弘『埴輪と絵画の古代学』白水社、1992
・辰巳和弘『古墳の思想』白水社、2002

第一章

・上田正昭「倭王権の成立と東アジア」『古代王権の誕生 1』角川書店、2003
・石野博信『邪馬台国の考古学』吉川弘文館、2001
・岡本健一『邪馬台国論争』講談社、1995
・小南一郎「壺型の宇宙」『東方學報』第61冊、京都大學人文科學研究所、1989
小南一郎『西王母と七夕伝承』平凡社、一九九一年。
・小南一郎「画像資料を中心とした神仙思想の研究」(科研費補助金成果報告)、1997
・高倉洋彰『金印国家群の時代』青木書店、1995
・武末純一・広瀬和雄ほか「弥生時代の大型掘立柱建物」『先史日本の住居とその周辺』同成社、1998
・辰巳和弘『「黄泉の国」の考古学』講談社現代新書、1996
・辰巳和弘『聖樹と古代大和の王宮』中央公論新社、2009
・寺沢薫『王権誕生』(日本の歴史 2)講談社、2000
・寺沢薫『卑弥呼とヤマト王権』中央公論新社、2023
・奈良県立図書情報館編『邪馬台国と纏向遺跡』学生社、2011
・林巳奈夫「漢代の永遠を象徴する図柄」『史林』83巻5号、2000
・藤田富士夫「ヒスイと古代人の心」『古代翡翠文化の謎』新人物往来社、1988

第二章

・安城市『新編 安城市史』資料編考古、2004
・飯島吉晴『一つ目小僧と瓢箪』新曜社、2001
・石野博信 「三世紀の『都市』纒向」『大和・纒向遺跡』学生社、2005
・伊藤純「古代日本における黥面系譜試論」『ヒストリア』104、1984
・乾哲也 「池上曽根遺跡の大型建物と祭祀遺構」『弥生のまつりと大型建物』史跡池上曽根遺跡整備委員会、1997
・乾哲也・秋山浩三 「大型刳り抜き井戸」『弥生の環濠都市と巨大神殿』池上曽根遺跡史跡指定二〇周年記念事業実行委員会、1996
・岡田精司『古代王権の祭祀と儀礼』塙書房、1970
・設楽博己「線刻人面土器とその周辺」『国立歴史民俗博物館研究報告』25、1990
・設楽博己「中二子古墳出土の人面線刻埴輪によせて」『中二子古墳』前橋市教育委員会、1995
・辰巳和弘『高殿の古代学—豪族の居館と王権祭儀—』白水社、1990
・辰巳和弘『埴輪と絵画の古代学』白水社、1992
・辰巳和弘『新古代学の視点—「かたち」から考える日本の「こころ」—』小学館、2006
・辰巳和弘「水垂遺跡出土の『人面文』」『明日をつなぐ道(高橋美久二先生追悼文集)』、2007
・辰巳和弘『聖樹と古代大和の王宮』中央公論新社、2009
・辰巳和弘「『日代の宮』の百枝槻」『宇宙樹・生命の樹の文化史』勉誠出版、2018

は行

ま行

や行

ら行

わ行

さ行

た行

な行

索引

000* ―写真、図版のあるページを示す

あ行

か行

日本歴史 私の最新講義 23
図像考古学――〝かたち〟の〝こころ〟

2023年11月20日　第1版 第1刷発行

著　者　辰巳 和弘
発行者　柳町 敬直
発行所　株式会社 敬文舎
〒160-0023　東京都新宿区西新宿 3-3-23
ファミール西新宿 405 号
電話　03-6302-0699（編集・販売）
URL　http://k-bun.co.jp
印刷・製本　中央精版印刷株式会社

造本には十分注意をしておりますが、万一、乱丁、落丁本などがございましたら、小社宛てにお送りください。送料小社負担にてお取替えいたします。

　Printed in Japan ISBN978-4-906822-23-2